KEILA LA ROUGE

Paru au Livre de Poche :

AU TRIBUNAL DE MON PÈRE
LE BEAU MONSIEUR DE CRACOVIE *et autres nouvelles*
LA COURONNE DE PLUMES *et autres nouvelles*
LE MAGICIEN DE LUBLIN

ISAAC BASHEVIS SINGER

Prix Nobel de littérature

Keila la Rouge

ROMAN TRADUIT DE L'ANGLAIS (ÉTATS-UNIS)
PAR MARIE-PIERRE BAY ET NICOLAS CASTELNAU-BAY

STOCK

Titre original :

YARMY UN KEILE

Keila la Rouge a initialement paru sous forme de feuilleton dans le journal yiddish *Forward* à partir de 1976.

ISBN : 978-2-253-10052-2 – 1re publication LGF

Note de l'éditeur

Ce roman a connu un destin très particulier. On ignore quand il a été écrit. Il a paru en feuilleton entre décembre 1976 et octobre 1977, sous le titre *Yarmy un Keile*, dans le quotidien yiddish de New York, le *Forverts*, où I. B. Singer a toujours publié ses livres en priorité. Ensuite, on perd sa trace. On ignore également à quelle date il a été traduit en anglais par Joseph Singer, le neveu d'Isaac et un de ses principaux traducteurs dans les années 1960 et 1970. Comme toujours, Isaac a certainement beaucoup collaboré à cette traduction, le tapuscrit en anglais comportant des annotations de sa main.

Mais ce texte n'a ensuite jamais été publié en volume – à l'exception d'une édition en hébreu en Israël, chez Yedioth Books en 2011. Pourquoi ? On ne peut que spéculer : est-ce Roger Straus, l'éditeur historique de toute l'œuvre d'I. B. Singer aux États-Unis, qui ne l'a pas souhaité ? Ou est-ce Singer lui-même qui y a renoncé, l'image qu'il y donne de la communauté juive de Pologne étant infiniment plus sombre que dans le reste de son œuvre ? On ne le saura sans doute jamais. Ce qui est certain, c'est que, si aucune mise au point définitive du texte n'a jamais été faite ni par l'auteur ni par son éditeur, on y retrouve les grands thèmes qui traversent toute son œuvre.

L'original est dans les archives Singer du Harry Ransom Humanities Research Center à l'université du Texas, à Austin.

La volonté souvent exprimée d'I. B. Singer d'être traduit à partir de la version en anglais de ses livres a comme toujours été ici respectée.

PREMIÈRE PARTIE

I

1

De son vrai nom, il s'appelait Jeremiah Eliezer Holtzman mais, rue Krochmalna, on n'avait pas la patience d'en utiliser un aussi long et on disait Yarmy, surnommé la Teigne. Sa femme, Keila Leah Kupermintz, était devenue Keila la Rouge, à cause de sa flamboyante chevelure rousse. « La Teigne » avait pour origine ces petites boules hérissées de piquants que les gamins jettent le neuvième jour d'*Av**[1] dans les cheveux des filles ou les poils de barbe et qu'on ôte ensuite difficilement. Yarmy aimait bien lancer des piques à ses copains et aux femmes avec qui il avait une liaison.

À trente-deux ans, il comptait déjà quatre séjours à la prison de Pawiak pour vol – sa spécialité étant de forcer les serrures. Il avait aussi été arrêté plusieurs fois pour traite des blanches. À vingt-neuf ans, Keila

1. Pour les mots en italique et suivis d'un astérisque, voir le glossaire en fin de volume, page 423.

la Rouge s'était successivement distinguée dans trois bordels, un rue Krochmalna, un rue Smocza et un rue Tamkes. Itche l'Aveugle lui-même avait été son premier souteneur. Yarmy fit sa connaissance dans un des repaires des voleurs de la rue Krochmalna. Après un jour et une nuit passés avec elle, il l'emmena pour l'épouser droit chez un rabbin du coin, rue Stavsky. Celui-ci ne posait pas de questions à ceux qui venaient le trouver pour se marier ou pour divorcer. Il se contentait d'empocher les trois roubles que cela coûtait et remplissait les formulaires nécessaires.

On était en 1911, six ans après la révolution. Les grèves et les poseurs de bombes ayant produit leur effet, le tsar Nicolas II promulgua une constitution mais, après l'effondrement de la première Douma, il fallut en élire une deuxième, puis une troisième. Les partis politiques s'affrontaient à la fois en Russie, où se déclenchaient des pogroms, et en Pologne où on appelait au boycott des marchandises juives. Par centaines de milliers, des jeunes filles et des jeunes garçons juifs passaient la frontière en fraude pour gagner la Prusse ou la Galicie et, de là, s'en aller chercher fortune en Amérique, au-delà des mers. Depuis des années déjà, les politiciens comparaient dans la presse juive les Balkans à une poudrière. Ils annonçaient une guerre non seulement entre la Serbie, la Bulgarie, le Monténégro et la Turquie, mais aussi entre la Russie et l'Allemagne. Après la mort du docteur Herzl, les sionistes continuaient à tenir leur congrès, comme les années précédentes. Les socialistes proclamaient que le sionisme n'était qu'un fantasme sans avenir et que les travailleurs juifs feraient mieux de combattre pour le socialisme dans les pays où on les traitait mal plutôt que de rêver à une terre à moitié inculte et où, en plus, vivaient des Arabes. Le sultan Abdülhamid ne leur accorderait jamais le droit de s'y installer. Mais, dans leur repaire du 6 rue Krochmalna, les voleurs ne lisaient pas les journaux et ne s'occupaient pas de politique. Par contre, ils se souvenaient de la façon dont les socialistes s'en étaient pris à la pègre, faisant irruption dans les bordels, frappant les prostituées, les arrachant de leurs lits en leur pochant les yeux et leur cassant les côtes. Certes, c'était il y a longtemps. Certaines de ces brutes avaient été expédiées en Sibérie, d'autres pendues à la Citadelle et un bon nombre tuées lors du « mercredi sanglant ».

Yarmy la Teigne, lui, lisait la presse yiddish. Il venait de Piask, la ville des voleurs. Plus tard, il avait même étudié dans une *yeshiva** à Lublin. Si un copain voulait écrire à ses parents ou à quelqu'un à Buenos Aires, il venait lui demander de rédiger la lettre en yiddish, avec l'adresse en russe. Yarmy achetait le journal tous les matins. En réalité, il ne s'intéressait qu'aux romans-feuilletons, *La Femme en sang* ou *La Belle Dame trompée* et autres histoires de la même eau. Il en lisait parfois des passages à Keila ou lui faisait des résumés. Elle s'exclamait alors, ses yeux verts étincelant :

« Oh, ces écrivains, ils en ont des idées incroyables ! Ils réussiraient à faire se battre des montagnes !

— Tout ça, c'est de la frime, répondait Yarmy. Ils restent assis sur leur chaise, ces idiots, la plume à la main, et bâtissent des châteaux dans les nuages. En réalité, ils ne seraient même pas capables d'additionner deux et deux.

— C'est parce qu'ils ont étudié la *Torah**, ajoutait Keila. Se plonger dans la *Guemara**, ça aiguise l'imagination.

— Oui, sûrement. Haskele le Bigleux était un des plus calés. Si un gars venait lui demander conseil, il commençait par se frotter le front comme un rabbin. Il pouvait rouler dans la farine tous les Russes de Pologne. Il avait la main si légère qu'une fois il a piqué sa montre en or au chef de la police lui-même.

— Et il s'est fait prendre ? demanda Keila.

— Il la lui a rapportée, en disant : "Votre Excellence, voici votre montre." Le gros type en a presque eu une crise d'apoplexie. »

Mari et femme n'aimaient pas seulement dormir ensemble, ils adoraient aussi bavarder. Dans leur appartement du 8 rue Krochmalna, ils se racontaient des histoires jusque tard dans la nuit. Keila la Rouge en connaissait des milliers et Yarmy dix fois plus. Depuis qu'elle était arrivée de sa province, presque vingt ans plus tôt, Keila n'avait guère quitté la ville, n'allant jamais plus loin que Praga ou Pelcavizna. La Teigne, lui, bougeait pas mal. Il avait pendant un certain temps écumé les trains en subtilisant leur portefeuille à quelques pauvres types faciles à berner, et autres astuces du même genre. Il avait aussi aidé des gens voulant partir pour l'Amérique à passer en fraude à Miowa – et fait de la contrebande depuis la Prusse, puis, de là, jusqu'en Russie. Une fois, il faillit partir pour Buenos Aires avec une cargaison de filles. Il était de mèche avec tous les souteneurs et tous les forceurs de coffres-forts de Pologne. Il tenait à jour les dates des grandes foires de Russie.

Keila débordait d'enthousiasme.

« Yarmy, aucune femme au monde n'a autant de chance que moi ! Je ne demande qu'une seule chose à Dieu : que cette chance ne me quitte jamais. Je mets toujours quelques pièces dans les boîtes à offrandes et prie pour que tu restes en bonne santé.

— Keila, je ne t'échangerais pas pour ton poids en or, répondait Yarmy.

— Un amour comme le nôtre, il n'y en a jamais eu depuis que le monde est monde », chuchotait Keila.

Et c'était vrai. Ils avaient passé un accord tous les deux : si une femme tapait dans l'œil de Yarmy ou si Keila se sentait soudain attirée par un homme, pas question de se frustrer de quoi que ce soit, ils allaient jusqu'au bout. Mais à une condition : ne rien garder secret et aussitôt tout raconter en détail à l'autre. Ils s'en tenaient strictement à ce pacte.

Depuis deux ans et demi qu'ils vivaient ensemble, Yarmy n'avait fait que quelques « sorties de route », à l'occasion d'un voyage hors de Varsovie. Et, la même semaine, Keila avait couché avec Itche l'Aveugle, qui se trouvait pour la première fois à l'hôpital de la rue Czysta après avoir été poignardé par un voyou. Ayant tiré quelques ficelles, il occupait une chambre individuelle. Quand Keila vint lui rendre visite, en lui apportant du gâteau au fromage, tout couvert de pansements qu'il était, il lui demanda, en souvenir du bon vieux temps, de lui donner ce dont un homme a besoin.

Bien que mal en point et fiévreux, il l'attira dans son lit, et cela ne prit guère plus d'une minute étant donné qu'une infirmière bavardait avec le gardien juste derrière la porte. Ce soir-là, quand Keila raconta à Yarmy ce qui venait de se passer, il la couvrit de baisers et exulta :

« Félicitations ! Tu as fait une bonne action !

— J'ai pleuré tout le restant de la journée, dit-elle.

— Pleuré ? Pourquoi ? Tu n'es pas une sale petite hypocrite et je ne suis pas blanc-blanc moi-même.

— Oh, Yarmele, je voulais rester pure pour toi, mais il ne m'a pas donné le choix et, avant même que je m'en rende compte, il y avait le feu partout. Après, je lui ai craché au visage.

— Tu n'avais pas le droit de faire ça. Itche pourrait être ton père.

— Alors, tu n'es pas jaloux ?

— Tout sauf jaloux. »

Il pressa Keila de lui raconter jusqu'au moindre détail, en la bombardant de questions. Il s'excitait au fur et à mesure jusqu'à tomber dans une sorte de transe et Keila réagit exactement de la même manière quand Yarmy lui avoua ses aventures avec une cuisinière à Kalish et la femme d'un charpentier à Lodz.

Après quoi, il discuta du fait qu'Itche l'Aveugle vieillissait. Il n'était plus ce qu'il avait été et, à sa sortie de l'hôpital, ce serait un honneur de l'inviter chez eux pour quelques jours et même quelques semaines jusqu'à ce qu'il récupère des forces. Yarmy précisa :

« N'oublie pas que, pour toi, il a été le premier.

— Yarmele, je les ai tous oubliés. Je suis venue à toi vierge.

— Une vierge certifiée, preuves écrites à l'appui... Ne sois pas sotte, avec lui, tu n'as rien à te reprocher. »

Le *shabbat** suivant, après le dîner, ils allèrent tous les deux prendre des nouvelles d'Itche à l'hôpital. Yarmy avait acheté une boîte de bonbons, du caviar et un bouquet de fleurs. Quand le couple descendit la rue Krochmalna, avec ses cadeaux, on le regarda passer depuis toutes les fenêtres et tous les balcons. Keila était plutôt petite, la poitrine haute, la taille mince, les chevilles fines et les mollets ronds. Elle avait les hanches étroites comme celles d'un garçon et elle glissait du rembourrage sous sa jupe. Le soleil faisait luire ses boucles rousses qui ressemblaient à des langues de feu. Yarmy, nettement plus grand qu'elle, conservait une silhouette très juvénile. Il avait les joues creuses, de grands yeux noirs qui ne paraissaient pas être de la même taille, un nez qui semblait à certains moments droit et à d'autres courbé comme un bec d'oiseau, et un menton pointu.

Mari et femme se déplaçaient avec la grâce de deux danseurs. Yarmy portait un costume neuf, une cravate à fleurs avec une épingle ornée d'une perle, des chaussures marron à boucle et un chapeau melon. Keila avait mis une robe jaune fendue sur les côtés, des chaussures jaunes à talons hauts, un chapeau orné de feuilles et de cerises et, autour du cou, une chaîne avec un médaillon, plus des boucles d'oreilles et des bracelets aux deux poignets.

Tout le monde savait où ils allaient : rendre visite à Itche l'Aveugle qui avait été le premier homme dans la vie de Keila, avant de la refiler à Haïm le Paysan, venu de Potcherov, quand il s'était mis en ménage avec la grosse Reitzele qui refusait de vivre avec lui s'il n'expédiait pas Keila la Rouge dans un autre quartier.

2

Quand ils arrivèrent à l'hôpital, la chambre d'Itche l'Aveugle était pleine d'amis et de connaissances. Bien qu'il fût interdit d'apporter aux malades de la nourriture peu digeste, ceux-ci étaient venus chargés de foie haché à l'oignon, de carpe farcie, de *cholent**, de gâteaux, plus du vin et du cognac. La madame d'un bordel avait offert une douzaine de roses.

Ils étaient tous là, Shmuel la Sauce, Leibush le Long, Mordkele la Flamme, Shaya et la grosse Reitzele, qui vivait maintenant avec un conducteur de train de quinze ans plus jeune qu'elle. Il y avait même un policier du septième district venu rendre visite à Itche qu'on savait très copain avec les flics. Ces derniers recherchaient activement Berele la Panse, auteur du coup de couteau dans le cou d'Itche, dont on disait qu'il s'en était sorti vivant par miracle. Sa bande au complet traquait également Berele dans tout Varsovie. On pouvait considérer celui-ci comme déjà mort puisqu'il avait été décidé de lui faire la peau dès qu'on mettrait la main dessus.

Itche – aveugle d'un œil et la joue gauche zébrée d'une cicatrice – était étendu, le cou bandé. Grand et gros, pourvu d'une paire d'énormes mains capables d'étrangler un bœuf, il avait un nez épaté, une épaisse tignasse poivre et sel, un œil caché derrière un bandeau noir et l'autre bien ouvert, exprimant la volonté d'un leader-né. Que seraient devenus la rue Krochmalna, les cours et le repaire des voleurs du numéro 6 sans lui ? Il avait sa patte dans à peu près tout. Certes, il appartenait à la génération précédente, une nouvelle race de pickpockets et de maîtres chanteurs venait d'émerger, tous prêts à tuer et à risquer leur liberté pour quelques groschen. Mais les plus âgés étaient encore assez costauds pour les tenir éloignés des coups les plus juteux.

On racontait qu'à l'hôpital Itche l'Aveugle avait un pistolet caché sous son oreiller ou sous son matelas.

Même s'il ne comptait plus ses amis, il ne manquait pas d'ennemis non plus. La vérité, c'est que, au bout de tant d'années, en dépit de ses nombreuses activités, il n'avait jamais réussi à mettre de l'argent de côté. Il dépensait tout, toujours prêt à aider les autres. Il faisait même des dons à des synagogues, à des orphelinats et à des *Talmud Torah**. Si un de ses « frères » allait en prison, il lui envoyait des colis et s'occupait de sa femme.

Quand Yarmy et Keila apparurent, les autres leur ouvrirent un chemin jusqu'au lit. Itche leva une main pour les saluer. Il avait troqué Keila la Rouge contre la grosse Reitzele – pour le regretter plus tard. Quand Keila et Yarmy s'étaient mariés, il leur avait envoyé cinquante roubles en cadeau. Cela n'était pas fréquent qu'une femme ayant fréquenté trois bordels se marie et, en plus, avec quelqu'un d'aussi éduqué que Yarmy, quand même un semi-intellectuel. Cela constituait un signal envoyé à toutes les putains de Varsovie, afin qu'elles n'abandonnent pas l'espoir qu'il leur en arrive autant, preuve que l'amour régnait encore sur le monde, même si on baignait dans la fange jusqu'au menton. Parfois, un mac s'éprenait d'une fille et la sortait de son bordel mais, après, ils partaient pour l'Amérique ou l'Afrique du Sud et on n'en entendait plus jamais parler. Yarmy la Teigne et Keila la Rouge, eux, étaient restés rue Krochmalna. Ils fréquentaient tous les jours le 6, jouaient aux cartes et aux dominos, ou simplement bavardaient. Cela étant, Yarmy n'avait pas complètement raccroché. Il aimait bien se livrer encore à certaines activités illicites et les gens lui faisaient confiance, ainsi, implicitement, qu'à Keila.

Après ce qu'il avait fait avec celle-ci pendant sa précédente visite, Itche l'Aveugle redoutait que Yarmy ne soit devenu son ennemi. Bien qu'il lui eût demandé de garder le secret, il craignait aussi qu'elle ne pense du mal de lui pour avoir été faible au point de prendre du bon temps avec la femme d'un copain. Mais, quand il vit arriver le couple les bras chargés de présents, il eut l'impression qu'on lui ôtait un poids du cœur, comme on dit.

Il respira l'odeur des fleurs et demanda à Keila d'ouvrir la boîte de bonbons et de lui choisir un chocolat, pour bien montrer qu'il appréciait leur geste. Il les invita tous les deux à s'asseoir près de son lit et les autres leur cédèrent aussitôt la place.

Depuis plusieurs mois déjà, la bande des voleurs du 6 rue Krochmalna essayait de mettre au point un de ces projets qui ressemblent à des châteaux en Espagne. Yarmy la Teigne leur avait raconté qu'il existait aux États-Unis un gang nommé « La Main noire », une branche de la Mafia originaire depuis on ne savait trop quand d'Italie et venue s'implanter dans la prospère Amérique. Ses membres n'étaient pas de banals cambrioleurs. Ils envoyaient des lettres à des millionnaires pour leur dire que, s'ils ne leur remettaient pas telle ou telle somme, ils recevraient une balle dans le crâne. Et ils signaient d'une main noire. Parfois, ils kidnappaient quelqu'un de très riche et exigeaient une rançon pour qu'il revienne chez lui sain et sauf. Yarmy l'avait lu dans un journal yiddish de Varsovie qui reprenait un article de la presse new-yorkaise.

Il avait eu une autre idée : creuser un tunnel sous une banque et vider ses coffres. Cela s'était fait en Amérique. Mais Itche l'Aveugle, toujours éminemment pratique, disait que cela n'avait ni queue ni tête. Varsovie n'était ni New York ni Chicago. Ici, si on commençait à creuser un tunnel, les Russes s'en apercevraient au bout d'une minute. En outre, tous les truands de la ville étaient d'incorrigibles bavards qui ne pourraient pas s'empêcher d'aller se vanter devant leurs copines. Et, si les femmes ont souvent les cheveux longs, elles ont aussi la langue trop bien pendue et seraient incapables de garder le secret.

Il existait quand même un autre projet : arrêter un train postal et voler tout l'argent qu'il transportait. Cela n'avait rien d'américain, c'était déjà arrivé en Pologne, à une époque où les socialistes appartenaient à une organisation baptisée « Le Prolétariat ». À cette occasion, des sacs remplis de ducats avaient été volés. Pourquoi ne pas refaire le même coup ? Il suffirait de poser une barre de fer en travers des rails pour que le train soit forcé de s'arrêter. Deux ou trois hommes tout au plus gardaient le wagon où se trouvait l'argent. Si cela se passait la nuit, dans une forêt, la police ne le saurait pas tout de suite. C'était facile de neutraliser deux ou trois types et, si on ne voulait pas d'effusion de sang, il suffisait de les attacher et de les bâillonner avec des chiffons.

Là encore, Itche protesta que ce n'était pas le moment. Les socialistes étaient devenus un parti politique. On comptait dans leurs rangs des fils de riches familles, des officiers et même des généraux. Et, malgré cela, beaucoup d'entre eux avaient été arrêtés et pendus. Les gars des rues Krochmalna et Smocza ne possédaient pas assez d'armes et seraient incapables de fabriquer des bombes. Et puis, où cacheraient-ils ensuite les sacs bourrés d'argent ? Et comment le partage se ferait-il ? Itche l'Aveugle ayant déjà passé suffisamment de temps en prison ne voulait pas finir sa vie derrière les barreaux ou à se balancer au bout d'une corde. Il dit donc non à tous ces projets. Pour vivre, il se contenterait de ce qu'il extorquait aux bordels et aux commerçants qui le payaient pour s'assurer que leur boutique ne brûlerait pas et que leurs marchandises, sacs de farine ou de légumes secs et quincaillerie, ne seraient pas aspergées d'essence. Les gars se mirent donc à discuter ouvertement de tout cela dans la rue et les tavernes.

Ce jour-là, à l'hôpital, on répéta qu'il allait bien falloir faire bouger les choses mais, là encore, Itche ne voulut rien entendre. Depuis les événements de 1905, Varsovie grouillait de gendarmes, d'agents secrets et de mouchards. Le moindre concierge devait faire son rapport à la police sur le moindre incident. Si trois cordonniers allaient prendre une bière ensemble, les autorités le savaient.

Itche l'Aveugle déclara :

« Les enfants, on ne peut plus se fier à personne. Comme le disait ma sainte mère : "On ne fait pas du fromage avec de la neige." »

Au bout d'un moment, les autres visiteurs s'en furent et il ne resta que Yarmy et Keila. Celle-ci dut alors aller là où le tsar lui-même va seul et Yarmy en profita pour dire :

« Itchele, elle m'a tout raconté. Vous n'avez pas besoin d'avoir honte. Nous ne sommes plus des gamins, vous et moi. Vous l'avez eue avant moi. Vous êtes comme un père pour elle. »

Itche l'Aveugle en resta sans voix. Puis il dit :

« À force de rester au lit si longtemps, on a le sang qui se met à bouillir. Je lui avais demandé de ne pas en parler.

— Nous nous sommes juré de n'avoir aucun secret l'un pour l'autre.

— En ce cas, vous êtes vraiment un frère. Serrons-nous la main ! »

Et il saisit celle de Yarmy avec une telle force que ce dernier étouffa un cri de douleur.

« Bon sang, vous êtes costaud ! La peste vous brûle les entrailles ! » Ce qui voulait être un compliment.

« Par moments, je sens que ma fin est proche.

— Itche, quand vous sortirez d'ici, venez chez nous. Nous vous recevrons comme un père.

— Vraiment ? Qu'ai-je donc fait pour mériter cela ? Yarmele, vous irez loin. Mais n'oubliez jamais qu'il y a eu un Itche en ce bas monde. »

Quand Yarmy et Keila quittèrent l'hôpital pour se diriger vers les rues juives mal famées, entre la Porte de Fer et la rue Gnoyna, le soir commençait à tomber. On aurait pu croire que seuls des truands habitaient par là, mais, en réalité, il y avait partout des synagogues, des maisons d'étude *hassidiques**, des *heder**, des yeshiva fréquentés par des Juifs pieux. On entendait chanter les hymnes qui au cours du repas du samedi soir accompagnent la sortie du shabbat. Assises à leur fenêtre ouverte, de respectables matrones récitaient « Dieu d'Abraham ».

Yarmy et Keila venaient tous les deux de bonnes familles. Certes, un oncle de Yarmy avait été voleur, à Wysoka, mais son père, un honorable chapelier, s'était toujours conduit en bon Juif. Il avait envoyé son fils au heder et, plus tard, dans une yeshiva. Quant au père de Keila, il avait fait office de bedeau à la synagogue des tailleurs de leur ville. Durant le shabbat, et plus particulièrement juste avant que les trois étoiles brillent dans le ciel, le couple se sentait envahi d'une nostalgie silencieuse. Ses parents à elle étaient morts depuis longtemps mais, en dépit de sa vie dissolue, elle n'oubliait jamais d'allumer pour eux les bougies du souvenir. Elle avait un frère quelque part et deux sœurs qui ne voulaient plus la voir, étant donné qu'ils menaient des existences respectables. Elle se vantait parfois d'avoir vu son grand-père étudier dans une Guemara aussi grande qu'une table. Yarmy avait sa mère, très âgée, et un frère. Parfois, quand il croisait dans la rue un étudiant de yeshiva un livre de prières sous le bras, il l'arrêtait pour lui poser des questions sur le *Pentateuque**. Il savait encore par cœur la première page de la *Mishna**. Il se prétendait hérétique et affirmait souvent qu'il n'y avait pas de Dieu – ce qui ne l'empêchait pas de l'invoquer souvent. Keila, elle, y croyait, ainsi qu'aux rêves, aux esprits du mal et au mauvais œil.

Quand ils arrivèrent à la hauteur du 8 rue Krochmalna, la lune sortait des nuages au-dessus des toits.

« Yarmele, bonne semaine à toi ! dit Keila.

— Bonne semaine, bonne année.

— Que ce soit une semaine qui nous porte chance, ajouta-t-elle.

— Oui, si Dieu le veut. »

Ils auraient bien eu besoin d'un peu de chance. Depuis leur mariage, Keila n'avait plus gagné un groschen car elle ne « travaillait » plus. Quant à Yarmy, cela faisait longtemps qu'il n'avait plus fait une seule bonne affaire. Autrefois, il n'hésitait pas à prendre des risques si cela pouvait s'avérer profitable. Mais maintenant qu'il s'était marié, devenu moins téméraire, il ne voulait plus risquer de retourner en prison. Il savait pourtant très bien que, s'il continuait à se contenter de jouer aux cartes, Keila n'aurait pas d'autre choix que de retourner au bordel. Mais il s'était habitué aux repas servis à l'heure, aux draps frais, aux chemises propres, aux tiroirs bien rangés et aux bons plats faits maison comme on en cuisinait à Wysoka. La seule idée d'être à nouveau derrière les barreaux, de se faire rosser par les gardiens, de n'avoir à manger que du pain à goût de sciure et de la soupe trop grasse lui donnait des frissons. Il en arrivait même à avoir pitié de ses victimes, souvent des pauvres gens qui s'échinaient à gagner les quelques roubles qu'il leur volait. Quand il disait cela, à la taverne, ses copains se moquaient de lui :

« Yarmele, tu es devenu une vraie poule mouillée.

— Je ne suis pas un saint, se défendait-il, mais je me dis que, tant qu'à mal se conduire, autant le faire en grand. »

Il cherchait désespérément un gros coup qui rapporterait beaucoup et se laissait aller à toutes sortes de rêves. En attendant, il avait presque épuisé ses économies et celles de Keila. Et, comme on dit, il tentait de faire bonne figure au bord du gouffre. Il ne leur restait pratiquement rien car il avait toujours vécu au-dessus de ses moyens. Il suffisait de voir les coûteux présents achetés pour Itche l'Aveugle.

Ce soir-là, tous deux devaient aller au théâtre voir une pièce américaine intitulée *Oncle Sam*. Yarmy avait acheté des tickets à un rouble pièce pour de très bonnes places. Mais ils voulaient d'abord repasser chez eux et manger un peu, pour le repas de sortie du shabbat. De la veille il y avait encore du poisson, de la *challah** rassise, un demi-hareng et un bol de crème aigre que Keila, en bonne ménagère, avait mis dans la glacière.

Yarmy disait souvent qu'elle aurait pu cuisiner pour le tsar lui-même. Elle savait admirablement trouver de bonnes affaires dans les boutiques de la cour Yanash. Au lieu des œufs intacts à un kopeck pièce, elle achetait ceux un peu fêlés vendus trois fois rien. À la place de rôtis à vingt kopecks la livre, elle se rabattait sur des abattis de poulets et d'oies, pattes, cous, et gésiers, dont elle faisait des ragoûts dignes de la table d'une reine, affirmait-il. Seulement, même en vivant ainsi, on pouvait épuiser ses ressources. Yarmy et Keila envisageaient donc sérieusement d'émigrer en Amérique ou à Buenos Aires. Le problème, c'est que le voyage coûtait une fortune. Et, si on n'avait pas le sou en arrivant, il ne restait plus qu'à aller droit dans un pressing et repasser des pantalons quatorze heures par jour. En outre, cette année-là, New York aussi connaissait une période de sévère dépression. Il était question dans le courrier de grèves et de chômeurs obligés de chercher dans les poubelles de quoi manger. À Buenos Aires, il fallait débarquer avec de la « marchandise » sur pied et sûrement pas les mains vides.

Yarmy ne voulait plus jamais entendre parler de travailler pour un patron. Encore très jeune, son père l'avait placé comme apprenti chez un tailleur. Mais, au lieu de lui apprendre le métier, on l'obligeait à vider les seaux d'eau sale et à bercer le bébé. On lui refusait même un morceau de pain.

D'après les nouvelles arrivées de Saint-Pétersbourg, on avait réduit là-bas la durée du travail hebdomadaire, mais les ouvriers continuaient de s'épuiser depuis le matin jusque tard le soir, ils étaient vêtus de haillons, vivaient dans des caves et toussaient à en cracher leurs poumons.

Yarmy et Keila dînèrent rapidement de façon à avoir le temps d'aller au théâtre sans prendre un fiacre ou le tram. Mais en arrivant à la grille de l'immeuble, ils constatèrent qu'il était trop tard pour être rue Abazhna à temps. Ils prirent donc un *droshky** et, en s'asseyant, Yarmy déclara :

« Les quarante kopecks que cela va nous coûter ne feront pas une grande différence, au point où nous en sommes…

— Avec quarante kopecks, on a de quoi se nourrir pour une journée entière », répliqua Keila.

Pendant le shabbat, le quartier était assez désert. Les boutiques baissaient leurs rideaux. Les truands, tout comme les honnêtes vendeurs de rue de pois chiches, haricots chauds, marrons grillés et gâteaux de pommes de terre, se reposaient. Même les prostituées ne venaient pas solliciter les clients le vendredi soir. Mais, dès que les lumières se rallumaient et que les Juifs avaient honoré la sortie du shabbat, les rues et les cours d'immeubles grouillaient de monde à nouveau. Par les fenêtres ouvertes on entendait des airs d'opérettes américaines, des mélodies tirées du

Châle de prière, une comédie à la mode, et autres chansons, dont celle-ci aux paroles pleines de sous-entendus :

C'est un secret
Mais l'important
C'est qu'un docteur
Soit au courant.

Yarmy pressa le cocher d'aller plus vite car il ne voulait pas arriver au milieu du premier acte, mais la cohue était telle qu'on ne pouvait pas avancer. En outre l'inévitable voiture de pompiers surgit avec fracas, suivie d'une ambulance. De la fumée et des flammes s'échappaient d'une fenêtre au rez-de-chaussée. Un policier à cheval ouvrait le chemin en tapant à droite et à gauche sur les piétons pour les obliger à s'écarter. Cela relevait toujours du miracle que personne ne fût écrasé dans l'affolement général.

Le droshky emprunta la rue Gnoyna, coupa par la rue Granyczna, puis la rue Krulewska et, de là, gagna les rues Pruszna et Abazhna. Il longea un moment les Jardins de Saxe, et Yarmy et Keila respirèrent profondément l'odeur des marronniers dont les branches au feuillage épais se balançaient au-dessus des grilles. Des Juifs en caftan long et des matrones à perruque et bonnet, désireux, eux aussi, de profiter d'un peu d'air frais mais qui n'avaient pas le droit de pénétrer dans les jardins, s'asseyaient à l'extérieur, sur le socle en béton des grillages.

Dieu merci, la pièce allait commencer en retard et ils eurent le temps de gagner leurs places juste avant le lever du rideau. Au même rang qu'eux, il y avait d'autres couples qu'ils fréquentaient à la taverne des voleurs. Un homme tendit à Yarmy un sac de pistaches et une femme offrit à Keila une gaufrette au chocolat et aux graines de pavot. Mais ce qu'ils découvraient au même instant sur la scène était si coloré, si passionnant qu'ils ne prirent même pas le temps de dire merci.

Le décor représentait le salon d'un millionnaire new-yorkais, avec piano à queue, meubles de prix, lustres, tapis. En frac et chapeau haut de forme, le personnage principal présentait à son épouse en robe à traîne et chapeau à plumes une petite émigrante tout juste arrivée de Pologne. Celle-ci était jeune, jolie, l'air innocent, très mal vêtue et, de toute évidence, à peine débarquée du bateau. Le millionnaire, qui s'appelait Sam, annonça à sa femme, Bessie :

« Ma chérie, voici ma nièce Cirele, née à Pinchev. Le dernier vœu de ma défunte sœur Beila Gittel – qu'elle repose en paix – a été que je fasse venir son unique fille en Amérique, afin qu'elle reçoive ici une bonne éducation et que je puisse garder un œil sur elle comme s'il s'agissait de mon propre enfant, alors que Dieu ne nous a pas permis d'en avoir. Donc Cirele va devenir notre fille. À dater de ce jour, toi, Bessie, tu seras sa mère et moi son père. Nous allons l'inscrire dans la meilleure université, l'habiller comme une princesse, la marier un jour à un beau jeune homme de bonne famille et, dans cent ans ou plus, elle héritera de notre fortune puisque personne ne vit à jamais, même au pays de Christophe Colomb. »

Dès que Sam eut terminé sa tirade, un tonnerre d'applaudissements se fit entendre. Sam, Cirele et Bessie s'inclinèrent profondément pour saluer les spectateurs. Quand le silence revint, Bessie prit son lorgnon pour examiner Cirele de la tête aux pieds, une première, puis une seconde fois. Après quoi elle déclara :

« Sam, mon cher mari, tu as conclu cette affaire sans consulter la patronne. Jamais, au grand jamais, je n'accepterai que cette bécasse s'installe chez moi. Mais regarde-la ! Elle est en haillons. Elle ne parle même pas anglais, seulement yiddish, ce jargon maudit. Je préfère mourir que voir cette souillon polonaise devenir notre fille. Si tu as deux grains de bon sens, tu la réexpédies aussitôt là d'où elle vient, sinon mon frère, qui est juge, vous renverra dans votre porcherie et tu redeviendras ce que tu étais il y a trente ans : un apprenti cordonnier à Pinchev, un mendiant sans même une chemise sur le dos. »

Une bordée de sifflets et de protestations se fit alors entendre dans tout le théâtre.

Quelqu'un cria : « Vieille guenon ! » avant de jeter une pomme de terre pourrie à la belle dame américaine.

3

Entre le premier et le deuxième acte, Keila resta à sa place tandis que Yarmy sortit fumer une cigarette. Il entendit quelqu'un l'appeler, une voix d'homme aiguë, une voix qu'il connaissait. Se frayant un chemin dans la foule, surgit devant lui un individu de petite taille, chauve, sans barbe ni moustache, en costume à carreaux, souliers jaunes et large nœud de cravate filetée d'or piqué d'une épingle ornée de trois perles. Il s'appuyait sur une canne à pommeau doré. Le visage et l'intonation lui étaient familiers mais Yarmy ne parvenait pas à se souvenir de qui il s'agissait. « Qui peut bien venir au théâtre avec une canne ? se demanda-t-il. Pourquoi ne l'a-t-il pas laissée au vestiaire ? »

Puis, d'un seul coup, il le reconnut : Max le Boiteux, et il le dévisagea avec stupeur. Ils avaient passé trois mois dans la même cellule à la prison de l'Arsenal, rue Dluga, quatre ou cinq ans auparavant. Lui, Yarmy, était là pour vol et Max pour avoir essayé de changer un faux billet de cent roubles à la banque Landau. À l'époque, Max avait des cheveux blonds et une moustache dont il tortillait les pointes comme des papillotes. Il avait beau avoir dix ans de plus, ils étaient devenus copains au point de suggérer à Yarmy d'avoir une relation homosexuelle ensemble. Peu après, ce dernier avait été transféré à la prison de la rue Makatov et ils ne s'étaient plus revus. À sa libération, Yarmy entendit dire que Max était parti à l'étranger, sans doute en Amérique. Ceux qui traversaient l'océan, on les considérait comme perdus à jamais et on les oubliait vite. Et voilà que Max le Boiteux était planté devant lui et lui reprochait de sa voix de fausset de ne pas le reconnaître :

« Yarmele, c'est bien toi ! Tu ne me remets donc pas ? Max, Max Levite ! Maudit soit le fils de ton père !

— Si, je te reconnais, répliqua Yarmy. Mais qu'est-ce que tu as fait de tes cheveux ? Tu les as vendus à un perruquier ?

— J'ai oublié que j'en avais, déclara Max en souriant et en exhibant les quelques dents qui lui restaient, pointues comme celles d'un poisson. Je dis toujours que, si on vit assez longtemps, on finit par en voir de toutes les couleurs. Le diable m'emporte si je ne pensais pas à toi ce matin. Je me demandais : "Qu'est devenu mon copain ?" Je pensais qu'on t'avait tellement tapé dessus à Makatov que tu étais sans doute mort. Mais comme on dit : "Une teigne ne fane jamais." Tu as l'air en pleine forme, espèce de fils de pute ! Allez, on se serre la pince. »

Et Max tendit une petite main étroite aux doigts longs et aux ongles brillants. Il arborait une bague ornée d'un gros diamant et une chevalière. « Il est devenu riche », se dit Yarmy. Puis il demanda :

« Et où étais-tu donc parti, que le diable t'emporte. Tu avais disparu comme une pierre au fond d'un lac. On a raconté que tu vivais en Amérique.

— En Amérique, hein ? Tout est en Amérique,

New York, Buenos Aires, le Brésil. À New York, il faut gagner sa vie. Au Brésil aussi. A-t-on jamais entendu parler d'un pays comme celui-là ? Quand il fait nuit ici, là-bas c'est le jour. Et quand c'est l'hiver pour les Brésiliens, c'est l'été pour nous.

— Tu étais au Brésil ?

— Oui, et en Argentine, en Uruguay, à New York, à Chicago et même en Californie. Tout plutôt que rester ici avec les Russes. Et toi, où vis-tu ? Toujours rue Krochmalna ? Tout à l'heure, j'ai pris un droshky pour venir ici et ça empestait tellement dehors que je m'empêchais de respirer. Les égouts débordent dans le ruisseau. Au moment où je passais, une fille a vidé un seau d'ordures par une fenêtre et m'a manqué de peu.

— Tu es devenu bien élégant, hein ? dit Yarmy.

— Tu fais quoi ? Tu voles toujours ? répondit Max.

— Non, je suis devenu rabbin.

— Eh bien, il faut de tout pour faire un monde, comme on dit dans les livres sacrés. Tu te souviens ?

— Oui, je me souviens : on peut faire se rencontrer deux personnes, mais pas deux montagnes.

— Que le ciel me bénisse ! Il se rappelle ça. Comment trouves-tu la pièce ? Une nullité américaine, n'est-ce pas. À New York, cela a fait rire tout le monde. Un journaliste l'a complètement démolie. Il l'a qualifiée de "foutaise". Il se trouve que j'ai assisté à la première. J'y étais allé parce que j'adore entendre parler yiddish. J'ai acheté un journal yiddish et j'ai vu qu'on jouait ici la même pièce qu'à New York. Alors je me suis dit que j'allais y retourner et voir si on s'en moquerait aussi. Mais pas du tout, le public est ravi. Tu es venu seul, ce soir ?

— Non, je suis avec ma femme, répondit Yarmy après un instant d'hésitation.

— Tu es marié ? Eh bien, félicitations. C'est qui ? Quelqu'un de notre milieu ?

— Ce n'est pas une *rebbetzin**.

— Tu l'as dénichée où ? Dans un bordel ?

— Pas dans une maison de prière.

— Ah, tu es bien le même Yarmy qu'autrefois. Crois-moi, je suis content d'être revenu à Varsovie. Je n'avais rien de spécial à y faire mais, comme j'étais à Paris, je me suis dit que je pouvais tenter un saut au pays. Finalement, on vient tous, comme on dit, du même bain rituel. Il me reste de la famille dans le coin, à Radom aussi et dans quelques petites villes de province. Bon, et donc tu t'es marié. Il y a un temps pour tout. Tu peux avoir des centaines de filles, coucher avec et puis les envoyer se faire voir. Jusqu'au jour où il y en a une qui s'accroche à toi et tu ne parviens pas à t'en débarrasser. C'est comme ça que ça se passe, n'est-ce pas ?

— Et toi, où en es-tu ? demanda Yarmy.

— Moi, j'ai eu ma dose, pas une fois, mais quatre. Tant que tout va bien, c'est parfait. Mais dès que ces dames sortent leurs griffes et montrent les dents, je les expédie au diable. Il faut savoir comment les virer, sinon, bonjour les ennuis. Ça commence par des baisers et des caresses et puis, avant même que tu t'en rendes compte, elles essayent de t'avaler tout cru comme une araignée qui dévore son partenaire. Donc tu es ce soir avec ta femme ?

— Oui.

— Allez, présente-la-moi. Je n'essaierai pas de te la prendre, Dieu m'en préserve. Je vous ferai même un cadeau de mariage.

— Je n'ai pas besoin de cadeau.

— On sonne la fin de l'entracte. Où êtes-vous placés ? Moi, je suis au premier rang. On ira boire un coup, espèce de vieux coureur de jupons. Ah, quand je t'ai vu, j'étais vraiment content, je ne sais même pas pourquoi. Je t'attendrai à la fin du deuxième acte. Amène ta femme. »

Sur ses jambes mal assurées, Max le Boiteux fendit à nouveau la cohue des spectateurs qui regagnaient leurs places. Il se retourna pour crier quelque chose que Yarmy ne comprit pas, alors qu'il tirait une dernière bouffée de sa cigarette, avant de jeter le mégot par terre, sans tenir compte de l'affichette qui enjoignait de ne pas le faire. Il ne savait pas si cela lui avait fait plaisir ou non de rencontrer Max. Celui-ci de toute évidence s'était enrichi et il se sentait honteux de sa propre situation. Certes, ce n'était pas écrit sur son front qu'il n'avait pratiquement plus un sou, mais il serait difficile de donner le change à quelqu'un comme Max. Et qui était donc cette fille dans sa vie passée à qui il avait fait allusion ? Il faudrait peut-être se tirer d'ici tout de suite, se dit-il, et ne pas le revoir.

Mais il réfléchit très vite que Max connaissait parfaitement la taverne que fréquentaient les voleurs et qu'il irait le chercher là-bas. Donc il n'y avait pas d'échappatoire.

Arrivé à la hauteur du septième rang où se trouvait sa place, il vit qu'une femme d'un certain âge s'y était assise et bavardait avec Keila. Elle avait les cheveux gris bleuté et portait un chapeau orné de plumes d'autruche. Toutes deux s'absorbaient tellement dans leur conversation qu'elles ne le virent pas arriver. Soudain la femme au chapeau releva la tête et s'exclama :

« Le voilà. »

Elle se redressa et les plumes frémirent comme si elles allaient s'envoler. Elle dit :

« Vous êtes Yarmy ? Oh, je sais, je sais tout. J'ai connu votre femme bien avant vous. Le monde est petit, n'est-ce pas ? Enfin, l'important est de rester en bonne santé. Keila est comme une fille pour moi. Elle vous racontera. Ah, cette pièce, ces productions américaines ! »

Et elle entreprit de bousculer les autres spectateurs pour regagner l'allée centrale. À Varsovie, on n'avait pas l'habitude de se lever pour laisser passer ses voisins. Une forte bouffée de parfum assaillit l'odorat de Yarmy, avec en même temps quelque chose de pourri. Il vint se rasseoir et Keila s'exclama :

« Oh, Yarmele, à la minute où tu es parti, elle m'a repérée, m'a foncé dessus en me couvrant de baisers et je n'arrivais absolument pas à me rappeler qui c'était. Elle voudrait qu'on aille manger quelque chose avec elle après le spectacle.

— Qui est-ce ?

— Elle est de Potcherov.

— C'est une de tes ex-madames ?

— Sa belle-sœur. »

Yarmy hésita un instant avant de reprendre :

« Moi aussi je me suis tapé dans quelqu'un. Keila, on ne peut pas faire un pas ici sans qu'on vous aborde. Nous allons être obligés de quitter Varsovie une fois pour toutes, ajouta-t-il en changeant de ton.

— Mais qui donc as-tu revu ce soir ? demanda Keila.

— Un type qui était à la prison de l'Arsenal en même temps que moi, il y a à peu près six ans. Il est parti ensuite en Amérique ou le diable sait où. Et d'un seul coup, le revoilà.

— C'est qui ?

— Max le Boiteux.

— Max le Boiteux est à Varsovie !

— Comment ça, tu le connais ?

— Il venait à Potcherov. Oui, je le connais », répondit Keila d'une voix étouffée.

Yarmy frémit :

« Il a été ton mac ?

— Non, non. Mais il y avait toujours des histoires avec lui. C'est un vrai clown, qui nous faisait mourir de rire. Avec ça, il n'est pas bête du tout.

— Tu as couché avec lui ? demanda-t-il, la voix tremblante.

— Non. Peut-être, bégaya Keila. Pourquoi me bombardes-tu de questions ? Tu sais qui je suis. Tu as toujours dit que le passé c'est le passé, et que ça n'a plus d'importance pour toi.

— Chut ! »

Le rideau se relevait. Yarmy avait une boule dans la gorge et les oreilles en feu. « Qu'est-ce qui m'arrive ? » se demanda-t-il.

Il se sentait soudain envahi par la honte de ce qu'ils étaient, lui et la femme qu'il avait épousée. « Il faut que je parte d'ici, que je disparaisse au bout du monde, décida-t-il. En même temps, je dois vraiment l'aimer pour être aussi jaloux. »

Il se souvint d'une blague à propos d'un type qui avait parié pouvoir avaler un bol entier de fumier. Au beau milieu, il s'était mis à vomir et, quand on lui demanda pourquoi, il répondit : « Il y avait un cheveu dedans. »

4

Keila fut silencieuse pendant tout le deuxième acte. Sur scène, l'oncle Sam avait donné à Cirele un chèque de cinquante mille dollars, l'équivalent de cent mille roubles, en guise de dot, et elle venait d'épouser Leslie, un jeune homme riche. Mais elle n'était pas heureuse. Il fréquentait d'autres femmes et aimait aller dans des cabarets, des soirées, au bal, tandis qu'elle préférait rester dans sa magnifique maison et lire, s'occuper de son jardin et se consacrer à des œuvres charitables. Elle envoyait de l'argent et les recommandations nécessaires pour essayer d'obtenir un visa aux membres de sa famille à Pinchev. Peu à peu, mari et femme devinrent étrangers l'un à l'autre. Pendant ce temps, Bessie tomba malade et aucun docteur ne parvenait à la soulager. Elle se mit alors à comprendre combien elle avait été injuste à l'égard de Cirele, revint à de meilleurs sentiments et se rapprocha d'elle. Une véritable amitié réunit même les deux anciennes ennemies. Là-dessus, le rideau tomba et Keila, qui avait regardé le spectacle avec beaucoup d'attention, déclara :

« Tu vas voir, après la mort de Bessie, Cirele va divorcer et épouser son oncle.

— Oui, on dirait bien, acquiesça Yarmy. Bon, je sors en fumer une autre.

— Yarmy, je ne veux pas voir ce Max.

— Et pourquoi pas ? Il ne va pas te mordre.

— Yarmele, je veux oublier tout ça. Je ne veux avoir qu'un seul mari et un seul Dieu. Je veux effacer tout ce qui a été, faire comme si cela n'avait jamais existé. Yarmele, partons, allons-nous-en loin, là où personne ne nous connaîtra et nous pourrons recommencer à zéro. »

« Elle lit dans mes pensées ou quoi ? » se demanda Yarmy, qui répondit :

« Quoi que nous voudrions faire demandera de l'argent. Si on n'en a pas, c'est comme si on n'avait plus de mains. Bon, je reviens vite. »

Il ne souhaitait pas tellement lui-même revoir Max, mais il tomba dessus devant le vestiaire, cigare au bec, qui de toute évidence l'attendait.

« À quel rang es-tu ? J'aimerais rencontrer ta femme.

— Tu la connais et elle te connaît, dit Yarmy.

— Vraiment ? Qui est-ce ? Comment s'appelle-t-elle ?

— Keila. Keila la Rouge. Tu t'es un peu amusé avec elle autrefois à Potcherov. »

Yarmy avait l'impression de lui cracher les mots à la figure. Max sembla se pétrifier, sous le coup de la surprise. Puis ses yeux pétillèrent et il s'exclama d'un ton moqueur :

« Ainsi, c'est donc ça, l'histoire ! En ce cas, tu auras double dose de félicitations. Ça fait de nous pratiquement des beaux-frères, que le feu te brûle les entrailles !

— Des beaux-frères comme toi, j'en ai mille, vieux débauché !

— Oui, c'est vrai. Donc c'est elle, Keila la Rouge. Tu ne vas pas me croire mais, tout récemment, j'ai pensé à elle. Les années ont passé et elle m'était sortie de la tête. Et puis d'un seul coup, une nuit, je me suis réveillé et je me suis dit que je serais curieux de savoir ce qu'elle était devenue. J'ai peut-être même rêvé d'elle. Dès que je ferme les yeux, je rêve. Tous les morts reviennent, je me retrouve rue Krochmalna, à Potcherov, à Shuletz, et dans bien d'autres endroits. Comment ça s'est passé pour vous deux ? Elle était quand même autrefois une des bonnes gagneuses d'Itche l'Aveugle, non ? Qu'est-ce qu'elle avait la langue bien pendue ! Quand elle hurlait après quelqu'un, on riait à s'en tenir les côtes. Si elle balançait des bordées d'injures à un type, il avait de la chance d'en sortir indemne. Mais j'y pense : on m'avait raconté qu'elle était morte de la syphilis. Donc, il s'agissait d'une erreur. Tout se mélange dans ma tête. Ce devait être Bella, et pas Keila. Oui, je m'en souviens, Bella Beilik.

— Bella Beilik n'est plus de ce monde. Elle a fait ses valises, comme on dit, il y a trois ans, à l'hôpital.

— Voilà, c'est ça, j'ai confondu Bella et Keila. Allez, emmène-moi la voir. Je ne peux attendre jusqu'à la fin du troisième acte. Je ne te connaissais même pas quand Keila a drôlement commencé à faire parler d'elle. Quel âge peut-elle bien avoir maintenant ?

— Vingt-neuf ans.

— Pas plus ? Bon, si tu le dis.

— Si c'est plus, personne ne le sait.

— Les femmes ne vieillissent pas, elles rajeunissent. Et qu'est-ce que tu fais en ce moment ? C'est vraiment un coup de chance d'être tombé sur toi. À part Yarmy et Keila la Rouge, il ne me reste plus personne à Varsovie. Allons-y ! »

Et Max le Boiteux se précipita vers la salle en brandissant sa canne à pommeau doré.

« Il a peut-être mal aux jambes, mais il bondit comme un cabri », se dit Yarmy.

Keila venait de se lever de sa place, sans doute pour aller aux toilettes, mais, en un instant, Max se jeta littéralement sur elle. Il l'étreignit et l'embrassa.

« Comment se fait-il que je sois jaloux de lui et pas d'Itche l'Aveugle ? » se demanda Yarmy. Et il sentit une bouffée de haine l'envahir, contre Max, contre Keila et contre lui-même. Il les voyait tous les deux osciller l'un contre l'autre, comme un frère et une sœur qui viennent de se retrouver après une longue absence. Il attendit un peu avant de s'approcher, le temps de penser : « Je vais devoir boire ce calice jusqu'à la lie. » Il entendit Max s'exclamer :

« Keila, tu es plus jeune que jamais ! Si je mens, que je crève en enfer ! Comment est-ce possible ? On dirait que ça te convient de vivre avec Yarmy. On était ensemble à l'Arsenal et on est devenus comme deux frères. Incroyable d'imaginer qu'un jour il deviendrait ton mari ! Ça mériterait un bel article dans les journaux. Tiens, le voilà. Il va falloir célébrer ça, ordre de Dieu lui-même. Et dès ce soir. Ce sera ma tournée. Comment disent les hassidim déjà ? “Il faut faire payer les riches.” Le seul fait que je décide de revenir à Varsovie est une preuve de l'existence de Dieu. J'ai pris le train en deuxième classe et je n'arrêtais pas de me demander ce que j'allais bien pouvoir faire là-bas, à part me recueillir sur la tombe de mes parents. Vous connaissez le dicton, loin des yeux, loin du cœur. On vous oublie dès que vous êtes loin. J'ai même hésité ce soir à venir au théâtre. À quoi bon voir une vieille pièce ? Et puis quelque chose m'a fait y aller. J'arrive et qu'est-ce que je vois ? Yarmy la Teigne. Je vous jure qu'une minute avant j'avais envie de faire demi-tour et repartir chez moi. Il me reste des cousins dans des petites villes mais j'ai peur d'aller les voir. Dans ces endroits-là, on vieillit avant l'heure. Les hommes ont tous de longues barbes, on dirait des saints. Des barbes noires un jour et blanches le lendemain. Hé, Yarmy, tu aimes le champagne ?

— Pas aujourd'hui.

— Si, on va en boire aujourd'hui ! Où peut-on aller ? J'aimerais un endroit agréable, où on se sent en famille.

— La taverne d'Eliezer est agréable.

— C'est bien rue Krochmalna ?

— Je ne veux pas aller là, déclara Keila.

— Pourquoi ? demanda Yarmy.

— Tu le sais très bien.

— Non, je ne le sais pas.

— Quel genre d'endroit est-ce ? voulut savoir Max. J'ai même oublié à quel numéro c'était.

— Au 6.

— Ah oui, oui, oui. Prenons un droshky et allons-y tout droit. Je veux revoir les copains qui restent. Comment va Itche l'Aveugle ?

— Il est à l'hôpital, dit Keila.

— Qu'est-ce qu'il a ?

— Quelqu'un l'a poignardé.

— Eh bien, quel monde. En Amérique, les brutes de ce genre sont toutes des *Gentils**. Oh, il y a quelques Juifs aussi, mais ils ne se montrent pas trop. Là-bas, on ne fait pas un pas sans son flingue. Un couteau, c'est démodé. Dès que des gangsters commencent à se quereller, ils se tirent dessus. Bing! Bang! Et quand ce sont des types de la Mafia qui se chamaillent, il y a plusieurs cadavres par jour. En Argentine, flanquer un coup de couteau à quelqu'un, c'est toujours par jalousie. Ces gens-là ont le sang chaud. Si vous louchez sur une femme, vous n'êtes plus sûr de rester en vie. C'est-à-dire, tant que son homme est amoureux d'elle. Dès qu'il ne l'est plus, il expédie sa dulcinée sur le trottoir se vendre pour quelques pesos. C'est le nom de leur monnaie. Le climat est tellement chaud que ces dames vieillissent vite. Personne ne laisse sa fille sortir de la maison sans chaperon. Si elle se promenait seule, elle reviendrait avec un gros ventre. Les gens ont le sang qui bouillonne à cause de la chaleur. Une chose, toutefois: si vous êtes patron d'un bordel, vous pouvez faire fortune. On n'a pas honte d'aller aux putes. Ils y vont tous. Le samedi, les maisons sont pleines. Le problème, comme je l'ai déjà dit, c'est que ces dames vieillissent vite. En deux ans, elles sont défraîchies et il faut en trouver des nouvelles. Là-bas, Keileshe, tu ne serais pas aussi bien conservée qu'ici.

— Je n'irai pas, même si tu m'offrais un gros sac d'or.

— Je parlais des filles, pas des madames. Faire venir la marchandise est une chose, *être* de la marchandise en est une autre.

— Je veux rester un être humain, pas devenir une marchandise.

— On en reparlera plus tard. Vous savez quoi ? Allons prendre un droshky maintenant. Le troisième acte ne vaut pas grand-chose. Bessie casse sa pipe, Cirele divorce et épouse Sam. Chez les Gentils, c'est défendu d'épouser son oncle, mais c'est *cacher** chez les Juifs. Toutefois pas avec une tante, ça, c'est *tref**. Quelle différence, hein ? Mais c'est ce que Moïse a décrété.

— Je veux rester jusqu'à la fin de la pièce, dit Keila.

— Bon. Et voilà qu'on sonne la fin de l'entracte. On se revoit vite. »

Max repartit en toute hâte vers le premier rang. Yarmy remarqua :

« Comment dit-on déjà, le sourd a entendu ce que le muet a dit à l'aveugle. Regarde-le courir.

— Yarmele, je ne veux pas aller à la taverne avec lui.

— Moi non plus, mais il s'est collé à moi comme une sangsue. On ne sait jamais, il peut nous proposer une affaire intéressante.

— Quel genre d'affaire ? Je veux que tu restes avec moi et pas que tu tombes entre les mains des Gentils.

— Et qu'est-ce que je pourrais bien faire ? Trouver un boulot comme concierge ?

— Tu n'as pas besoin de faire quelque chose. Nous allons partir quelque part et je travaillerai.

— Tu feras quoi ? Tu élèveras des oies ?

— Pour toi, je suis prête à me placer comme servante.

— C'est stupide. Mais voilà, on s'est habitués à dépenser sans trop compter. Je ne suis pas un pique-assiette mais, s'il nous avançait de quoi payer des billets pour l'Argentine, je le rembourserais avec des intérêts.

— Yarmy, je ne veux pas recevoir un groschen de sa part.

— À la façon dont tu t'es jetée sur lui, on dirait qu'il t'a beaucoup manqué.

— Moi, me jeter sur *lui* ? Il m'a sauté dessus comme un voleur. Yarmele, je ne veux pas retourner dans la fange, je te préviens.

— Ne t'énerve pas, je ne te forcerai à rien. Ah, le troisième acte commence. »

5

Le droshky traversa la place Alexandre et longea l'énorme cathédrale que les Russes avaient fait construire là. Il tourna dans la rue des Sénateurs, la place du Parc et la rue Jabia, jusqu'à la Porte de Fer. Max le Boiteux n'arrêtait pas de bondir sur son siège en désignant du doigt tous les endroits dont il se souvenait. De son temps déjà, le gang des voleurs avait prévu de cambrioler une banque du quartier, mais le projet ne devait pas aboutir car il s'agissait d'une véritable forteresse. En Amérique, ce n'était pas aussi compliqué : on entrait dans une banque comme dans n'importe quelle boutique. Le Salon de Vienne était illuminé. Une fête de mariage s'y déroulait. Rue Krochmalna, en revanche, les lumières étaient presque toutes éteintes, sauf à la taverne d'Eliezer, encore ouverte et remplie d'habitués. Quand ils y entrèrent tous les trois, ils furent assaillis par des relents de bière, d'alcool, d'ail, d'oie rôtie et de foie haché aux oignons. Plus l'odeur de pâte fraîche des *bagels** qu'on préparait déjà dans la boulangerie toute proche pour la première fournée du matin.

Ils étaient tous là, Shmuel la Sauce, la grosse Reitzele, Mordkele la Flamme, Noah le Battoir, Leibush le Long, Rivkele la Chope, ceux et celles venus rendre visite à Itche l'Aveugle plus tôt dans l'après-midi. Ils reconnurent aussitôt Max le Boiteux, et cela déclencha un festival d'embrassades, de tapes dans le dos et d'exclamations. On apporta des chaises supplémentaires autour de la meilleure table et on fit de la place pour Yarmy, Keila et Max. Le patron lui-même, Eliezer, en tablier bleu et les manches de chemise roulées jusqu'au coude, servit des chopes de bière, des gâteaux au pavot, du foie et des saucisses chaudes avec de la choucroute et de la moutarde. Max le Boiteux annonça que ce serait sa tournée.

Shmuel la Sauce, grand, costaud, pourvu d'une énorme bedaine, en gilet de couleur vive sur lequel se balançait une chaîne de montre faite de roubles en argent, demanda :

« Yarmele, où tu l'as déniché ?

— Au théâtre.

— Eh bien, pas question de dormir, les enfants, ce soir c'est fête ! »

Et il flanqua un tel coup de poing sur la table que les chopes et les assiettes s'entrechoquèrent.

« Qui veut un cigare ? » proposa Max, qui se mit à en distribuer à la ronde.

Shmuel, en fumeur expérimenté, regardait d'un air moqueur ceux qui n'avaient jamais touché un cigare de leur vie mais se jetaient dessus simplement parce que c'était gratuit. Ils ne savaient même pas les allumer. Il en saisit un avec deux doigts, le fit rouler avec précaution, le porta à son nez et dit :

« Que je sois pendu si ce n'est pas un véritable havane ! Max, je n'arrive pas à y croire !

— C'est du tabac, pas de l'or.

— Tu as dû gagner le gros lot à la loterie ! observa Leibush le Long.

— L'Amérique est un pays riche. Tout ce qu'on a besoin de savoir, c'est où est enterré le magot », répondit Max.

Yarmy avait chuchoté à Keila de ne pas trop boire. Tant qu'elle restait sobre, elle savait se tenir. Mais, depuis quelque temps, elle tombait dans l'excès inverse. Elle devenait hypocondriaque au point de trembler à l'idée qu'il lui arrive quelque chose à lui Yarmy – que Dieu ne permette pas qu'il tombe malade ou soit faussement accusé d'un délit quelconque. C'était seulement la nuit, au lit, qu'elle se montrait aussi passionnée qu'avant. Yarmy se mit à dévorer et à boire sec. Les repas du shabbat avaient été plutôt succincts et le dîner que lui avait servi Keila avant le théâtre plus que maigre. En voyant sur scène l'opulent décor d'un salon américain, il s'était senti d'un seul coup affamé et assoiffé. Il regardait avec inquiétude Keila boire verre après verre de la bière mélangée à du cognac. Tout le monde buvait, mangeait et parlait à tue-tête. La grosse Reitzele, à qui il ne fallait pas moins de deux chaises pour poser son ample derrière, essaya de fumer un cigare, déclenchant des fous rires et des applaudissements. D'autres clients de la taverne vinrent rejoindre le groupe à la grande table et Max, un peu ivre et le visage très rouge, leur cria à tous qu'ils étaient ses invités.

Eliezer suggéra un peu à la blague que, s'il continuait, il n'aurait plus de quoi s'acheter un billet de retour aux États-Unis. Max sortit alors son portefeuille bourré de billets russes de vingt-cinq, cinquante et même cent roubles. Il en tira deux de cent roubles, ornés du portrait de l'impératrice Catherine, et les tendit à Eliezer en disant :

« Tiens, voilà une avance. Mais que ça ne te fasse pas pisser dans ton froc. »

Keila avait les joues cramoisies à force de boire et les yeux plus verts que des groseilles à maquereau. Elle gloussait, tapait dans ses mains. Au bout d'un moment, elle se mit à embrasser tous les hommes autour d'elle. Puis elle s'exclama :

« Maxie, emmène-moi en Amérique !
— Ce soir ?
— Maxie, danse avec moi ! »
Tout en ayant pas mal bu lui-même, Yarmy avait honte de la façon dont elle se conduisait. Elle se leva et essaya d'entraîner Max le Boiteux jusqu'à la piste de danse, où il fit tomber sa canne. Keila la ramassa d'une main et, quand elle se baissa, on vit sa culotte ornée de dentelles. Elle s'agrippa à lui en poussant des cris aigus, on aurait dit une folle. Yarmy tenta de lui dire que Max était infirme, qu'il ne pouvait pas danser, mais elle hurla :
« Yarmele, ne t'inquiète pas ! Il ne me prendra pas mon pucelage ! »
Et elle rit plus fort encore en secouant Max. Puis elle embrassa son crâne chauve.
« Soûle comme une grive, observa Shmuel.
— C'est toujours la même Keila, grommela Reitzele.
— Dommage qu'Itche soit à l'hôpital, dit Leibush le Long.
— Elle a une constitution de fer ! » commenta Rivkele la Chope du ton de celle qui s'y connaît. Elle était la patronne de deux bordels.

Les prostituées qui traînaient à l'entrée des cours d'immeubles jusque tard dans la soirée, à la recherche de clients, entendirent qu'il y avait du tapage à la taverne d'Eliezer. Elles arrivèrent en courant et se bousculèrent à la porte. En robes violettes, chaussures orange, bas verts ou jaunes, les joues peinturlurées en rouge, les paupières en bleu et les yeux ourlés de noir, elles hurlaient de rire :

« Oh, Mamele, je n'en peux plus ! Regardez donc Keila la Rouge ! Allons nous amuser aussi ! Oh, Mamele, je sens que je vais exploser ! »

Les macs, qui surveillaient les filles pour qu'elles n'aillent pas folâtrer mais continuent d'aguicher des clients, surgirent très vite – en vestons cintrés, pantalons étroits, casquettes à visière et bottes hautes. Ils repoussèrent ces dames vers la rue, en les frappant et en leur tirant les cheveux. L'une d'entre elles protesta :

« Hé, lâche-moi ! »

Une autre, très petite, tomba à la renverse sur le sol carrelé couvert de sciure et un grand type lui cracha dessus et lui donna des coups de pied.

Eliezer se précipita :

« Mais arrêtez tout de suite ! On est dans une taverne, pas dans une porcherie !

— Ils sont encore capables de nous taper dessus ! » protesta la grosse Reitzele.

Un veilleur de nuit âgé, censé surveiller les boutiques de la rue Krochmalna, entendit le tintamarre et vint voir ce qui se passait. Il ne faisait pas froid mais il portait une veste épaisse et un bonnet de laine. Il frappa le sol de son bâton, brandit un gros trousseau de clés, et cria quelque chose à travers sa barbe et sa moustache blanches. S'arrachant des bras de Max, Keila courut vers lui, les bras tendus :

« Grand-père, viens danser avec moi ! »

Elle le saisit par l'épaule, et il tenta de se dégager tandis qu'elle l'entraînait vers la piste de danse. Les filles gloussaient de plus belle. Yarmy voulut venir au secours du vieil homme, mais Keila lui hurla :

« Yarmele, espèce de voleur, c'est pas tes affaires, syphilitique de mes deux ! C'est mon grand-père, pas le tien, vermine ! »

Là-dessus, Yarmy se sentit devenir fou. Il flanqua un coup de poing à Keila, qui perdit l'équilibre et tomba. Quand elle tenta de se relever, sa robe se retroussa très haut, tandis qu'elle se mettait à vociférer :

« Assassin ! Salaud ! Ordure ! Que la peste te ronge les os ! Que la vérole te brûle la langue !

— Keila, tu vas regretter tes paroles, la menaça-t-il.

— Qu'est-ce que je pourrais bien regretter ? Tu me gardes en cage, comme un animal. Tu ne me donnes même pas de quoi manger. De l'amour ? Parlons-en de ton amour ! Je vais partir pour Buenos Aires avec Max et commencer une nouvelle vie. Si tu veux devenir un saint, trouve-toi une fille respectable. J'étais une putain et pute je resterai. Pas vrai, Maxie ?

— Si tu le dis.

— Tu peux me trouver des clients à Buenos Aires ?

— Plein de clients.

— Tu entends ça, Yarmy ? Je vaux encore la peine… »

Keila éclata de rire et toussa en même temps.

Shmuel la Sauce intervint :

« Keila, tu ne devrais pas boire.

— J'avais oublié ce que c'était. Il ne me laisse pas boire une goutte à la maison. Il ne possède plus rien, pas même un groschen. Tout ce qu'il veut, ce gros plouc, c'est mener une bonne vie, bien tranquille. Mais moi, j'ai besoin d'un homme, pas d'un hassid à la manque.

— Relevez-la ! » ordonna Shmuel.

Leibush le Long et Noah le Battoir s'avancèrent mais Keila hurla de plus belle :

« Allez vous faire voir ! Ne me touchez pas ! Il a bu mon sang jusqu'à la dernière goutte mais je ne suis pas encore morte ! Je montrerai au monde entier de quoi Keila la Rouge est capable ! Maxie, où habites-tu ? Emmène-moi chez toi !

— Keila, arrête tes bêtises.

— On prendra le bateau, on se fiche de la syph… »

Ils furent plusieurs à éclater de rire. « Syph », c'était l'abréviation de « syphilis ».

Yarmy était blême :

« Keila, entre nous, tout est fini, Dieu m'est témoin ! »

II

1

Yarmy ne respecta pas son serment longtemps. Une fois dessoûlée, Keila pleura amèrement, lui baisa les pieds et jura sur la mémoire de sa défunte mère que, s'il ne lui pardonnait pas, elle irait tout droit se coucher sur les rails du chemin de fer. Elle s'arrachait les cheveux, se cognait la tête contre les murs, le visage gonflé et strié de larmes. Quand il l'accepta à nouveau dans leur lit, elle lui prouva qu'il ne connaissait pas encore tous les moyens et toutes les astuces avec lesquels elle savait séduire un homme. Il lui demanda de qui elle les avait appris et elle lui donna les noms de macs, de voleurs et d'une espèce de sorcier qui avait chez lui un miroir noir dans lequel on voyait apparaître des maris défunts, des amants et des maîtresses perdus, et tous les morts qui désiraient encore s'accoupler avec ceux et celles qui les pleuraient. Elle s'exprimait avec une sorte de frénésie et racontait des histoires si horribles que Yarmy en avait le frisson. Comment pouvait-il avoir juré de ne plus rien avoir à faire avec elle ? Il décida d'aller demander à un rabbin de le relever de son vœu.

Il avait revu Max le Boiteux plusieurs fois et, même si celui-ci continuait de prétendre qu'il était revenu en Pologne sur un coup de tête – juste pour retrouver son vieux quartier et ses vieux copains –, il s'avéra peu à peu qu'il projetait en réalité de récupérer l'argent inconsidérément dépensé depuis son arrivée, mais aussi qu'il avait un plan plus ambitieux. On manquait de femmes à Buenos Aires, à Rio de Janeiro et dans toute l'Amérique du Sud, et il fallait en importer d'Europe. On racontait dans les journaux que les macs se baladaient en voiture, kidnappaient des filles, les violaient, puis les expédiaient, par bateau, enchaînées, vers des ports lointains. Mais tout ça n'était qu'un tissu de bêtises, affirmait Max, des délires de scribouillards. Comment aurait-on pu enlever des filles de force, leur faire passer les frontières en fraude et les embarquer contre leur gré ? Mensonges sur mensonges. Ces dames devaient être d'accord pour partir, bien évidemment. N'importe quel type un peu malin pouvait les séduire. Les temps changeaient. On savait que les femmes avaient les mêmes appétits que les hommes. Elles ne voulaient plus épouser n'importe quel minable, se retrouver tout de suite enceintes et gaspiller leurs meilleures années au milieu des couches et des biberons. Il suffisait de savoir leur parler pour les convaincre.

Max exposa son plan à Yarmy. Il voulait que Keila se joigne à eux deux. Elle avait, comme on dit, une grande gueule et, en Amérique, elle serait capable de gagner de l'argent en un rien de temps.

Yarmy essaya bien de dire qu'il voulait la garder pour lui, mais Max protesta :

« Pardonne-moi, mais c'est du grand n'importe quoi. On ne peut pas prétendre que quelqu'un vous appartient, et à vous seul. Même une rebbetzin se remarie, dès que son rabbin de mari a fermé les yeux pour de bon. Tu ne seras pas plus capable de transformer Keila la Rouge en bonne ménagère qui raccommode les chaussettes de son mari que de prendre le vent au lasso... »

Et peu à peu, il détailla son plan. Il avait lu, dans un journal américain, l'histoire d'une femme qui s'était fait une spécialité d'épouser des hommes riches. Aussitôt après le mariage, elle les dépouillait, se débrouillait pour leur prendre leur argent, puis disparaissait de leur vie. Elle avait réussi ce coup plusieurs fois et fini par accumuler une immense fortune. Ce qui s'était passé en Amérique pouvait arriver en Pologne, affirmait Max. Quelques Juifs y étaient devenus très riches. Une femme avec l'allure et les manières de Keila serait capable de tourner la tête de n'importe qui. Pendant que Yarmy et Max s'occuperaient à corrompre quelques dizaines de filles et à les préparer au grand départ pour l'Amérique, Keila pourrait facilement s'emparer de cent mille roubles ou même plus. Avec une somme pareille, ils ouvriraient tous les trois les plus grands bordels d'Argentine, du Brésil, de Bolivie et d'Uruguay. Après quoi, ils vivraient comme des rois. Peut-être même que Yarmy et Max réussiraient à épouser de riches veuves, avant d'embarquer leur « cargaison ».

Max poursuivit :

« Yarmele, là-bas, les rues sont pavées d'or. Il suffit de savoir comment le déterrer. Je suis aussi riche que le roi Midas. Si je voulais, je pourrais m'acheter un palais et y vivre tranquille. Mais ça, c'est bon pour les vieux, pas pour quelqu'un de mon âge. Je ne sais pas m'arrêter, j'ai des fourmis dans le pantalon. Si je ne suis pas toujours en train de faire quelque chose, je me ramollis, je me mets à rêvasser. Yarmele, on est pareils, toi et moi. À la minute où je t'ai vu, ce soir-là, au théâtre, j'ai su qu'on allait s'associer. Ta Keila est un vrai trésor. Non, je ne veux pas qu'on devienne un attelage à trois. Ce n'est pas nécessaire. Je ne suis pas en manque, Dieu m'en préserve. J'ai voyagé en première classe sur le bateau de Rio à Londres et, si je te racontais ce que j'ai fait pendant ces deux semaines en mer, tu me prendrais pour le plus grand des vantards. Mon frère, ce n'est même plus la peine de chercher de faux prétextes, moi, je vais droit au but : "Vous me plaisez. J'ai une cabine pour moi seul. À la minute où je vous ai vue, j'ai eu envie de vous." Comment dit-on déjà ? Oui c'est oui, non c'est non. Je ne sais pas comment ça se passe pour les autres mais, pour moi, ça a toujours été oui. Je n'ai pas besoin de te préciser que je ne suis pas beau, je suis petit, chauve et infirme. Tu peux comprendre ?

— Oui, je crois, répondit Yarmy.

— Tu crois que c'est quoi ? De la pitié ?

— Un peu de tout.

— C'est-à-dire ?

— Tu parles bien. Tu persuaderais une pierre de fauter.

— Oui, oui. En somme, une espèce de… comment dit-on… de magnétisme. Si un aimant peut attirer une épingle, pourquoi un homme n'attirerait-il pas une jolie femme ? Il suffit de trouver les mots qu'il faut. À nous trois, on serait capables de régner sur le monde. »

Ils continuèrent à discuter à la taverne du 6 rue Krochmalna, en buvant du café et en mangeant du gâteau au fromage. Ils allèrent plus tard au Lurs, puis ensuite au Samodonin, place du Théâtre. Le soir, une fois au lit, Yarmy répéta tout à Keila.

Au début, elle protesta :

« Non, non, cent fois non ! »

Elle ne voulait plus qu'un seul homme et un seul Dieu. Yarmy tenta de discuter :

« Combien de temps allons-nous rester au 8 rue Krochmalna à compter le moindre groschen ? On se fatigue des petits plats toujours les mêmes. Varsovie n'est pas une grande ville. On va de la rue Krochmalna à la rue Smocza. Puis de la rue Stavka à la rue Nizka. Moi, j'en ai jusque-là ! L'Amérique, c'est un nouveau monde. Des pauvres types ont quitté la Pologne et sont devenus millionnaires là-bas. Tout ce qu'on te demande, c'est de fournir les cent mille premiers roubles. Après, ça roulera tout seul.

— Qu'est-ce qu'il veut qu'on fasse ?

— Qu'on devienne alliés. Il avancera l'argent, t'habillera comme une princesse et nous installera à l'hôtel.

— Yarmele, il veut sûrement autre chose. Il n'a pas arrêté, l'autre soir, de me dévorer des yeux.

— Un partenaire, c'est un partenaire.

— Oh, Yarmele, j'ai peur !

— En ce cas, récite tes prières.

— Serre-moi fort entre tes bras ! Très fort ! Comme ça ! »

Et Keila s'agrippa à lui avec une telle violence qu'il craignit d'avoir des côtes cassées. Elle enfonçait ses genoux pointus dans son ventre et l'embrassait à lui en couper le souffle. Après quoi, ils restèrent un moment immobiles, puis Keila déclara :

« Yarmele, nous ferions peut-être mieux de mourir.

— Mais pourquoi ?

— J'ai toujours voulu mourir pour quelqu'un.

— On a encore le temps. L'Ange de la Mort ne va pas se sauver.

— Je veux mourir jeune, pas vieille.

— Des filles comme toi restent jeunes longtemps.

— Je voudrais que tu me tues et j'embrasserais ta main jusqu'à mon dernier soupir.

— Avant de mourir, on doit bien vivre. »

Ils s'adonnèrent à leur passion jusqu'à très tard

dans la nuit et ne s'endormirent qu'à l'aube. À neuf heures, c'est à cause d'un rêve que Yarmy se réveilla. Il s'en souvint pendant quelques secondes, puis l'oublia. Il ne lui resta que quelques images de visages ensanglantés, de ventres ouverts, sur fond de hurlements. S'agissait-il d'un pogrom, d'une attaque de bandits, d'un jeu inventé par le diable lui-même ? Peut-être tout cela à la fois.

Il n'avait dormi que quelques heures mais se sentait parfaitement reposé. Il regarda Keila qui dormait à demi découverte, les seins nus. Elle rit soudain dans son sommeil, un œil entrouvert. « Grand Dieu, elle a couché avec des dizaines et des dizaines d'hommes et pourtant elle est restée fraîche comme une rose. Comment est-ce possible ? » Il se leva et alla nu jusqu'à la fenêtre. On voyait au-dessus des toits une bande de ciel bleu. Le soleil éclairait l'angle d'un mur. Des volets s'ouvraient. Des femmes aéraient les lits. Un vendeur de rue vantait ses petits pains frais et un autre ses harengs. Bientôt allaient arriver les jongleurs, les mendiants, les musiciens qui chanteraient la chanson du *Titanic*, ainsi que les aveugles et les amputés, rescapés de la guerre russo-japonaise. Au fond de la cour vivait un abatteur rituel – pas de ceux qui tuaient en respectant les règles de la Loi juive et étaient approuvés par le conseil communal, mais une espèce de franc-tireur qui travaillait pour beaucoup moins cher. Il devait soudoyer la police pour ne pas se faire arrêter. Il y avait aussi une maison d'étude hassidique où on célébrait déjà un service religieux.

Yarmy entendit le son aigu, chevrotant de la corne du bélier. Était-on déjà au mois d'*Elul** ? L'été avait passé étonnamment vite. Il se souvenait de ce qu'on disait dans son enfance : ce bruit-là était destiné à terrifier Satan en lui faisant croire que le Messie était arrivé et absolvait les Juifs. Il rappelait aussi à ceux-ci qu'ils devaient se repentir. « Faut-il que je fasse pénitence moi aussi ? » se demanda-t-il.

Si l'été s'était enfui si vite, peut-être en serait-il de même avec la vie ? Il n'avait pas trop envie de réfléchir là-dessus, ni de devenir un Juif pieux avec barbe et papillotes, pourvu d'une épouse à perruque et d'une tripotée d'enfants. Et puis, si Dieu n'existait pas, à quoi bon se soucier d'un quelconque repentir ?

Keila ouvrit les yeux :

« Yarmy, quelle heure est-il ?

— Rendors-toi, il est encore tôt.

— Eh bien… »

Et elle replongea dans le sommeil.

2

Ensuite les choses se précipitèrent. Max le Boiteux rencontra – plus exactement retrouva – Bertha Stein, surnommée Bertha la Bâtarde. Elle venait de la rue Krochmalna, mais s'était installée rue Ptaska. Autrefois tenancière d'un bordel pour riches clients rue Wronia, elle louait maintenant des chambres meublées. Elle pouvait à la fois vous en proposer une, trouver des bonnes pour des familles aisées, mais aussi procurer discrètement une femme à de vieux habitués, pourvus d'une épouse et d'enfants, qui voulaient pécher sans qu'on le sache.

D'un premier mari, mort jeune, elle avait eu deux filles, mises en pension pour s'assurer qu'elles ignoreraient tout des activités de leur mère. Son deuxième mari avait demandé le divorce. Après avoir longtemps eu ensuite pour amant Hatzkele le Cocher, qu'elle chassa brutalement un jour, elle s'était éprise d'un escroc. Sur quoi Hatzkele la poignarda dans la poitrine, crime pour lequel il écopa de trois ans à la prison de Makatov. Quand il en sortit, il disparut, abandonnant une femme et cinq enfants au bon vouloir de Dieu. Actuellement elle était la maîtresse de Hertz Kalachnik, propriétaire d'un immeuble, dont elle louait un étage entier, divisé en chambres meublées.

Kalachnik fournissait des faux passeports à ceux qui en avaient besoin, de faux certificats de naissance et autres documents parfois nécessaires. Il était de mèche avec la police, à tous les niveaux, jusqu'aux commissaires, et rendait des services à qui acceptait de payer le prix qu'il demandait. Il était marié et père d'un fils étudiant en médecine et d'un autre qui avait rejoint les mouvances révolutionnaires en 1905, ce qui lui avait valu une balle dans le ventre au cours d'une manifestation. Après deux ans à la prison de Pawiak, il était devenu un pénitent, un des hassidim d'Ouman, ceux qu'on appelait les

« hassidim morts », qui n'avaient jamais remplacé à leur tête Rabbi Nachman de Bratzlav, mort depuis une centaine d'années. Ils allaient en groupes visiter sa tombe au cimetière d'Ouman, près duquel s'élevait une maison de prière.

Yarmy la Teigne, Keila la Rouge, Max le Boiteux et Bertha la Bâtarde se retrouvèrent pour déjeuner au restaurant du 2 rue Krochmalna, connu dans tout le quartier pour son excellente nourriture cachère, en particulier les plats de tripes, de pieds de veau et son foie haché. Fréquenté surtout par les voleurs et les macs du coin, on y croisait aussi les marchands de fruits en gros de la rue Mirovska et les commerçants de la cour Yanash. Le soir, on y jouait de la musique. C'était là qu'on venait parier à qui mangerait le plus. Moshe la Bedaine y avait engouffré la moitié d'une oie et vingt petits pains, le tout arrosé de quinze chopes de bière. Un certain Leibele l'Infirme voulut faire mieux mais eut une attaque avant la fin du repas.

Derrière la grande salle, il y avait une pièce à part où on jouait aux dominos et aux cartes. Haïm la Crécelle y joua et perdit sa femme au vingt-et-un, et, quand le gagnant arriva chez eux pour réclamer son prix, il trouva le couple suicidé au gaz.

Bertha ayant déjà plus de cinquante ans, peut-être même plus de soixante, n'en paraissait guère plus de quarante. Elle avait une abondante chevelure noire – naturelle ou teinte –, un nez crochu et des yeux ronds comme ceux d'un hibou. Elle portait toujours une robe noire à manches longues et à col montant, parce que le coup de couteau de Hatzkele lui avait laissé une cicatrice. Elle aimait bavarder et détestait être interrompue. Max avait réservé un salon particulier à quinze roubles – la nourriture et la boisson en plus –, décoré de tapisseries aux murs et d'un tapis sur le sol carrelé.

D'abord, elle ne parla que de généralités : les temps changeaient, plus rien n'était comme avant. Les Juifs éclairés, mais aussi les Juifs pieux, qui allaient à la synagogue, les hassidim aisés, n'étaient plus des fanatiques comme autrefois. La nouvelle génération voulait s'éduquer. Les pères allaient encore à la cour de leur rabbi, mais ils envoyaient leurs filles au collège. Les fils discutaient à la maison d'étude et se balançaient au-dessus de la Guemara. Mais les mères partaient en vacances dans des stations à la mode, ôtaient leur perruque, mettaient un chapeau, parlaient polonais ou allemand et faisaient les boutiques. Des filles de bonnes familles hassidiques s'éprenaient d'étudiants, de commis voyageurs et, bien que cela n'eût jamais dû arriver, de jeunes officiers.

Bertha se vantait de connaître tellement de secrets que, si elle les révélait, on ne savait pas combien de familles voleraient en éclats. Mais elle ne trahissait jamais personne et les emporterait dans sa tombe, comme on dit.

La situation en Pologne était telle, déclara-t-elle, que les pauvres devenaient encore plus pauvres, à cause de l'inflation, et les riches encore plus riches. Avec davantage d'argent, on se découvrait de nouveaux appétits : que pouvait bien faire un homme d'une femme souffrante depuis des années qui ne le laissait plus s'approcher d'elle ? Certaines épouses grossissaient tellement qu'elles étaient répugnantes à voir. Elles ne vivaient plus pour leur mari mais pour leurs fils, leurs filles et leurs petits-enfants.

Il y avait aussi à Varsovie de riches veuves qui ne souhaitaient pas se remarier. Laides et prenant de l'âge, elles savaient que ceux qui les courtisaient n'en voulaient qu'à leur argent. Si on en laissait un s'installer chez soi, il devenait le patron, capable de tout dépenser à sa guise. Mais si se présentait un homme bien de sa personne, avec qui une femme pouvait voyager à l'étranger tous les ans sans que cela se sache, c'était une autre paire de manches. Peut-être même que cela deviendrait une histoire d'amour et qu'un couple solide se formerait. Ceux et celles qui souhaitaient tenter leur chance savaient que, chez Bertha, on trouvait tout : des chambres pour plusieurs mois ou plusieurs années, une compagne pour un invalide sur lequel il fallait veiller jour et nuit, quelqu'un capable de procéder à des avortements, une bonne cuisinière assez bien de sa personne pour aller discrètement au théâtre ou à l'opéra avec son patron pendant que l'épouse était partie à Carlsbad ou à Franzensbad chercher un bon parti pour sa fille, et, pourquoi pas, une maîtresse pour la vie. Avec de l'argent, on arrivait en général à tout obtenir, mais il fallait savoir quand, comment et avec qui. Bertha le répétait souvent : un homme et une femme, c'est comme une clé et une serrure. Si ça s'enclenche bien, c'est parfait. Sinon, les choses peuvent devenir amères.

Peu à peu, elle en vint aux faits. Elle ne ferait jamais ça pour des étrangers, mais Max était après tout un vieil ami. Elle le connaissait depuis plus de douze ans. Et, pour elle, l'amitié c'était plus important que l'argent. Même l'ami d'un ami comptait beaucoup. Max, que le mauvais œil l'épargne, possédait une immense fortune, il était intelligent, encore jeune, s'intéressait à beaucoup de choses, voyageait et avait toute sa tête. Elle, Bertha, connaissait un homme dans la soixantaine, ou peut-être plus, qui disposait de millions de roubles, il ne savait même pas lui-même combien. Il était affublé d'une épouse, une vraie garce, et de quatre filles ressemblant toutes à leur mère. Originaire de Kiev, il appartenait à la Première Guilde des commerçants, et les Juifs de cette importance n'étaient pas tenus de rester dans la « zone de résidence », ils pouvaient habiter où ils voulaient en Russie. Il avait même déjà été reçu en audience par le tsar. Sa famille vivait à Kiev, alors que ses bureaux se trouvaient à Lodz, à Varsovie et aussi à l'étranger. Quand il venait en Pologne, il était invité au palais du gouverneur. Bertha le connaissait depuis très longtemps. Il lui avait fait part de ses problèmes.

Il lui louait un appartement entier, royalement meublé. Qu'il vienne à Varsovie ou pas, il lui envoyait le montant du loyer par la poste. Pendant des années, il avait entretenu une maîtresse de vingt ans plus jeune que lui, jolie comme un cœur, qui parlait russe, polonais et yiddish, une certaine Sofia Michailovna. Il l'adorait et elle le lui rendait bien. Il était loin d'être beau mais, chez un homme, cela n'a pas d'importance, du moment qu'il est mieux qu'un singe. Ce qui compte, c'est être astucieux, avoir bon cœur, être capable d'aimer une femme et de dépenser généreusement de l'argent pour elle. Sergueï Davidovitch répondait à tous ces critères. Il aurait voulu finir sa vie avec Sofia Michailovna, mais voilà que, d'un seul coup, elle avait eu une sorte de bronchite, à ce qu'on disait, et était morte en une semaine. À ce moment-là, il faisait une cure à Carlsbad parce qu'il souffrait du foie. Le temps que Sofia autorise Bertha à le prévenir qu'elle était malade et le temps qu'il revienne à Varsovie, elle gisait à l'hôpital juif de la rue Czysta.

« Mes chers amis, dit Bertha, je ne veux pas vous ennuyer davantage, mais le malheureux a sombré dans une si profonde mélancolie que je craignais qu'il ne veuille en finir lui-même. Il était tout simplement détruit, brisé. Cela fait maintenant deux ans que j'essaye de le réconforter et de lui trouver quelqu'un qui l'aide à reprendre ses esprits, car ceux et celles que la terre recouvre, il faut les oublier. Cependant aucune fille n'est à son goût, jamais aussi jolie, charmante et intelligente que Sofia. Or il avait prévu de lui laisser une fortune, mais elle n'a pas d'héritier, à l'exception d'un mari, une vraie punaise qui n'a pas voulu lui accorder le divorce et a fait de sa vie un enfer. Ce serait péché que laisser cet argent tomber entre ses mains. Et péché aussi qu'il aille à l'horrible femme de Sergueï Davidovitch et à ses filles.

« L'autre jour, quand Max, après tant d'années, est soudain tombé du ciel, il m'a parlé de Keila et de vos projets, et, d'un seul coup, je me suis dit que peut-être elle réussirait ce vrai miracle de remettre cet homme sur pied. Dans ce genre de choses, on ne sait jamais ce qui peut se passer. »

Pendant un long moment, personne ne parla. Le visage de Keila s'était empourpré, comme cela arrive quand on a trop bu ou qu'on va avoir une attaque d'apoplexie. Les cheveux roux semblaient pâles en comparaison. Ses joues, son front, son cou, son décolleté étaient comme imbibés de sang. Yarmy frémit et verdit. Max le Boiteux ouvrit la bouche mais ne la referma pas.

Bertha posa une main sur la table :

« Ma fille, si tu es encore capable de rougir ainsi, c'est que tout espoir n'est pas perdu.

— Je suis une femme, pas un animal », répondit Keila d'une voix étouffée. Au même instant, elle se mit à ruisseler de sueur, comme si une main invisible avait renversé un seau d'eau sur elle. De grosses gouttes striaient ses joues.

Yarmy demanda :

« Keila, qu'est-ce qui ne va pas ? »

Et elle marmonna :

« Rien, rien. »

3

Tout se passa un peu comme dans les romans que Yarmy lisait dans le journal. Un matin, il descendit chez l'épicier pour téléphoner à Bertha qui lui dit que Sergueï Davidovitch venait d'arriver à Varsovie et qu'il attendait Keila. Celle-ci devait prendre un droshky et venir très vite.

« Pourquoi un droshky ? demanda Yarmy. C'est à deux pas. »

Bertha insista :

« Dites-lui de faire ce que je veux. On ne va pas risquer de rater l'affaire pour une dépense de quarante kopecks. »

Quand il remonta à l'appartement et annonça à Keila que Sergueï Davidovitch voulait la voir dès que possible, elle se mit à bégayer et à trembler comme si elle était une jeune fille vierge et pas une putain s'étant vautrée dans la fange depuis longtemps. Elle exigea que Yarmy l'accompagne dans le droshky, rien de moins, et qu'ensuite il l'attende sur un banc dans le square près de la Porte de Fer.

« Arrête de trembler comme ça, lui dit-il. Ça fait longtemps que ce vieux a perdu ses moyens. Il t'embrassera, pas davantage. Il n'est pas capable de plus. Tout est arrangé.

— Et toi, qu'est-ce que tu vas faire ? demanda Keila.

— J'ai rendez-vous avec la reine de Saba.

— Bertha a aussi trouvé quelqu'un pour toi ?

— Oui, Keileshe, une veuve dans la cinquantaine, le visage grêlé de partout par la variole.

— Yarmele, rappelle-toi ce que je te dis : ce Max sera pour nous l'Ange de la Mort.

— Oh, l'Ange de la Mort s'intéresse aux gens, pas aux chiens. On a bien le droit de s'amuser un peu avant de casser sa pipe. Je ne te demande qu'une chose : tout me raconter après.

— Yarmele, je te jure sur n'importe quel livre saint que je ne te cacherai rien.

— Bon, entendu.

— Qu'est-ce que je mets ? La robe rouge ou la jaune ?

— La jaune. Dépêche-toi. »

Il s'était déjà habillé lui-même – chemise neuve à pois, cravate assortie. Il semblait nerveux et tirait sans arrêt sur sa cigarette.

Peu de temps après, ils étaient dehors. Au pied de l'immeuble, un employé du marché des bouchers poussait devant lui un troupeau de dindes. Armé d'un long bâton, il les empêchait adroitement de s'écarter et les faisait entrer dans la cour.

« Elles vont à l'abattoir, n'est-ce pas ? dit Keila.

— Oui, Keileshe. Les dindes sont faites pour être égorgées. C'est ce que Dieu a voulu. »

Un droshky vide passait et Yarmy aida Keila à y monter. Les voyous qui traînaient dans la rue virent qu'elle n'avait pas de bagages. Yarmy monta aussi mais, au lieu de s'asseoir, préféra rester debout sur le marchepied. Au coin de la rue Gnoyna, il sauta à terre. Il avait dit à Keila que la veuve habitait rue Grzybowska.

Le droshky tourna à gauche et Keila se souvint du jour où Zeinvel l'avait conduite au bordel de Pesah Pike. Elle n'avait même pas quinze ans et mourait de peur au point qu'il dut la forcer à coucher avec chaque nouveau client. Plus tard, avec la pratique et l'expérience, elle surpassait les autres filles par la grossièreté de son vocabulaire et de ses blagues. Les hommes se la disputaient et payaient le double pour l'avoir. Mais, malgré son insolence affichée, elle restait timide intérieurement. Qui, sinon Dieu, aurait pu le comprendre ? Depuis deux ans et demi qu'elle vivait avec Yarmy, elle avait plus ou moins perdu ses vieilles habitudes. Ensemble, ils ne parlaient que de leur amour. Elle voulait un enfant de lui, mais Itche l'Aveugle venait de la replonger dans la boue. Et voilà que cette ordure de Max le Boiteux resurgissait.

C'était une belle journée ensoleillée, juste avant *Rosh Hashanah**, quand il est décrété au ciel qui vivra et qui mourra pendant l'année.

« C'est peut-être mon dernier Rosh Hashanah, se dit-elle. Pourvu que ce vieux salaud ait au moins une bouteille de cognac chez lui. »

La vérité, c'est qu'elle n'avait pu supporter la honte de sa vie dégradante, ces dernières années, que grâce à l'alcool. Dès qu'elle s'enivrait, elle devenait quelqu'un d'autre, une Keila différente. Avant sa rencontre avec Yarmy, elle s'était mise à boire au point de n'être jamais sobre. Le matin, avant même le petit déjeuner, elle avalait un demi-verre de schnaps. Le docteur Krummerien, qu'elle consultait chaque mois pour qu'il l'examine et certifie par écrit qu'aucune bactérie ne contaminait son sang, la prévint qu'elle finirait par se brûler les entrailles. Avec un mélange de colère et de tendresse, Yarmy était parvenu à la désintoxiquer. Mais là, tout de suite, il fallait qu'elle boive quelque chose de fort, sinon elle serait incapable d'échanger même quelques mots avec ce vieux richard de Sergueï Davidovitch.

« Dieu du ciel, faites au moins qu'il ne me parle pas en russe ! »

Bien qu'elle eût couché avec un nombre incalculable de Gentils de nationalité polonaise et de soldats russes, elle n'avait jamais appris ni le polonais ni le russe, à part quelques gros mots et plusieurs jurons.

Le droshky s'arrêta devant une grille où Bertha attendait. Elle examina Keila de la tête aux pieds, que cela intimida au point d'oublier de donner au cocher la pièce d'argent de quarante kopecks qu'elle gardait serrée entre ses doigts, et Bertha dut la rappeler à l'ordre.

Une fois dans la cour, cette dernière déclara :

« Keila, avant qu'on monte à l'appartement, il faut que je te parle. D'abord, rappelle-toi que Sergueï Davidovitch n'est pas un de ces voyous qui forment ta clientèle habituelle. C'est un homme raffiné, un membre de la Guilde des marchands. Il a voyagé dans le monde entier et connaît les plus fameuses maisons de passe. Tu dois t'adresser à lui, au travers, comme on dit, d'un mouchoir de soie. Tu l'écoutes, quand il parle, sans jamais l'interrompre.

— Il va me parler en russe ? demanda Keila, la gorge soudain sèche.

— En russe, en polonais, en allemand, en yiddish, tout ce que tu voudras. Tu peux t'adresser à lui en yiddish. Ici, tout le monde le parle. Ensuite, il faut que tu saches qu'il n'entend pas bien. Il n'est pas sourd mais, avec l'âge qui arrive, il n'est plus ce qu'il était. Sofia Michailovna savait très bien comment lui parler, ni trop bas ni trop fort, sinon cela le perturbe. Enfin, il ne voit pas comme autrefois. Il a un glaucome, je crois que ça s'appelle comme ça. Il n'est pas aveugle mais, par moments, il ne voit pas bien. Il porte des lunettes, mais cela ne suffit pas toujours.

« Je ne vais pas te dire d'avoir avec lui une conversation mondaine, ni de discuter de ce qui se passe dans le monde, parce que tu en serais incapable. Écoute-le, il aime bavarder, raconter des histoires. Il parlera sûrement de Sofia Michailovna, il le fait tout le temps. Ne l'interromps pas. Fais montre de compassion, comme on dit. Tu as compris ?

— Oui.

— S'il t'embrasse ou te caresse un peu, sois gentille. Ne crois pas qu'il fera ça dès votre première rencontre, mais un homme est un homme, même s'il se trouve sur son lit de mort. Ne lui dis pas ce que tu es, ne parle pas de ton passé. Dis-lui que tu es couturière et que tu arrives de la campagne, ce qui est vrai, après tout.

— Oui, oui.

— Si, par miracle, il te demande d'aller au lit avec lui, fais la timide, comme si tu n'étais pas habituée à ce genre de choses. Mais ne résiste pas trop non plus. Il n'a plus la force de discuter longtemps. Sofia Michailovna – qu'elle intercède pour nous – m'a dit que, tout malade qu'il est, il a gardé ses forces. Enfin, c'était vrai il y a deux ans. Depuis, il n'est plus le même. Il te demandera probablement ton nom, et Keila ce n'est pas très joli. Tu sais à quoi ça fait penser ? À un pot de chambre. Je ne comprendrai jamais pourquoi des parents appellent leurs enfants Keila, Yenta, Yochna, Bela, Sherintsa, Greena ou Pesha. Cela date du siècle dernier. Dis-lui Sonia. En Russie, une fille sur deux s'appelle Sonia. Quel était le nom de ton père ?

— De mon père ?

— Oui, ton père. Si tu as eu un père, il en avait bien un.

— Oui.

— C'était quoi ? »

Bizarrement, dans son affolement, Keila l'avait oublié. Bertha attendit, puis insista :

« Alors, son nom ? Mais peut-être vit-il encore ?

— Non, mon père est mort.

— Ah, il est mort. Alors c'était quoi ?

— J'ai oublié.

— Tu as oublié ! Je ne peux pas le croire. À quoi cela sert-il donc de mettre des enfants au monde !

— Je suis tellement troublée que…

— Et ton grand-père ? Son nom ?
— L'un des deux s'appelait Zalman.
— Bon, très bien. Dis-lui ça. Il t'appellera Sonia Zalmanovna. Chez les Russes, même les Juifs, on vous appelle du nom de votre père, c'est la coutume.
— Je viens juste de me souvenir, dit Keila, comme si elle se réveillait soudain.
— Et c'est quoi ?
— Baruch Yoyne.
— Baruch Yoyne… c'est difficile à dire en russe. On va garder Zalman. Il n'ira pas vérifier ton passeport. Tu as bien sûr un passeport jaune ?
— Oui.
— Si tu as l'intention de partir plus tard pour Buenos Aires, ça ne suffira pas. On ne te laissera pas monter à bord d'un bateau avec ça. On te fera un nouveau passeport. Mais on a encore le temps d'y penser. Allez, viens. »

Bertha saisit Keila par le bras et vit qu'elle tremblait. Elle s'immobilisa :

« Arrête de trembler comme ça, ma fille. On dirait une poule avant le sacrifice. Sergueï Davidovitch est quelqu'un de bien. Il ne te fera pas de mal, Dieu nous en préserve, que du bien. Il a été amoureux de moi pendant des années. Et quand cette tragédie avec Sofia est arrivée, c'est moi qui lui ai annoncé la terrible nouvelle et l'ai accompagné à l'hôpital pour qu'il la voie à la morgue. Il s'accrochait à moi comme si j'étais sa fille. Sofia n'était pas sa femme mais il a observé la période de deuil quand même.

On a rassemblé des pauvres Juifs pour constituer le quorum et il les a payés pour réciter les prières. Lui-même était assis sur un tabouret bas et lisait un livre pieux. Je suis venue le voir pour lui exprimer toute ma sympathie et il m'a dit : "Berthashke, vous êtes la seule qui puisse me réconforter dans ma peine." Et il a ajouté qu'avant de connaître Sofia Michailovna, il avait été amoureux de moi, et qu'il ne l'avait choisie, elle, que parce qu'il ne pouvait pas m'avoir, moi. Je lui ai répondu : "Sergueï Davidovitch, je vous aime aussi, comme un ami, un père, un frère. Mais mon cœur appartient à Hertz Kalachnik." Il a compris et n'en a plus jamais parlé. Allez, viens. »

4

Bertha ouvrit une porte donnant sur une vaste pièce dont les deux fenêtres étaient drapées de lourds rideaux. Il y avait un tapis au sol, des tableaux sur les murs – des paysages et des portraits –, une armoire, des sièges confortables, un canapé et un vaisselier. « Un vrai salon ! » pensa Keila. Dehors il faisait grand soleil mais, là, on se serait cru en pleine nuit. Dans un coin, un tout petit homme dont la tête chauve semblait directement plantée entre ses larges épaules, presque sans cou, était assis au fond d'un grand fauteuil tendu de tissu rouge à franges. Le menton orné d'une petite barbe, il portait une robe de chambre de couleur vive. Ses courtes jambes aux pieds chaussés de pantoufles s'appuyaient sur un tabouret. Il avait un bout de cigare coincé entre les lèvres. Sur un guéridon, à côté de lui, il y avait une moitié d'orange.

« Un drôle de type », se dit aussitôt Keila. Bertha la tenait toujours fermement par le bras pour la faire avancer. Quand elles furent devant le fauteuil, elle déclara d'une voix forte :

« Sergueï Davidovitch, voici la jeune fille dont je vous ai parlé. Elle est encore un peu intimidée, mais cela va vite passer. »

D'une main tremblante, le vieil homme posa son cigare dans un cendrier, à côté de l'orange. De l'autre, il sortit d'une de ses poches un pince-nez à monture dorée attaché à un ruban noir. À travers les verres très épais, ses yeux semblaient énormes et globuleux comme ceux d'un veau.

Il dit quelques mots en russe, puis opta vite pour le yiddish :

« Eh bien, eh bien, asseyez-vous. Je ne me sens pas très en forme, un peu de rhume, mais peu importe, peu importe. Bertha Moïseyevna, où l'avez-vous trouvée ? Elle est ravissante. Une vraie beauté. Si jeune, si jeune… Quel âge, m'avez-vous dit ? J'avais fait préparer quelques rafraîchissements, mais Zoshka, ma bonne, est descendue faire des courses. Le téléphone a sonné et j'ai cru que… Le temps que je décroche, il n'y avait plus personne.

— Si quelqu'un veut vous joindre, il rappellera,

dit Bertha. Sonia Zalmanovna – la jeune fille s'appelle Sonia –, si *gospodin* Sergueï Davidovitch a besoin de quelque chose, vous trouverez tout ce qu'il faut dans la cuisine : un réchaud à gaz, une théière, du thé, du sucre, des citrons, des biscuits. J'ai envoyé Zoshka à la pharmacie et aussi à la poste, après ses courses. Voulez-vous du thé maintenant ?

— Du thé ? Non.

— Il y a de l'eau dans la casserole. Il suffit juste d'allumer le gaz. Je vais retourner chez moi et vous laisser seuls tous les deux. Ma porte est la première à gauche, ajouta-t-elle en se tournant vers Keila. Ne sonnez pas, frappez, c'est mieux. Les toilettes sont dans la cuisine, n'oubliez pas de tirer la chasse.

— Bien, merci. »

Puis à mi-voix, elle susurra en clignant d'un œil :

« N'aie donc pas peur, personne ne va te mordre. »

Dès qu'elle fut partie, Sergueï Davidovitch dit :

« Approchez-vous, approchez-vous. Mettez-vous à l'aise. Je n'allais pas très bien mais je me sens déjà mieux. Beaucoup mieux. Quel est votre nom déjà ? »

Keila aurait voulu répondre, mais elle avait oublié celui décrété par Bertha. Elle ne s'était jamais trouvée dans une demeure aussi luxueuse. Elle remarquait sans cesse de nouveaux objets ou bibelots. Il y avait un téléphone, posé sur un coussin, et, juste à côté, une bouteille d'alcool ou de liqueur. Dans le vaisselier aux portes vitrées, on apercevait une boîte en argent et une sorte de vase, également en argent, gravé de mots yiddish. Il y avait beaucoup de livres reliés avec des caractères dorés. « Ce doit être un avocat », se dit Keila.

Il lui parlait en yiddish mais, bizarrement, elle ne le comprenait pas. Était-ce un Litvak ? Quelques années auparavant, quand elle travaillait au bordel de la rue Tamkes, un officier l'avait emmenée passer la nuit chez lui. Comme elle était ce soir-là complètement ivre, elle ne se souvenait que d'un escalier de marbre et d'un homme qui s'adressait à elle en russe. Il lui avait posé un verre d'alcool en équilibre sur la tête et tiré dessus avec son revolver. Puis il lui demanda de se déshabiller complètement et de prendre un bain avec lui. Tôt le lendemain matin, il la ramena au bordel et la madame lui fit payer vingt-cinq roubles pour la nuit. Mais, cette fois, tout était différent. Le vieil homme lui parlait comme à une égale. Il la priait de s'asseoir et c'est elle qui n'osait pas prendre place sur une des belles chaises au dossier sculpté. Elle se retenait de se mettre à pleurer. Jamais elle n'avait ressenti une telle honte. Elle mourait d'envie d'attraper la bouteille d'alcool et de boire directement au goulot pour se donner du courage. Mais elle n'osait pas faire cela non plus. Elle aurait voulu s'enfuir. Mais que dirait Bertha ? Et que penserait Max le Boiteux ? Et Yarmy ? Et même ce vieux monsieur si bien élevé ?

Le téléphone sonna et Sergueï Davidovitch se leva lentement pour aller répondre. Il parlait en russe avec, de temps à autre, des mots yiddish.

« Si malade et en même temps si intelligent et

si correct avec moi », se dit-elle, surprise. Au fond d'elle-même, elle avait envie de pleurer. C'était comme si, d'un coup de baguette magique, on venait de lui ôter son assurance, tous les aspects de sa vie dissolue, ses côtés impudiques, et qu'elle fût redevenue une enfant sans défense, une pauvre orpheline perdue dans la grande ville, face à ce vieillard dont l'existence ne tenait plus qu'à un fil et qui se montrait courtois et, semblait-il, plein de sagesse. Tout en répondant à son interlocuteur, il sourit à plusieurs reprises. « Peut-être qu'il est question de moi et qu'il se moque de ma présence chez lui », pensa-t-elle.

Il dit *dasvidania*, « au revoir » en russe, et reposa le récepteur sur son support métallique.

Il n'alla pas se rasseoir mais se dirigea vers la cuisine et les toilettes. Au bout d'un long moment, on entendit couler de l'eau. Keila décida d'ôter le bouchon de la bouteille posée sur la table et avala une bonne gorgée. C'était un alcool très sucré. Vite, elle en but une seconde.

« Je suis perdue, de toute façon », se dit-elle pour se justifier. D'un seul coup, elle retrouvait son assurance habituelle et se sentait même très gaie. « De quoi aurais-je peur ici ? se demanda-t-elle. Les choses ne peuvent pas devenir pires que ce qu'elles sont déjà. »

Et elle se rappela qu'elle s'appelait maintenant Sonia, son père Zalman, comme son grand-père, et non Baruch Yoyne.

Quand Sergueï Davidovitch sortit de la cuisine, elle courut vers lui, le prit par le bras et le reconduisit jusqu'à son fauteuil. En s'asseyant, il souffla comme s'il déposait une lourde charge.

« Merci, dit-il. Comment vous appelez-vous déjà ?

— Sonia. Et mon père, Zalman.

— Zalman ? Donc vous êtes Sonia Zalmanovna. Tant qu'on est jeune, on croit qu'on le restera toujours. Mais, quand la vieillesse commence à s'emparer de vous, vous perdez peu à peu vos forces. Chaque jour, vous avez mal quelque part en plus. Asseyez-vous, asseyez-vous, voilà, très bien. Une chaise, c'est fait pour s'asseoir. J'avais une grande amie, elle s'appelait Sofia. Sofia Michailovna. J'étais sûr de quitter ce monde longtemps, longtemps avant elle, étant tellement plus âgé qu'elle. Mais le destin en a décidé autrement. Elle était une amie de Bertha Moïseyevna. Ces deux femmes m'aidaient à vivre. Je suis la victime d'un mauvais mariage, une erreur que l'on commet un jour et, après, c'est trop tard et pour toujours. Quand j'ai quitté Sofia, elle allait bien, et à mon retour elle venait de mourir. Enfin voilà... Aimeriez-vous boire quelque chose ? J'ai de la liqueur, une boisson pour femme. Moi-même, je ne touche plus à l'alcool. Mon estomac, mon foie, ma vessie... Le docteur m'a aussi interdit de fumer, mais je me permets deux cigares par jour. Quel mal cela peut-il me faire, au point où j'en suis ? Le corps est comme un vêtement très solide et puis, d'un seul coup, toutes les coutures craquent. Vous en recousez une et trois autres se déchirent. Servez-vous. Voici une bouteille et un verre. »

Keila vit alors que le verre ressemblait à celui sur lequel son grand-père récitait les bénédictions. Elle le remplit à ras bord. Elle savait très bien qu'il y avait un mot qu'on dit avant de boire, un mot juif, tiré d'un livre de prières, mais elle ne s'en souvenait pas. Elle se sentait soudain pleine d'affection pour ce vieux monsieur qui lui parlait si franchement, en lui ouvrant son cœur, et lui offrait de la liqueur. Elle eut peur de ne pas en avoir laissé assez pour pouvoir se resservir mais, non, il y en avait encore. Elle dit en polonais : « *Nazdrowie !* Santé ! » Et elle vida le verre d'un coup. Elle esquissa même le geste de le jeter contre le mur, à la manière des soldats et des officiers, mais, après avoir hésité, le reposa sur la table.

« *Nazdrowie, l'chaïm* !* » dit le vieil homme.

Ah, voilà le mot qu'elle cherchait, *l'chaïm*, « à la vie ». Elle l'avait eu au bout de la langue. Et puis, brusquement, elle fit quelque chose qui la surprit elle-même : elle se précipita sur Sergueï Davidovitch, lui prit le visage entre ses mains et embrassa son crâne chauve une fois, deux fois et plus encore, pas de façon passive, mais avec une sorte de frénésie, comme si elle avait peur qu'il lui demande de s'arrêter. Il lui sembla sentir son visage à lui devenir brûlant, mais peut-être lui transmettait-elle sa propre chaleur. Elle continua à le couvrir de baisers, sur le nez, la bouche, la barbiche. Il ne réagissait pas, se contentait de s'agiter un peu et d'essayer de dire quelque chose, mais elle posa ses lèvres sur les siennes.

Cela ne dura guère plus d'une minute, puis elle s'écarta, toute tremblante. Le lorgnon de Sergueï Davidovitch avait glissé et se balançait au bout de son ruban. Son visage était devenu blême, avec des taches rouges. Il la dévisagea sous ses épais sourcils blancs, la barbiche en désordre, en essayant de reprendre son souffle. Il dit à mi-voix :

« Eh bien, qu'il en soit ainsi... Qu'ai-je fait pour mériter cela ? »

Keila aurait voulu répondre mais, à nouveau, elle ne trouvait pas ses mots. Elle finit par chuchoter :

« Vous êtes quelqu'un de bien. »

Elle n'en revenait pas d'avoir dit cela.

5

Quand Yarmy avait dit à Keila que Bertha lui avait déniché une veuve, ce n'était pas un mensonge. Elle habitait rue Grzybowska, en face du centre communautaire juif. Il avait déjà entendu parler d'elle et vu une photo : gros nez, double menton et peau grêlée par la variole. Son mari, Notele Hernia, s'était enrichi en infligeant des blessures à d'éventuels conscrits pour empêcher qu'on les enrôle. Il avait rendu l'âme à la prison de Pawiak, après avoir reçu un mauvais coup d'une de ces recrues et laissé une fortune à Bronia, son épouse.

Après sa mort, celle-ci s'était remariée deux fois – pour divorcer deux fois. Elle confia ensuite à Bertha qu'elle ne voulait plus de mari. Être passée trois fois sous le dais nuptial lui suffisait. Elle cherchait un amant et déclara que « franchement, avec ma vilaine peau et mon nez comme une patate, personne ne tombera amoureux de moi ».

Elle était prête à payer, comme un homme, pour avoir une relation avec quelqu'un.

Max le Boiteux alla la voir, mais dit plus tard à Bertha que, même si on lui offrait une montagne d'or, il ne s'en approcherait pas. D'ailleurs, il ne lui plaisait pas. Outre le fait qu'il boitait, il était de trop petite taille. Bertha lui montra alors une photo de Yarmy et, au premier coup d'œil, elle s'exclama :

« Voilà mon homme ! »

Yarmy se laissa persuader. Puisque Keila allait fricoter avec Sergueï Davidovitch, pourquoi resterait-il à la maison assis sur sa chaise ? Après trois ans passés avec la même femme, il se dit qu'un peu de changement ne lui ferait pas de mal. Max l'encouragea : la simple notion de fidélité entre époux ne valait pas trois sous. Il avait lu quelque part que, au fond d'eux-mêmes, les hommes et les femmes souhaitaient être trompés. Mais, en route vers la rue Grzybowska, Yarmy sentait l'emprise maléfique que Keila exerçait sur lui. Il eut peur d'être impuissant une fois devant Bronia. Il ne se rappelait plus comment aborder facilement une femme. Au lieu de prendre un droshky, il partit à pied, mais s'arrêta à plusieurs reprises. Rue

Zhabia, il examina des chapeaux pour dames dans une vitrine. Il faisait encore beau et chaud, mais voilà qu'on mettait en devanture des toques de fourrure, des bonnets en laine et des cloches en feutre pour l'hiver. Il y avait même une boutique spécialisée dans les coiffes de veuve, en crêpe, avec des voiles noirs. Ici et là, il apercevait une petite modiste au travail. Le monde regorgeait de filles jeunes et voilà qu'il s'en allait à la rencontre d'une sorte de monstre, vieille comme le monde et la peau trouée comme une râpe à fromage.

« Je fermerai les yeux et imaginerai que c'est Keila », se dit-il pour se consoler.

S'il désirait devenir un séducteur professionnel, il ne pouvait pas s'attendre à rencontrer l'amour. Il lui suffirait de faire semblant, comme lorsqu'il était jeune. Mais, désormais, il se sentait très éloigné de ses comédies d'autrefois. Il enviait aujourd'hui Keila : une femme pouvait feindre beaucoup plus facilement. Elle était capable de coucher avec une centaine d'hommes tout en restant de glace intérieurement.

Bronia habitait un bel immeuble. Yarmy monta l'escalier de marbre jusqu'à son appartement. Il aurait dû se sentir plein de hardiesse et de gaieté, mais une grande amertume l'envahissait : « Keila a raison, se dit-il. Max est l'Ange de la Mort. C'est l'esprit du mal qui l'a fait revenir ici pour tout couvrir d'ordures et de boue, et nous entraîner avec lui. »

Il avait littéralement l'impression que deux êtres se battaient en lui. L'un le raisonnait : « Pourquoi te compliquer ainsi la vie ? Mieux vaut manger du pain sec que s'associer avec un aussi sale type. Cours chercher Keila, ramène-la tout de suite à la maison et n'accorde même plus un regard à ce Max. Il veut t'entraîner dans sa débauche, ne tombe donc pas dans ses filets. » Mais l'autre, l'esprit du mal, ripostait : « Et alors, qu'est-ce que tu fais ? Tu plumeras des poulets à l'abattoir ? Tu monteras des sacs de charbon chez les gens ? Tu vendras des pommes ? »

Ces dernières années, Yarmy avait un peu perdu le goût des coups tordus. Il s'était calmé, radouci, en quelque sorte dédoublé : un Yarmy voulait rentrer chez lui et un autre se dirigeait vers la porte de Bronia.

Quand il la vit, en robe de chambre et pantoufles, il constata qu'elle s'était rougi et poudré les joues. Elle avait dû aussi aller chez le coiffeur et sans doute se faire teindre les cheveux.

Elle le jaugea de la tête aux pieds, hésita un instant, puis s'écarta pour le laisser entrer :

« Vous êtes Yarmy, hein ? Bon, venez. »

Elle le conduisit par un long couloir jusqu'à une pièce tapissée en rouge sombre, un tapis au sol de la même couleur. Sur une commode était posé un gramophone avec un énorme pavillon. Au mur était accroché un portrait de Notele Hernia, le visage rond et la barbe bien taillée, les yeux pétillant comme s'il était vivant. Il semblait dire à Yarmy : « Voilà ce qui arrive à un homme quand il se met à quatre pattes… »

Sur un sofa surchargé de coussins était assise une poupée vêtue de soie et de dentelles. Une table était garnie de bouteilles de vin et de liqueur, avec un assortiment de biscuits. Les rideaux étaient tirés bien qu'il fût à peine midi, et on avait allumé les lampes. Bronia écarta la poupée et fit signe à Yarmy de s'asseoir à sa place. Elle-même s'installa dans un fauteuil. Elle sourit, en découvrant son dentier et demanda d'une voix masculine :

« C'est Bertha qui vous envoie, hein ?

— Oui, c'est Bertha.

— Je la connais, je la connais par cœur. Mon mari – qu'il intercède pour moi – et Hertz Kalachnik étaient comme deux frères. Ils jouaient souvent aux cartes ici. Quand Hertz Kalachnik a fait des bêtises et fini par tomber entre les mains des Gentils, c'est Notele qui a payé sa caution. Maintenant Kalachnik est devenu quelqu'un d'important et Bertha joue à la grande dame. Mais il ne peut pas l'épouser, il a une femme.

— Oui, je sais.

— On dit qu'il a aussi quelqu'un d'autre, ajouta Bronia.

— Bertha ne lui suffit donc pas ? demanda Yarmy.

— Vous savez comment sont les hommes. Ils ont les yeux plus gros que le ventre. Buvons donc un toast. Qu'est-ce que vous préférez, du cognac ou de la liqueur ?

— Eh bien, du cognac. »

Bronia remplit deux verres à ras bord. Yarmy

remarqua que ses mains avaient la taille de celles d'un homme. Il vida son verre d'un coup et sentit l'alcool lui brûler la gorge et les intestins.

« Un autre ?

— Pourquoi pas ?

— Ne vous enivrez pas. Quand un homme se met à boire, il veut aller tout de suite au lit.

— Pas seul, déclara Yarmy, pas trop sûr de ce qu'il venait de dire.

— Keila sait où vous êtes ? Bertha me raconte tout.

— Je ne suis pas un rabbin et ce n'est pas une rebbetzin.

— J'aime que tout se passe bien. Sans bruit. Je ne veux pas qu'on vienne me voir avec toutes sortes d'exigences.

— Je n'ai aucune exigence.

— Mangez donc un petit quelque chose. »

Yarmy vida un deuxième verre et grignota un biscuit. Il aurait voulu se montrer spirituel, faire des plaisanteries, mais il ne savait pas quoi dire. Quand Keila buvait trop, elle devenait très volubile. Lui, l'alcool le rendait muet. Bronia lui lança un regard en biais assez moqueur.

« Elle ressemble à une truie », pensa-t-il soudain. Il n'éprouvait pas le moindre désir de se rapprocher de cette créature vulgaire. « Je n'aurais jamais dû venir ici ! » Il avait honte d'être chez elle, mais encore plus de penser qu'elle raconterait ensuite tout à Bertha qui le répéterait à Max. La peur l'envahit à l'idée qu'après il serait impuissant avec Keila aussi. Celle-ci lui parlait souvent des clients des bordels qui n'arrivaient pas à leurs fins et exigeaient qu'on leur rende les dix kopecks qu'ils avaient payés d'avance. D'autres demandaient qu'on les gifle, qu'on leur crache dessus, qu'on leur tire les cheveux ou qu'on les fouette.

Yarmy restait assis sans bouger et regardait fixement la bouteille, comme s'il réfléchissait : « Dois-je essayer de m'envoyer encore un verre ou pas... Non, ça n'aurait pas plus d'effet que de faire boire un cadavre... » Tout haut il demanda :

« Où sont les toilettes ?

— Au bout du couloir. »

Il sortit de la pièce et, une fois dans l'entrée, ouvrit tout doucement la porte et se mit à dévaler l'escalier comme un voleur surpris en pleine action, deux marches à la fois, et toujours empli de honte.

« Eh bien, je suis fichu ! » crut-il entendre une voix lui crier.

Il se rua jusqu'à la grille et partit à toute allure le long de la rue Granitszna, les jambes curieusement légères. Sans cesser de courir, il décida de ne plus rien avoir à faire avec Max. Il le renverrait à ses douteux trafics et, s'il refusait de le laisser tranquille, il lui planterait un couteau dans le corps. Il éprouvait maintenant l'envie impérieuse de sortir Keila aussi de cette fange.

« Je vais l'emmener en Amérique et nous commencerons là-bas une vie honnête. »

Quelques lignes apprises au heder lui revinrent : « Nu je suis sorti du ventre de ma mère et nu je repartirai. » Mais qui avait dit cela ? Moïse ? Jacob ?

Soudain le désir d'être avec Keila le submergea. Il la voulait, là, tout de suite. Il arriva bientôt rue Ptaska et se dirigea droit vers la grille de la maison de Bertha. « Mon Dieu, faites que je ne la croise pas dans l'escalier, pensa-t-il, elle ou qui que ce soit qui s'occupe de ce genre de choses. » Oui, mais où habitait Sergueï Davidovitch ? Il se dit qu'il enfoncerait la porte et, s'il trouvait Keila au lit avec ce vieux type, il les étranglerait tous les deux. C'était de l'amour, le véritable amour et, quand on aimait une femme à ce point-là, on n'y renonçait pas, même pour un million de roubles.

Une souillon au visage pointu criblé de taches de rousseur descendait l'escalier, en robe courte, pieds nus dans des pantoufles éculées. Yarmy l'arrêta pour lui demander l'adresse du vieux monsieur dont il avait brusquement oublié le nom.

« Où vit le type qui parle russe ? Celui qui est malade… Qui vient de Russie.

— Hein ? Je ne sais pas.

— Vous n'habitez pas ici ?

— Je travaille ici. Je ne sais rien.

— Un richard.

— Demandez à quelqu'un d'autre. »

Yarmy eut envie de secouer cette idiote et de la traîner par les cheveux, mais il se retint. Elle se mettrait à hurler et il risquait de se retrouver en prison.

Il s'écarta pour la laisser passer, mais de telle façon qu'elle dut se serrer contre lui pour avancer.

« Je suis soûl, complètement soûl », se dit-il pour justifier sa conduite.

6

Max le Boiteux – ou Leon Gempner, comme il s'appelait désormais sur son nouveau passeport – était assis dans sa chambre à l'hôtel Warshawski et lisait un journal en yiddish. Pour une raison qu'il ne comprenait pas et qu'aucun docteur ne savait lui expliquer, il avait toujours trop chaud. L'été, il dormait nu, sans même se couvrir d'un drap. L'hiver, il gardait la fenêtre ouverte, de jour comme de nuit. Sa jambe infirme le faisait souffrir en permanence et, dès qu'il était seul, il ôtait chaussures et chaussettes.

Il était en train de fumer une cigarette et, au bout de quelques bouffées, il avait commencé à se parler à voix haute, en crachant les mots comme des pois chiches grillés. Il ne savait pas si cette habitude remontait à l'enfance, ou s'il l'avait acquise en prison, à Varsovie, à Radom ou à Buenos Aires. Il ne se contentait pas de se dire des choses, il sifflait, grimaçait, clignait de l'œil et parfois faisait claquer sa mâchoire comme un chien qui attrape une mouche en vol. Il venait d'arriver, dans le feuilleton qu'il lisait, au passage où ce séducteur de Zbigniew

Koczinski posait une échelle contre une fenêtre du château du comte Leopold Kurowicz et enlevait Mademoiselle Helena. Max se mit à rire sous cape. Bêtises, tout ça, sottises, stupides péripéties. Aussi peu vraisemblables que la Pâque célébrée en plein été. Ce scribouillard d'auteur écrivait n'importe quoi, pour s'amuser.

Max avait parfois peine à le croire, et pourtant il avait autrefois étudié la Guemara et les Commentaires, à la maison d'étude de Piask. Des fragments de phrases lui restaient en mémoire. Depuis combien de temps avait-il tourné le dos à tout cela ? Pas plus de quinze ans, mais cela lui semblait une éternité. Pendant ces quinze ans, il n'avait pas vécu une vie mais une bonne centaine. S'il tentait d'écrire tout ce qui lui était arrivé, personne ne le croirait. Les mêmes idiots qui lisaient les romans-feuilletons et croyaient à ces bêtises dur comme fer le traiteraient, lui, de menteur. Mais aurait-il pu tout raconter ? Il avait quelque part des frères, des sœurs et même des enfants qu'il ne connaissait pas, ayant abandonné des « épouses » en Pologne, en Argentine et au Canada. Il était allé au Mexique, en Bolivie, en Uruguay, à Trinidad. Il avait joué dans les casinos de Mar del Plata et de Monte-Carlo. Outre le yiddish, Max parlait le polonais, le russe, l'allemand, le portugais et l'anglais. Dans un train allant de Kiev à Odessa, la femme d'un général l'avait attiré dans son compartiment de première classe et s'était donnée à lui. Sur un bateau se rendant de Londres au Brésil, il avait couché avec une Française, une Allemande, une Italienne et une Noire dont il ne se rappelait ni le nom ni l'origine.

Comme c'était bizarre... En dépit de toutes ces conquêtes féminines, il ne se sentait réellement attiré que par les hommes. Chaque fois qu'il avait fait de la prison, il avait trouvé un homosexuel avec qui se lier. Ce samedi soir, au Théâtre yiddish, on aurait pu croire que sa rencontre avec Yarmy tenait du pur hasard. Mais en réalité, n'ayant cessé de penser à lui pendant toutes ces années, il était venu à sa recherche.

« D'accord, je suis un drôle d'oiseau... Tout ce qui se mélange dans ma pauvre tête, même Dieu n'y comprendrait rien. S'Il existe, bien sûr... »

Max finit sa cigarette et en alluma aussitôt une autre, en frottant une allumette à la semelle de sa chaussure. Il avait toujours sur lui un revolver en or et trois passeports, un dans son portefeuille et un dans chacune des poches de poitrine de sa veste. Il ne se séparait jamais d'une mallette remplie de médicaments contre le mal de tête, les crampes d'estomac, la constipation, les gaz, plus toute une collection de somnifères.

Cinq ans auparavant, un docteur l'avait mis en garde : il était très gravement malade et il devait absolument mener une vie saine, cesser de fumer et de courir les femmes. Lui prescrivant de l'électrothérapie, de l'hydrothérapie et des massages à l'alcool, il l'avertissait que, s'il ne ralentissait pas, il risquait de tomber raide mort à n'importe quel moment.

Max avait ri. *Une vie saine ! Ralentir !* Comment était-ce possible alors que son cerveau carburait vingt-quatre heures sur vingt-quatre. Même quand il dormait, il se retrouvait la proie de cauchemars impossibles à décrire. Il s'envolait, tel un aveugle, allait fouiller des tombes, était projeté comme par une fronde. Des démons lui faisaient traverser des déserts, la *géhenne**... Ils le jetaient sur des lits de clous et des charbons ardents, le roulaient dans la neige, le basculaient dans des fosses. Il était fusillé, pendu, fouetté, obligé de courir tandis que des cosaques le frappaient à coups de crosse, puis le transperçaient de leurs lances et de leurs baïonnettes. Des monstres terrifiants surgissaient devant lui, moitié humains moitié animaux, pourvus de longs nez, de groins de porc, d'yeux lançant des flammes, parfois moitié hommes moitié femmes, avec pénis et seins, barbes et petites nattes. Ils hurlaient après lui d'une voix perçante, aboyaient comme des chiens, rugissaient comme des lions, grognaient comme des sangliers. Il se vautrait dans du fumier, de la boue, des ordures. Il entendait des chants funèbres, des lamentations, des paroles folles, incompréhensibles et impossibles à retenir. Un docteur avait appelé cela de la neurasthénie – mais sans dire ce que c'était.

Quand il ne dormait pas, il n'arrêtait pas d'inventer, d'imaginer, de mettre au point les plans les plus fous. Il était à la fois rationnel et dément, plein de compassion et affreusement cruel, pieux et superstitieux, intrépide et lâche. Il jetait l'argent par les fenêtres et, en même temps, comptait jusqu'au dernier groschen qu'il dépensait.

Il risquait sa liberté, s'exposait aux pires dangers, tout en vivant dans la terreur du mauvais œil. Il avait peur quand un chat noir croisait son chemin ou quand quelqu'un passait près de lui portant un récipient vide. Il avait toujours sur lui des amulettes en ivoire et des morceaux d'ambre. À la moindre occasion, il consultait des voyantes, des diseuses de bonne aventure, des astrologues, des médiums qui s'adressaient aux morts, montraient leur image dans des miroirs noirs et les faisaient parler. Il avait déniché dans un journal yiddish une publicité pour un certain Schiller Skolnick qui retrouvait des objets perdus, des maris et des femmes en fuite, des parents disparus et proposait des traitements contre l'impuissance, l'arthrose, les rhumatismes, le catarrhe chronique, à coups de magnétisme, d'hypnotisme et de lecture des lignes de la main. « Un escroc, un charlatan », se disait Max, tout en découpant soigneusement le journal avec des ciseaux. Qui sait ? Ce type possédait peut-être des pouvoirs inconnus. Et s'il y avait eu des sorciers autrefois, pourquoi n'y en aurait-il pas un aujourd'hui ?

Il ouvrit un tiroir et en sortit un album où étaient collées les photos de tous les hommes et de toutes les femmes qu'il avait connus, ainsi que des lettres d'amour, des promesses de fiançailles, des contrats de mariage. Ce n'était pas très malin de garder avec lui ce qui pourrait servir de preuves l'incriminant mais, de toutes ses aventures passées, il ne retenait rien que ces souvenirs-là. Pour la millième fois, il compta ses victimes, les dévisagea, leur parla. Max à la fois aimait et méprisait les femmes. Il avait toujours été déçu par elles. Dans son sommeil, il ne rêvait que d'hommes. Il utilisait son désir des hommes pour satisfaire les femmes. Il donnait à celles-ci des prénoms masculins, les recherchait toujours aussi plates devant que possible et leur demandait de se raser le pubis. Il tentait souvent de les convaincre de se donner à un autre homme.

Un employé de l'hôtel frappa à la porte et lui dit qu'on le demandait au téléphone.

Il se redressa maladroitement, enfila un peignoir et sortit dans le couloir jusqu'à la cabine. C'était Bertha. Elle l'informa que Yarmy rendait visite à la veuve au visage grêlé, Bronia. Immédiatement, son moral s'améliora :

« Bertashe, c'est parfait !

— Max, tu serais capable de faire se rencontrer deux murs.

— Moi ? Mais non, c'est toi. Si tu n'avais pas fricoté avec Hertz Kalachnik, nous aurions toi et moi fait bouger le monde.

— Maxie, tiens ta langue.

— Bertashe, j'aurais besoin de quelques passeports de plus.

— De plus ? Il t'en faut combien ? Cent ? »

Et elle rit. « Elle a une voix d'homme », se dit Max, qui répondit :

« Si Jethro avait sept noms, je veux sept fois sept passeports. »

III

1

Au beau milieu de la nuit, la poule que Keila avait achetée pour le sacrifice du lendemain, veille de *Yom Kippour**, se mit à caqueter. Yarmy refusait d'en passer par cette cérémonie qu'il considérait comme une absurde superstition. Mari et femme se réveillèrent brusquement en même temps. Keila demanda :

« Yarmy, tu as entendu ?

— Oui, j'ai entendu.

— Yarmy, c'est un mauvais présage.

— Pourquoi, bon sang ?

— Quand une poule caquette, cela signifie qu'on ne vivra pas jusqu'à la fin de l'année.

— Tu veux dire que la poule mourra ? plaisanta Yarmy.

— Non, ne ris pas avec ça. Je me moque du reste de l'année mais, pour moi, Kippour est sacré. J'ai toujours sacrifié une poule ce jour-là et allumé un gros cierge à la synagogue. Le bedeau appelait ça une "bougie du souvenir".

— Et qu'est-ce que tu faisais au bordel si un client se présentait ?

— Le tsar lui-même aurait pu venir, à Kippour je ne travaillais pas. Nous avions deux filles chrétiennes qui assuraient les demandes. Quand la nuit tombait, nous allions écouter devant la synagogue le son de la corne du bélier.

— Sottises. Il n'y a pas de Dieu, dit Yarmy.

— Yarmele, ne dis pas ça ! Si je meurs, paye un Juif pour qu'il récite les prières du deuil à mon intention.

— Qu'est-ce qui t'arrive ? Tu es en fer.

— Yarmele, personne n'est sûr du lendemain. On m'enterrera à Praga, à l'extérieur de la clôture, mais je veux que tu déposes une pierre sur ma tombe, où seront gravés les noms de mon père et de ma mère. J'ai mis de l'argent de côté pour cela.

— Ah, tu as donc des petites économies ! Qui t'a donné cet argent ? Sergueï Davidovitch ?

— Non, c'est bien à moi, il ne m'a rien donné du tout. Cet argent servira à payer l'emplacement de la fosse, le linceul, tout. Je ne veux pas être enterrée dans un suaire qui ne serait pas le mien.

— Tu n'es pas encore morte. Il coulera beaucoup d'eau dans la Vistule avant que ton heure arrive. »

Tous deux restèrent ensuite silencieux. Puis la poule se remit à caqueter.

« Yarmy, tu entends ? Oh, j'ai peur.

— Oui, oui, j'entends. On t'a peut-être collé un coq à la place d'une poule. C'est tout.

— Non, Yarmele, c'est bien une poule. Elle n'a pas de crête. Quand on la tuera demain, tu verras qu'elle a un œuf.

— Comment le sais-tu ?

— Quand je l'ai achetée, j'ai senti l'œuf.

— N'importe quoi. Chez nous, on avait l'habitude de dire qu'une obsession, c'est pire qu'une maladie. On connaissait une fille qui sortait le soir sans se couvrir la tête. Une chauve-souris s'est prise dans ses cheveux et tout le monde a dit qu'elle mourrait avant la fin de l'année. Cela lui a fait si peur qu'elle a cessé de manger pour pleurer et se lamenter. C'est de ça qu'elle est morte, pas à cause de la chauve-souris. »

Tous deux se turent à nouveau. On n'entendait plus la poule. Puis Yarmy s'éclaircit la gorge et marmonna quelque chose.

« Yarmele, qu'y a-t-il ? »

Il hésita un instant.

« Keila, étant donné que tu crois en Dieu, je veux que tu me jures que le vieux ne t'a pas... »

Et il employa un terme très grossier.

« Yarmele, mais qu'est-ce qui t'arrive ? Je jure sur ma défunte mère qu'on n'a pas dépassé le stade du baiser. Il ne respirait pratiquement plus. Sa vie ne tient qu'à un fil.

— Je veux que tu me le jures sur le Pentateuque.

— Tu as un Pentateuque ici ? Je suis prête à jurer sur la Torah et devant des bougies noires.

— Je veux que tu jures sur Yom Kippour. »

Keila s'agita :

« Pourquoi me tourmentes-tu ainsi ? J'ai juré de te dire la vérité, sans rien te cacher. Quand Itche l'Aveugle m'a prise de force, je te l'ai raconté tout de suite.

— Itche l'Aveugle est malade. Il a été comme un père pour moi. Il m'envoyait des colis en prison. Alors que ce vieux type est un étranger. Depuis que nous sommes mari et femme, je ne veux pas que n'importe quel abruti mette ses pattes sur toi.

— C'est toi qui m'as dit d'aller chez lui. Tu as fait en sorte que Max s'imagine déjà que je lui appartiens. Je ne veux ni de lui ni du vieux monsieur. Tu m'avais promis d'être prêt à vivre au pain et à l'eau avec moi.

— Même le pain et l'eau coûtent de l'argent. Et il faut bien payer le loyer, non ? Tu prétends toi-même n'avoir besoin de rien mais, quand on sort faire un tour, tu regardes toutes les femmes qu'on croise et t'exclames : "Quelle jolie robe ! Quelles belles chaussures ! Quelles superbes boucles d'oreilles !" Devant chaque vitrine, tu restes collée à admirer les mannequins habillés à la dernière mode. Pas moyen de te faire avancer. Tu aimerais parader vêtue comme ça.

— Ce n'est pas vrai ! Je regarde, c'est tout.

— On ne peut pas rester coincés dans ce trou pour toujours. On paye seize roubles par mois pour des murs où grouillent des punaises. La nuit, j'entends les souris courir. Si on lave le parquet au troisième étage, notre plafond prend l'eau.

— Je suis prête à travailler comme bonne.

— Je ne veux pas de ça. Tu m'as raconté toi-même ce qui s'était passé avec l'employé du bureau de placement, et ensuite avec ton patron et son fils qui te tournaient autour.

— Plus personne ne me tournera autour.

— Mais si, mais si. »

Keila se redressa si brusquement que les ressorts du sommier grincèrent sous la paillasse.

« Pourquoi me provoques-tu ? C'est toi qui m'as forcée à rencontrer ce vieux type. Depuis que Max est revenu, lui et toi ne pensez qu'à me vendre. Je ne veux pas rester là à attendre que ce malheureux meure. C'est au-delà de mes forces. Je ne peux pas passer mon temps à lui parler de son héritage.

— Tu prétends qu'il a proposé lui-même de s'en occuper.

— Tu sais comment sont les vieux. Un jour c'est oui, un jour c'est non. À certains moments, il parle comme si on allait déjà le coucher sur une planche et procéder aux ablutions. Et brusquement, il promet de m'emmener avec lui la prochaine fois qu'il ira faire une cure.

— Es-tu allée au lit avec lui ?

— Sur le lit, oui. Dedans, non.

— Il a essayé, hein ?

— Oui. Enfin, non. Un baiser, une petite caresse. Il a touché mes cheveux et dit qu'une chevelure dorée comme la mienne ressemblait à la couronne d'une reine.

— Et quoi d'autre ?

— Rien d'autre.

— Et Max, qu'est-ce qu'il t'a fait ?

— Max ? Rien. Il s'excite, mais ce ne sont que des paroles. Il a dit que tu étais d'accord pour tout, que vous aviez signé un contrat. Il parle yiddish, mais il s'exprime par moments comme un notaire. Il y a une chose que tu dois comprendre : si nous l'accompagnons au bout du monde et qu'il paye nos billets, après, il sera devenu le chef. Pour lui, je ne vaux pas mieux qu'un bout de viande qu'on peut vendre. Tu le sais parfaitement mais tu fais comme si tu l'ignorais. Puisqu'il va être ton associé et que la marchandise ce sera moi, à quoi bon se voiler la face ? Oh, regarde, dehors. Il fait déjà jour.

— Oui, oui.

— Le ciel est rouge sang. C'est veille de Kippour là-haut aussi.

— Peut-être que oui, peut-être que non.

— Je veux procéder au sacrifice de la poule. Comme elle a caqueté, on doit la tuer tout de suite.

— Les sacrificateurs dorment encore. Je vais somnoler un peu. »

Et Yarmy se tourna contre le mur.

Keila resta assise dans le lit et empoigna sa chevelure des deux mains. Elle s'était réveillée avec un goût amer dans la bouche et une sensation de poids sur la poitrine. Avant, elle remerciait Dieu dix fois par jour de lui avoir envoyé Yarmy pour la sortir de la fange mais, depuis le retour de Max, Yarmy avait changé. Il lui parlait comme s'il n'était plus son mari mais un souteneur pressé de la caser. Il vantait sans arrêt les plaisirs qui seraient les leurs dans des pays lointains où on ramassait de l'or à la pelle. Il se montrait jaloux à l'égard de Max mais demandait à Keila de découvrir ses seins devant lui et plaisantait sur le fait de se retrouver tous les trois dans le même lit. S'était-il fatigué d'elle ? Ou l'argent comptait-il à ce point pour lui ? Il disait souvent du mal de Max mais admirait en même temps son intelligence, qu'il soit devenu riche, ainsi que sa vraie culture juive. Parfois, ils échangeaient des regards entendus et des sourires complices. Pour Keila, cette histoire avec Sergueï Davidovitch devenait une tragédie. Chaque fois qu'elle se rendait chez lui, son cœur battait à grands coups, comme celui d'un cambrioleur. Elle se doutait que Bertha, Max et Yarmy étaient capables de l'empoisonner. Ils répétaient souvent qu'il n'en avait plus pour longtemps à vivre. Et quand la fin arriverait, ils n'hésiteraient pas à rejeter le blâme sur elle. Keila se mit à trembler. Ses sept bonnes années étaient terminées. On voulait à nouveau la ramener dans la boue.

Peu à peu, elle se calma, se recoucha, mais les mauvais rêves commencèrent tout de suite. Elle se retrouvait nue entre Sergueï Davidovitch et Max. Le vieux avait rajeuni, sa barbe n'était plus blanche, mais noire. Tous deux léchaient ses seins, jouaient avec ses boucles. Yarmy sortait de la cuisine en tablier blanc et bonnet de chef, portant sur un plateau un repas pour trois. Keila s'apercevait que son tablier était taché de sang. Était-il devenu sacrificateur ? Ou boucher ? Ne serait-il plus son mari ? En ce cas, *quand* avaient-ils divorcé ? Soudain, il se mettait à rire et à hennir tel un cheval. Il lâcha son plateau qui fit tellement de bruit en tombant que Keila se réveilla en sursaut.

Dehors, le ciel rougeoyait comme une rivière en feu charriant des braises.

« Oh, ce doit être la géhenne », se dit-elle. Elle vit distinctement un lit de clous et des géants coiffés de casques de pompier. Elle entendit un cri étouffé. Jamais elle n'avait rien éprouvé de semblable. Elle comprit alors que sa fin était proche.

2

Keila se préparait pour Kippour en se souvenant de la façon dont cela se passait chez elle autrefois. Après avoir fait égorger la poule, elle servit à Yarmy un petit déjeuner composé de pain du shabbat, de miel, de bouillie d'avoine et de compote de prunes. Plus tard, elle prépara des boulettes de viande et des beignets pour le repas de midi. Même après toutes les années passées dans des bordels, elle n'aimait rien tant que s'affairer en cuisine. Elle avait plaisir à faire les courses, à mettre la viande à dégorger en la salant, à écumer le bouillon et même à laver la vaisselle. Yarmy et Max préféraient aller à la taverne des voleurs ou au restaurant au coin de la rue Gnoyna, mais elle était heureuse de cuisiner le déjeuner et le dîner à la maison. Elle se sentait bien quand une bonne odeur montait des marmites posées sur le fourneau.

Tout en se régalant du dernier repas avant le jeûne de Kippour, Yarmy continuait à se moquer de toutes ces coutumes juives. Mais alors pourquoi autant manger s'il ne voulait pas jeûner ? Il insista : il n'y avait pas de Dieu assis sur un trône doré en train d'inscrire si l'année serait bonne ou mauvaise pour chacun. À l'heure du *Kol Nidre**, Yarmy sortit retrouver Max dans un café du quartier chrétien, tandis que Keila allait jusqu'à la synagogue du 23 de la rue Krochmalna. Elle n'avait pas le droit d'y entrer, mais elle resta dehors, avec les autres prostituées, pour écouter le *hazzan** chanter. Tard ce soir-là, quand Yarmy revint, il voulut faire l'amour avec elle mais elle refusa. Yom Kippour appartenait à Dieu.

Tôt le lendemain matin, Yarmy se lava, se rasa avec un rasoir et fuma une cigarette – tout ce qui est interdit ce jour-là et constitue donc de graves péchés. Il prit son petit déjeuner et prétendit qu'il allait rendre visite à Itche l'Aveugle qui sortirait bientôt de l'hôpital, mais Keila savait qu'il avait rendez-vous avec Max et qu'il ne rentrerait que tard le soir. Bien qu'elle eût bien mangé la veille et bu onze verres d'eau, elle avait déjà faim et soif.

Elle ne retourna pas à la synagogue. À quoi bon rester dehors à écouter les bavardages des prostituées ? Elle aurait pu acheter une place à la tribune des femmes d'une synagogue dans une rue éloignée où on ne risquait pas de la reconnaître, mais elle n'avait aucune robe convenant à ce jour sacré. Et puis, elle ne savait plus prier, elle ne possédait même plus un livre de prières.

« De toute manière, j'ai déjà bien entamé mon compte d'années », se dit-elle.

Elle ne réalisait à quel point elle s'était éloignée de Dieu que pendant les saints jours entre Rosh Hashanah et Yom Kippour. Pourquoi l'inscrirait-on dans le livre des vivants ? Elle s'assit et s'abandonna complètement à ses souvenirs. Certains jours, certaines semaines, elle oubliait qu'elle avait un frère et des sœurs. Peut-être que sa tante Tilla et son oncle Baruch Getzel vivaient encore ? Sa ville natale paraissait si loin et elle-même si âgée que tout ce qu'elle avait connu et vécu là-bas semblait avoir été un rêve, ou peut-être appartenir à une autre vie. Des objets, des visages, des voix, oubliés depuis longtemps, lui revenaient. Elle était née de générations ayant souffert, servi Dieu, élevé des enfants. Au cimetière reposaient ses grands-pères, ses grand-mères, sous des pierres gravées de lettres juives. Ils devaient sûrement avoir honte d'elle, dans ce monde et dans l'autre, mais ne pouvaient pas nier son existence. Dieu ne l'avait-Il pas créée, elle aussi ? Ne lui avait-Il pas donné des mains, des pieds, un ventre, des seins, un cerveau pour réfléchir ?

Elle s'étendit sur le lit et s'endormit. Quand elle

se réveilla, elle vit à la pendule murale achetée par Yarmy l'année précédente que trois heures avaient passé – mais cette fois sans rêves.

De la maison d'étude hassidique de l'autre côté de la cour s'élevaient des voix. Des Juifs priaient Dieu, lui demandaient de leur accorder de quoi vivre, une bonne santé, des enfants et la force d'étudier la Torah. Les chrétiens aussi priaient, ils allaient à la messe, faisaient le signe de la croix et invoquaient Jésus. Mais, puisque le Dieu des Juifs était le seul vrai Dieu, comment pouvait-Il autoriser les Gentils à vivre, se marier et manger du porc ? Pourquoi ne les foudroyait-Il pas ? Et quand le Messie allait-il enfin venir ? Et les morts ressusciter ? Keila aurait aimé parler avec quelqu'un connaissant bien les textes sacrés. Yarmy avait étudié, autrefois, mais il se moquait aujourd'hui de la religion juive.

Elle s'étendit à nouveau et se rendormit, mais se réveilla en sursaut. Quelqu'un se penchait sur elle – Max. Encore dans les brumes du sommeil, elle ne se souvenait pas que c'était le jour de Kippour. Max portait un élégant costume à carreaux, un col dur, une cravate, un chapeau melon et tenait à la main une canne à pommeau d'argent. Il sentait un mélange de parfum et d'alcool. Il l'empoigna par les cheveux et l'attira contre lui en criant :

« Bon jour de fête, Keila !

— Où est Yarmy ? Qu'est-ce que tu veux ?

— Un petit péché de fête !

— Quoi ? Non !

— Si ! »

Et il se jeta sur elle. Bizarrement, au cours de toutes ces années, personne n'avait jamais tenté de la violer. Pourquoi, d'ailleurs ? Elle se donnait sans faire d'histoires. Là, elle essaya de crier, mais il lui appliqua une main sur la bouche. Avoir dormi longtemps l'avait affaiblie et elle se sentait incapable de se défendre. Et puis, c'était arrivé trop vite. En dépit de sa petite taille et de son infirmité, Max se montrait extrêmement violent. Elle tenta de se débattre, sans succès. Elle avait peur qu'il déchire sa robe, qu'il la frappe. Il la gifla, lui tira les cheveux, lui écarta les jambes de ses deux genoux avec une brutalité insupportable. Ensuite il lui arracha sa culotte et la soumit à sa volonté. Tout se mélangeait, sa force à lui, sa faiblesse à elle, et cette sorte de besoin de s'enfoncer si bas qu'elle ne pourrait plus jamais sortir de ce cloaque.

Une voix intérieure lui disait : « Tu es condamnée, quoi qu'il arrive. »

Elle ne bougea plus, le laissa faire d'elle ce qu'il voulait, prête à mourir ou à accepter n'importe quelle punition que lui vaudrait ce péché. Il dit quelque chose, elle ne répondit pas. Elle avait fermé les yeux, comme si elle s'abandonnait aux ténèbres, détachée de tout parce que déjà morte et couchée non pas dans un lit mais dans une tombe. Max sembla deviner ce qu'elle ressentait car il lui cria :

« Ne t'avise pas de me jouer un de tes tours ! Je ne t'ai pas tuée ! »

Et il lui administra encore une gifle avant de se relever. Il fourragea dans le lit avec sa canne comme s'il cherchait quelque chose, tout en marmonnant. Elle l'entendit dire :

« Je t'ai souillée, hein, sainte Sarah elle-même. Une rebbetzin qui a péché. De l'ordure enrubannée d'or. »

Il la frappa à nouveau, lui tira les cheveux, mais elle était bien décidée à ne pas le regarder en face, ni à lui répondre, ne serait-ce que d'un mot. Il ajouta :

« À partir d'aujourd'hui, tu m'aimeras jusqu'à la dernière goutte de ton sang. Si je t'ordonne de vivre, tu vivras. De crever, tu crèveras. Tu as maintenant deux maris, Yarmy et moi. Ouvre les yeux ou je t'ouvre le ventre ! »

Ses paupières frémirent, comme si elle allait les ouvrir, mais elle les garda fermées. Max se pencha et l'embrassa sur le front, le nez, les yeux clos, les lèvres. Il enroula une mèche de ses cheveux autour d'un de ses doigts et tira dessus comme pour l'arracher. Il dit :

« Si tu es morte, on enverra chercher le corbillard et tu seras enterrée suivant les règles. Si tu veux vivre et profiter des plaisirs de la vie, tu feras ce que nous te dirons. Putain ! Salope ! Garce ! »

Et il cracha sur elle un jet de salive chaude qui lui brûla la joue. Il ajouta :

« Bonne fête de Kippour. On se verra demain. »

La porte grinça quand il l'ouvrit et il la claqua ensuite si fort que les vitres vibrèrent.

3

Max se réveilla à cinq heures du matin, angoissé comme à son habitude. On sonnait à sa porte. Était-ce la police ? Quelqu'un l'avait-il dénoncé ? Il attrapa le revolver caché sous son oreiller et demanda : « Qui est là ? » Personne ne répondit.

Encore un effet de son imagination… Il resta debout, l'arme à la main, stupéfait. Il n'y avait pas de sonnette à sa porte ! Le couloir vide ressemblait à celui d'une prison.

« Mes nerfs sont malades… »

Chaque nuit, il sursautait, hagard, imaginant des choses : on lui tapait sur l'épaule, on l'appelait. Il lui arrivait d'entendre un bruit de chaînes, le son d'une trompette, un coup de feu. À sa peur se mêlait toujours du désir. Il aurait voulu près de lui une femme, un homme, ou peut-être une créature d'un autre monde, une Lilith, comme celle qui vient hanter les rêves des étudiants de yeshiva et les incite à commettre l'adultère.

Il alla à la fenêtre, ouvrit les rideaux et regarda l'aube qui se levait sur Varsovie. Au ciel, les étoiles clignotaient encore. Des oiseaux se mettaient à gazouiller. Des ouvriers commençaient le travail à l'usine au lever du jour, attendaient le tram, leur boîte à outils et leur déjeuner emballé à la main.

C'était ainsi que Dieu avait créé le monde : de telle façon que certains s'épuiseraient à gagner leur morceau de pain et que d'autres gaspilleraient des millions, se dit Max. Aucune douma, aucune Constitution, aucune révolution n'y changerait rien.

Depuis l'enfance, il avait le sentiment qu'il mourrait jeune. Il s'étonnait souvent de vivre encore. Ce genre de prémonition aiguisait son désir de s'emparer de toujours plus de choses avant que tout s'éteigne à jamais. Il aurait voulu commettre davantage de péchés, connaître de nouvelles aventures, de si extraordinaires réussites que le monde entier en rirait ou en pleurerait, et que tout cela serait écrit dans les journaux et les livres d'histoire. Et s'il assassinait le tsar ? Ou mettait le feu à son palais ? Ou jetait une bombe sur la résidence du gouverneur général ? Pas un jour ne passait sans qu'il lise quelque chose dans la presse sur Raspoutine. Et pourquoi lui, Max, ne deviendrait-il pas un nouveau Raspoutine ?

Au bout d'un moment, il alla se recoucher mais n'essaya plus de dormir. Il alluma la lampe de chevet et commença à faire ses comptes. Combien avait-il ? Combien de temps pourrait-il en vivre ? Qu'allait lui coûter son hôtel, plus Yarmy, Keila, Bertha, et les frais de transport jusqu'en Amérique du Sud d'une cargaison de femmes ? Soudain submergé de fatigue, il s'assoupit.

On frappa à la porte et, cette fois, c'était bien réel. Il crut comprendre qu'on le demandait au téléphone. Il enfila vite un peignoir, des pantoufles et alla répondre dans le couloir. C'était Bertha.

« Maxie, je t'ai réveillé ? Il est neuf heures.

— Me réveiller ? Je suis toujours comme Dieu,

qui ne dort ni ne somnole jamais mais surveille Son peuple.

— Comment s'est passé ton Kippour ?

— Le jambon polonais est délicieux. Et j'ai fait une petite visite à Keila la Rouge.

— Puisses-tu avoir gagné une bonne année.

— Je ne cherche plus à obtenir ce genre de chose.

— On ne doit pas dire ça. J'ai besoin de discuter avec toi, alors écoute-moi bien.

— Je ne suis pas sourd.

— Sergueï Davidovitch est brusquement tombé malade.

— Mais est-ce qu'il ne l'a pas toujours été ?

— N'essaye pas d'être drôle. Il a perdu la parole. Je lui avais conseillé de jeûner, mais de ne pas aller à la synagogue, ce qu'il a fait quand même. On a dû le ramener chez lui. C'est une attaque, ou je ne sais trop quoi.

— Tu as prévenu le docteur ?

— Jusqu'ici, non, personne.

— Tu as fait ses poches ?

— Maxie, il ne se promène pas avec sa fortune sur lui.

— Dommage. Et son testament alors ?

— Il en a un quelque part, enfermé dans un coffre, mais où ? Peut-être en Russie. Après la mort de Sofia Michailovna, il a parlé de le modifier, mais j'ignore s'il l'a fait. Sinon, le mari de Sofia, ce grossier personnage, peut s'attendre à une sacrée bonne surprise. La femme de Sergueï, cette salope vicieuse, ne vaut pas mieux.

— Fais fabriquer par ton Kalachnik un testament que le vieux signera. Au besoin, de force.

— Il ne peut même plus tenir une plume.

— Glisse-la entre ses doigts. Kalachnik et toi n'avez qu'à vous débrouiller pour guider sa main et qu'il signe, d'une manière ou d'une autre. Mais n'attendez pas trop.

— À qui devrait-il tout léguer ? Pour un testament, il faut des témoins. Sa virago dispose en Russie d'une armée d'hommes de loi. Il y aura procès et Dieu sait quoi. Je ne veux pas être traînée devant un tribunal. Je ne suis pas une sainte, mais on vous fait jurer sur la Torah et ça ne peut déboucher sur rien de bon.

— Bêtise ! Qu'est-ce qu'une Torah ? Un morceau de cuir et du parchemin. Le scribe est un minable, un nul. Moïse est autant allé au ciel que moi sur la lune. Tu aurais dû te débrouiller pour lui soutirer son fric avant.

— Je ne voulais pas devenir sa maîtresse.

— On te remerciera pour ça au ciel avec un bout de la queue du Léviathan.

— Maxie, restons-en au plan original. Prétendons qu'il a laissé la plus grosse partie de sa fortune à Keila. Qu'elle fasse le serment que c'est vrai. Elle est jeune, jolie. On la croira. Et on aura le magot au bout du compte.

— Yarmy est au courant que le vieil idiot est malade ?

— Personne n'en sait encore rien. À part toi et Dieu.

— Et Hertz ?

— Il la bouclera. Maxie, habille-toi et viens me retrouver tout de suite. Je te servirai un petit déjeuner. Tu es un homme, donc tu n'es pas capable de sentiment, mais, après avoir vu ce qu'un être humain peut devenir en quelques minutes, je n'ai plus eu envie de rien. Pourquoi s'acharner quand tout vous échappe ? Réponds-moi.

— Si je connaissais la réponse, je ferais démissionner le rabbi de Yehupetz et je prendrais sa place. Le diable a quelque chose à voir dans cette histoire.

— Alors tu viens ?

— Ai-je le choix ? Tu es amoureuse de Hertz Kalachnik et, moi, je suis amoureux de toi. C'est aussi simple que ça.

— Menteur ! Je suis une vieille bonne femme.

— Tu as plus de feu en toi que dix petites poulettes.

— Viens ! »

Bertha raccrocha et Max retourna dans sa chambre.

« Eh bien, dit-il tout haut, voilà une journée qui promet ! »

Il adorait les complications, les obstacles à franchir, et qu'on vienne lui demander son avis. Par quelle astuce trouvait-on le meilleur chemin à suivre ? Il n'existait aucun dilemme sans solution si on savait s'y prendre.

Max se lava au lavabo et s'habilla. Certains jours, il regrettait d'être revenu à Varsovie, mais cette ville l'attirait comme un aimant. Le yiddish qu'on y parlait n'était pas truffé de mots espagnols ou anglais comme à Buenos Aires ou à New York. C'était sa langue maternelle, la vraie. Pas très loin, à quelques heures de train ou de voiture à cheval, il y avait les maisons où vivaient encore ses ex-femmes et où ses enfants avaient grandi. À Varsovie, demeuraient quelques « fiancées » qu'il n'avait pas oubliées. Peut-on oublier ce genre de choses d'ailleurs ? On emportait ces souvenirs jusque dans sa tombe.

Max n'éprouvait aucun désir particulier pour Bertha, mais il aimait susciter celui des autres. On ne pouvait jamais deviner la saveur d'un corps tant qu'on n'y avait pas goûté. Ici, en Pologne, on entendait des mots déjà oubliés en Amérique, on savait apprécier une plaisanterie, une remarque cinglante. Les femmes étaient plus sincères, prenaient les hommes plus au sérieux. Une seule chose manquait en Pologne : l'argent.

4

Ils étaient tous réunis chez Bertha : Hertz Kalachnik, Max, Yarmy et Keila la Rouge. D'abord ils discutèrent de ce qu'ils allaient faire. Hertz avait déjà rédigé un testament selon quoi Keila Leah Kupermintz devait hériter la moitié de la fortune de Sergueï Davidovitch Kaufman. Ils avaient choisi Keila comme héritière parce que c'était la seule d'entre eux à n'être jamais allée en prison et à n'avoir aucun casier judiciaire. En outre, cela paraîtrait plus vraisemblable qu'il ait laissé une grosse somme à une jeune maîtresse plutôt qu'à une vieille entremetteuse.

D'après ce document, Hertz Kalachnik, Bertha Stein et Leon Gempner seraient les exécuteurs testamentaires. Hertz Kalachnik connaissait un notaire qui prélevait sa part sur toutes sortes de transactions illicites. Il ne manquait plus que la signature, que des experts pourraient reconnaître comme authentique, et des témoins. Hertz et Bertha avaient tout prévu. Un des témoins serait Zoshka, la bonne, et l'autre le concierge de l'immeuble, rue Ptaska, dont Hertz Kalachnik était le gérant. Dûment payé, il signerait tout ce qu'on lui demanderait.

Quand ce fut au point, Bertha servit un petit déjeuner de bagels frais, petits pains beurrés, fromage blanc, harengs et café à la crème. Après quoi, tous montèrent à l'appartement de Sergueï Davidovitch. Zoshka leur ouvrit la porte de la chambre. Les stores et les rideaux étaient tirés. Sergueï Davidovitch, allongé sur le lit, blanc comme un cadavre, avait les yeux clos. On distinguait à peine son souffle. Hertz Kalachnik s'était muni d'un encrier, d'une plume, du testament et d'un petit pupitre.

Lorsque Keila vit le malade, elle se tordit les mains et son visage se contracta comme si elle allait pleurer. Mais Yarmy lui intima d'un geste de se tenir tranquille. Tout se passa comme prévu. Hertz Kalachnik posa le pupitre sur la couverture et étala le testament. Quand il s'empara de la main du vieux monsieur, ce dernier grimaça brusquement, comme s'il allait dire ou crier quelque chose. Mais Hertz lui glissa adroitement la plume entre le pouce et l'index et entreprit de la guider avec soin sur le papier, tout en regardant une signature précédente qu'il recopiait une lettre après l'autre. À plusieurs reprises, Sergueï Davidovitch s'agita un peu mais Hertz le tenait si fermement que cela ne dura pas. En dépit de la tension ambiante, Max pinça Bertha à la taille.

Au bout d'un moment, Hertz Kalachnik signifia d'un signe de tête que c'était fini, en apparence parfaitement authentique et pas du tout imité. Max examina le document d'un regard de connaisseur et s'exclama :

« Impeccable ! Tu mérites une médaille ! »

Et il fit bruyamment claquer sa langue. Il savait aussi bouger ses oreilles, parler du nez, chanter en imitant le bruit d'une trompette et modifier sa voix. À l'époque où Keila était encore au bordel de la rue Tamkes, Max exécutait là-bas des tours qui stupéfiaient et faisaient rire les prostituées.

Grand, mince, les tempes grisonnantes et la moustache bien taillée, Hertz Kalachnik se comportait comme s'il avait été un fonctionnaire du gouvernement plutôt qu'un membre de la pègre. Il portait souvent un chapeau melon, une cravate noire et sortait rarement sans une serviette sous le bras. Dans la poche de poitrine de son costume, il rangeait des porte-plumes et un pince-nez aux verres épais pour lire. Il disait « mon bureau » en parlant de la pièce où il recevait les gens, à heures fixes, comme un docteur. Quand il ouvrit sa serviette pour y ranger le testament, Max s'exclama :

« Keila, te voilà riche ! Félicitations !

— Que va-t-il arriver à ce malheureux ? demanda-t-elle.

— Ne t'inquiète pas. On ne va pas le mettre à mariner dans la saumure », répondit-il.

Ce soir-là, quand Keila fut au lit avec Yarmy, celui-ci lui apprit qu'on avait conduit Sergueï Davidovitch à l'hôpital de la rue Czysta. Bertha avait télégraphié à Mme Kaufman, sa femme, que son mari se retrouvait paralysé et un télégramme était aussitôt arrivé en réponse depuis Kiev annonçant l'arrivée imminente de l'épouse.

Yarmy déclara ensuite :

« Keilashe, Max n'est pas l'Ange de la Mort comme tu as l'air de le croire, mais Élie le prophète. Il va nous porter chance. Nous allons partir en voyage avec lui, loin. Nous nous partagerons l'héritage du vieux. Max possède un don : tout ce qu'il touche se transforme en or. Il a de l'éducation. Des connaissances en droit.

— Yarmele, ne me parle pas de lui.

— Pourquoi trembles-tu comme ça ? C'est un homme, pas un démon.

— Yarmele, mon cœur me dit qu'il ne sortira rien de bon de tout cela. »

Keila ne lui avait pas raconté ce que Max lui avait

fait, mais tout indiquait qu'il le savait très bien. Il n'était jamais parti en la laissant seule un jour de grande fête. L'année précédente, à Yom Kippour, il l'avait emmenée dans une synagogue d'un quartier chic. Or, cette fois, il était rentré tard le soir, empestant l'alcool. Après ce qui s'était passé avec Max, Keila n'avait pas éprouvé de désir pour Yarmy. Mais celui-ci l'avait brutalisée, tel un étranger et un ivrogne. Chaque fois qu'elle essayait de dire quelque chose, il lui fermait la bouche de sa main. Alors elle comprit : Yarmy l'avait délibérément laissée seule pour que Max – dont il parlait en l'appelant « mon beau-frère » – puisse abuser d'elle. Même si elle ne savait ni lire ni écrire, elle connaissait bien son Yarmy, avec ses bons et ses mauvais côtés. Il prétendait parfois être jaloux et la frappait parce qu'elle avait souri à un inconnu, mais concédait en même temps qu'il n'aurait jamais pu aimer une fille respectable. Il n'éprouvait de désir que pour une femme ayant déjà mangé dans différentes marmites, comme on dit en Pologne. Il lui avait avoué que, lorsqu'il était à la prison de l'Arsenal avec Max, ils avaient eu des relations homosexuelles. Keila voulait se convaincre que Yarmy pouvait devenir un respectable citoyen, se trouver un travail et la sortir de la fange, mais il ne faisait pas le moindre effort en ce sens. Les plans qu'il élaborait avec Max pour séduire des filles et les emmener à l'autre bout du monde, l'envoyer, elle, chez Sergueï Davidovitch et la laisser se faire violer par Max le jour de Kippour, tout cela ne signifiait qu'une seule et même chose : Yarmy voulait devenir souteneur et la renvoyer, elle, Keila, au bordel. Elle soupçonnait même que Sergueï Davidovitch n'était pas tombé malade tout seul mais empoisonné par Bertha. Le faux testament fabriqué pour faire d'elle la soi-disant héritière du vieux monsieur risquait de la conduire à la potence. Elle entendit Yarmy chuchoter :

« Keilashe, Max est tout simplement fou de toi. Nous avons eu une longue discussion. J'ai décidé de faire alliance avec lui.

— Qu'est-ce que tu veux dire ?

— Il veut qu'à nous trois nous ne fassions qu'une seule et même personne. »

Yarmy tremblait en parlant. Il expliqua peu à peu quel accord il avait conclu avec Max : ils deviendraient tous les trois frères et sœur, maris et femme, une seule âme et un seul corps. Désormais, Keila aurait deux maris. Si un homme peut avoir deux épouses, pourquoi une femme n'aurait-elle pas deux époux ou plus ? Il y avait un pays, plus loin que la Chine, où c'était permis. Parfois, il s'agissait de frères et parfois d'hommes pas de la même famille. Quand un enfant naissait, ils étaient tous considérés comme le père.

« Max n'est plus un étranger pour nous, dit Yarmy. Nous vivrons dans le même appartement, nous dormirons tous les trois dans le même lit, nous mangerons ensemble, boirons ensemble, irons au théâtre ensemble. »

Quand Sergueï Davidovitch aurait fini par mourir et qu'ils pourraient mettre la main sur son héritage à elle, Keila, ils seraient riches tous les trois. Yarmy et Max iraient peut-être jusqu'à épouser les filles stupides qu'ils emmèneraient en Amérique du Sud, mais seulement pour ne pas éveiller les soupçons du personnel du bateau et des douaniers.

Il ajouta :

« Pourquoi trembles-tu ainsi ? On ne va pas te vendre comme un vulgaire paquet. Nous t'aimons tous les deux. Au Brésil, nous ouvrirons une "maison" dont tu seras l'hôtesse. Des gens importants y viendront et nous leur présenterons les plus jolies filles du monde. Ils nous paieront cent roubles pour passer une nuit avec elles. Il y aura un portier à l'entrée. Nous t'achèterons des manteaux de fourrure, des diamants, tout ce que ton cœur désire. Nous mangerons des gâteaux en pâte d'amande et boirons du champagne. Pourquoi ne dis-tu rien ?

— Quand nous nous sommes mariés, tu m'avais parlé d'ouvrir une boutique.

— Une boutique de quoi ? Les plus gros marchands font faillite. À Lodz, il y a une crise. Les usines sont en grève le lundi et le jeudi. En Russie, les cheminots font grève aussi, et les bateliers sur la Volga. Ils veulent à nouveau renverser le tsar. Nous devons partir d'ici.

— Comment sais-tu que les choses iront mieux ailleurs ?

— Là-bas, il n'y a pas de guerres. Il fait trop chaud.

Les plus pauvres ont toujours des bananes à manger. Le climat est tel que les hommes doivent aller au bordel, même ceux qui sont mariés. La chaleur leur brûle le sang. Les prostituées n'ont pas besoin d'un laissez-passer spécial. On ne dit pas "maison de passe", mais "établissement".

— Comment sais-tu tout ça ? Par Max ?

— Je le savais avant. C'est dans les journaux. Là-bas, il y a dix hommes pour une femme. Quand ils en croisent une dans la rue, ils soulèvent leur chapeau. »

Ils se turent et, dans le silence, on n'entendit plus que le grattement d'une souris. Le jour se levait quand le couple s'endormit. En se réveillant, Keila entendit des bruits de marteau. On approchait de *Souccoth** et les habitants de l'immeuble édifiaient chacun sa soucca, comme tous les ans. Un Juif à barbe blanche et longues papillotes traînait des planches, tandis que sa femme, en perruque et bonnet, le suivait, portant une scie. Un chariot rempli de branches de pin pénétra dans la cour. Dans le moindre village, les paysans savaient que c'était bientôt Souccoth, mais elle, Keila, avait sombré dans des péchés comme on n'en parle que rarement, même chez les Gentils.

IV

1

La veille de Souccoth, Yarmy sortit tôt pour voir Max. Ils étaient censés se retrouver chez Bertha et peut-être aller ensuite à l'hôpital prendre des nouvelles de Sergueï Davidovitch. Keila resta seule à l'appartement. C'était une journée ensoleillée et elle descendit dans la cour où il y avait des souccoth partout, de la grille d'entrée jusqu'à l'écurie du cheval de Lazar, le cocher. Une seule soucca tenait vraiment debout. Les autres, de guingois, étaient construites de bric et de broc, avec des vieilles planches mal attachées ensemble – quelqu'un avait même utilisé celle sur laquelle on sale la viande, plus des couvercles de caisses. La porte pendait de travers. Ailleurs, elle était remplacée par un drap. Au heder et à la maison d'étude, des élèves accrochaient des lanternes et des guirlandes de papier, plus, çà et là, une pomme, une poire ou une grappe de raisin en l'honneur de la fête. Dans tous les foyers, les femmes avaient déjà cuisiné les plats traditionnels et cela sentait la viande mijotée, le poisson, le ragoût de carottes et la compote de prunes. Autant ils vivaient chichement toute l'année, autant les habitants se préparaient à mettre les petits plats dans les grands, afin d'impressionner les voisins avec les assiettées qu'on apportait aux hommes dans la soucca, sans oublier les belles nappes, les belles assiettes et les beaux couverts. Les femmes se plaignaient de devoir se priver à Souccoth, alors que toutes les bonnes choses étaient réservées aux hommes. Bon, mais quand elles sortaient le soir pour la bénédiction des bougies dans la soucca, elles portaient leur plus belle robe et leurs bijoux – s'ils n'avaient pas déjà été mis en gage ou vendus.

Keila vivait depuis de nombreuses années dans le péché, Dieu et les hommes s'étaient détournés d'elle mais, malgré tout, elle n'oubliait pas les coutumes juives. Son père, bedeau d'une synagogue, se levait avant l'aube pour aller donner un coup de bâton dans les volets des maisons afin de rappeler aux habitants l'heure des prières du matin. Sa mère, qui supervisait le bain rituel, portait une perruque et un bonnet. La ville d'où elle venait était comme imprégnée de vie juive.

C'est un fait que Keila avait mal tourné très tôt. Âgée de neuf ans, elle avait vu sur la place du marché un étalon monter une jument et une sorte de désir s'était éveillé en elle sans jamais plus s'apaiser. À douze ans, elle fréquentait déjà des voyous et même des garçons chrétiens. Mais elle n'oubliait pas son foyer. Épouser Yarmy avait été la chose la plus excitante de sa vie, jusqu'à ce que Max vienne tout gâcher. Il ne se contentait pas de s'adonner à des plaisirs défendus, il voulait en plus se moquer de Dieu. Comment un si petit homme, presque un nain, pouvait-il faire la guerre au Tout-Puissant ?

La grand-mère de Keila, Yochna Gita, répétait souvent : « Dieu peut attendre longtemps mais Il finira par punir. »

Il ne s'écoulait pas un jour sans que quelqu'un dans la rue tombe malade. Le corbillard entrait dans la cour à peu près trois fois par semaine. Et ce n'étaient pas seulement les vieux qui rendaient l'âme, les jeunes aussi. On entendait monter de la maison d'étude hassidique les lamentations des femmes priant devant l'Arche sainte pour un parent gravement atteint.

Keila eut envie de célébrer la fête. Lazar, le cocher, permettait à Yarmy de s'asseoir dans sa soucca, installée entre la porte de l'écurie et celle des toilettes. Mais Yarmy ne valait pas mieux que Max. Il ne priait pas, ne récitait pas la bénédiction le soir du shabbat. Keila avait tout juste obtenu de lui la permission d'installer une *mezouzah** à leur porte.

Quand il lui dit qu'elle aurait désormais deux maris, elle sentit la panique l'envahir. Elle avait violé le saint jour de Kippour et eut la prémonition qu'elle ne passerait pas l'année. La nuit précédente, des cauchemars étaient venus la tourmenter : des femmes mortes, dans leur linceul, le visage jaune, criaient après elle et lui crachaient dessus, la menaçant des pires châtiments. Elle était couverte de sang et de pus. Son grand-père lui apparut, tout en blanc et drapé dans son châle de prière, un capuchon sur la tête, la barbe blanche jusqu'aux genoux. Il brandit un maigre poing dans sa direction et souffla dans la corne de bélier un son aigu et très long. Dans un nuage de fumée et de flammes, il lui hurla : « Tu es une putain ! Puisses-tu mourir d'une mauvaise mort ! »

D'habitude, Keila se réveillait en ayant faim, soif et envie d'une cigarette. Cette fois, elle avait la langue chargée, l'estomac gonflé et les membres lourds. Elle faisait honte à son grand-père au paradis et il était venu réclamer vengeance.

« Je vais peut-être mourir aujourd'hui. En ce cas, pourra-t-on m'enterrer demain, premier jour de Souccoth ? »

Non. Il faudrait qu'une des vieilles femmes de la cour emprunte un drap pour y envelopper Keila. Des vieilles histoires oubliées depuis longtemps lui revenaient en mémoire, de démons et d'esprits du mal pourchassant le cercueil d'un pécheur, de l'Ange de la Mort venant s'adresser à un cadavre et qui, n'obtenant pas de réponse, frappait la tombe ouverte de sa baguette de feu, d'anges destructeurs tirant des corps pendant des centaines d'années dans des broussailles, des fossés, des marécages avant qu'ils soient acceptés dans la géhenne – où leurs acolytes les jetaient sur un lit de clous, les pendaient par la langue ou les seins, les roulaient alternativement sur des braises et dans la neige.

Apparemment, un voisin devait être mortellement malade car un groupe de femmes surgit à la grille en se lamentant et en se tordant les mains, pour se précipiter à la maison d'étude hassidique et se plaindre devant les rouleaux de la Torah.

Keila regardait. Elle avait souvent eu envie d'entrer dans ce lieu saint, mais n'osait pas en franchir le seuil car elle se savait souillée. Elle resta sans bouger assez longtemps, observant un vieux Juif, un teinturier, en train de teindre une robe rouge en noir sur une table. Il l'avait d'abord trempée dans un seau de peinture noire et la frottait maintenant avec une brosse. Tout en s'affairant, il grommelait, soupirait, jetait des regards furieux à Keila sous ses épais sourcils et finit par cracher par terre.

Au bout d'un moment, elle s'approcha de la pièce où Getzel, le sacrificateur, travaillait. Des femmes et des jeunes filles lui apportaient des poules, des coqs, des canards, des oies et il opérait debout devant une bassine pleine de sang.

Keila eut l'impression que les volailles criaient avec des voix humaines. Des plumes volaient partout.

« Dieu du ciel, je n'ai plus envie de vivre », s'exclama quelqu'un à côté d'elle. La puanteur était telle qu'elle faillit s'évanouir. Elle avait un goût amer dans la bouche, des éclairs devant les yeux. Elle aurait voulu vomir, mais n'y parvenait pas.

Les femmes venues demander pitié pour un malade ressortirent de la maison d'étude. Leurs yeux encore pleins de larmes reflétaient le triomphe de celles qui savent que leurs prières ont été entendues. Dès qu'elles eurent franchi la grille, Keila se mit à crier et se rua à son tour jusqu'à l'Arche sainte. Avec un hurlement qui l'étonna elle-même, elle écarta le rideau que quelqu'un venait de refermer et dévora des yeux les rouleaux de la Loi revêtus de leur manteau de velours orné de franges. Elle voulait demander de l'aide pour Sergueï Davidovitch – et pour elle-même.

Keila se sentit agressée par une puissante odeur de cire et de clous de girofle. Au sommet d'un des rouleaux était fixée une couronne d'argent et son bois avait la couleur du vin rouge. Elle s'en empara des deux mains et le pressa contre son visage en gémissant comme une bête blessée sans pouvoir se contenir. Le tissu brodé de l'étoile de David en fils dorés devenait humide et chaud. Ses lèvres articulaient des paroles qu'elle-même ne comprenait pas.

Les hommes en train d'étudier s'interrompirent et écoutèrent, en soupirant à tour de rôle. Puis l'un d'eux s'approcha d'elle et dit : « Femme, assez ! L'excès est interdit. Dieu est miséricordieux. Il vous accordera une complète guérison. »

C'était le bedeau, qui reconduisit Keila jusqu'à la porte, en la poussant un peu. Pendant ces brefs instants, elle eut l'impression de voir comme à travers un brouillard les rayonnages chargés de livres, les tables avec les volumes de la Guemara ouverts, les jeunes à papillotes, le bureau, le pupitre, les bancs, le tout exactement comme dans la maison d'étude dont son père avait été le bedeau. Les odeurs étaient aussi les mêmes. Encore petite, elle venait là le vendredi pour aider son père à laver et balayer le plancher. À *Simchat Torah**, un petit drapeau à la main, avec une pomme et une bougie, elle regardait les hommes danser et chanter.

En un instant elle se retrouva dans la cour. Elle pensait retourner à l'appartement, mais ses pieds, comme mus par leur volonté propre, la conduisirent jusque dans la rue. Elle marcha, sans savoir où elle allait, en criant, les bras écartés. Ses yeux ruisselaient de larmes. Des passants s'arrêtèrent pour la regarder. Elle franchit la grille du 10 et c'est seulement alors qu'elle réalisa vers quoi elle se dirigeait : le bureau du rabbin, le Juif pieux qu'elle consultait tous les ans à propos des anniversaires de ses morts. Sa mère était décédée une année bissextile, le mois du second Adar (comme on appelle le septième mois de ces années-là) et Keila oubliait toujours quand elle devait allumer une bougie commémorative à la synagogue. Chaque fois, le rabbin devait le lui expliquer à nouveau.

Elle monta l'escalier en courant et heurta une souillon qui descendait un seau d'eau sale. Celle-ci hurla et la traita de tous les noms. Keila ouvrit une porte qui donnait sur une cuisine et se retrouva bientôt dans le bureau du rabbin, qui ressemblait à une maison d'étude avec ses rayonnages couverts de livres et l'Arche sainte – mais à l'usage du rabbin seulement. Celui-ci, petit et mince, la barbe rousse, en caftan ceinturé, une calotte sur la tête, était à son pupitre, penché sur un livre ouvert. Keila s'écria :

« Saint rabbin ! »

Et elle se mit à se lamenter.

2

Le rabbin, Reb Menahem Mendel de Tomaszow, étudiait un volume de la Guemara. À chaque grande fête, il avait coutume de relire un passage consacré à ce jour en particulier. Une soucca ne devait pas dépasser une certaine hauteur. Il ne devait pas y avoir à l'intérieur plus de soleil que d'ombre. Elle devait comporter au moins trois parois. Reb Menahem Mendel buvait du thé léger dans un verre, un morceau de sucre dans la bouche, et, de temps à autre, tirait sur sa pipe. Le mois de *Tichri** était jalonné de fêtes : Rosh Hashanah, Yom Kippour, Souccoth, *Hoshanah Rabbah**, *Chemini Atzeret**, Simchat Torah. Entre Rosh Hashanah et Kippour, il y avait les Jours Redoutables. Outre respecter le commandement d'aller s'installer dans la soucca, on devait bénir l'*etrog**, le cédrat. Sur le bord de la fenêtre, étaient posées deux branches de saule, trois de myrte, une palme et une boîte contenant l'etrog. Cette année, le rabbin avait pu obtenir exactement celui qu'il voulait, un fruit superbe.

De la cuisine s'échappait l'odeur des plats que la

rebbetzin avait préparés pour ce soir de fête. Reb Menahem Mendel se souvenait de ce qui est écrit: « Les enfants d'Israël sont chéris par Dieu, c'est la raison pour laquelle Il leur a fait don de la Torah et réservé les bonnes actions. »

Le soleil brillait par les fenêtres et faisait luire sa barbe rousse. Ses yeux bleus étaient fixés sur les commentaires de Rachi. Il avait acheté à crédit un *Talmud** de Vilna qui en contenait beaucoup. Depuis près de deux mille ans, les Juifs avaient vécu en exil et cela en faisait quatre mille que Moïse leur avait donné la Loi sur le mont Sinaï, mais ils continuaient à étudier la Torah, à l'embellir, à l'enrichir. De temps à autre, Reb Menahem Mendel empoignait une de ses papillotes. Quel honneur d'être un Juif et de pouvoir étudier ! Mais voilà que, trop souvent, la porte s'ouvrait et une femme venait lui demander conseil à propos d'un poulet qui avait des taches sur le foie ou une aile cassée, à moins que ce ne fût parce que des gouttes de lait étaient tombées dans le bouillon... Il savait très bien que ce n'était pas une mince affaire de décréter si une volaille était tref ou pas, car ceux qui sollicitaient son avis étaient pour la plupart très pauvres et travaillaient dur pour gagner quelques gulden. Il devait donc constamment s'efforcer de rendre un avis positif. Des grands rabbins permettaient parfois qu'un plat soit déclaré cacher même s'il y avait un doute, surtout si cela arrivait un soir de shabbat ou de grande fête.

Cette veille de Souccoth, il ne faisait pas froid.

Les fenêtres étaient ouvertes et on entendait les voix des marchands ambulants, le bruit des charrettes et des droshkys qui passaient. De temps à autre, un commerçant se disputait avec son voisin. Des jeunes criaient. Des filles riaient sans retenue. Reb Menahem Mendel remerciait le Tout-Puissant chaque jour de faire partie de ceux qui étudient la Torah et non de la racaille de la rue.

Il était habitué aux lamentations des femmes. Parce qu'il était un rabbin sans congrégation, n'ayant pas la charge d'une synagogue, tout le voisinage s'adressait à lui, chacun avec ses soucis et ses tragédies. Parfois, il aurait voulu s'exclamer, comme le patriarche Jacob : « Puis-je prendre la place de Dieu ? » Mais vers qui d'autre ces âmes en souffrance se seraient-elles tournées pour avoir un peu de réconfort ?

En entendant les gémissements pleins d'angoisse de Keila, il lui jeta un regard en biais.

« Ne pleurez pas, dit-il. C'est veille de fête. Le Tout-Puissant vous accordera une complète guérison. »

Aussitôt, il récita une prière pour les malades et une autre pour que lui, Menahem Mendel, fils de Tema Bluma, cesse, que Dieu nous en préserve, d'être inondé des plaintes de ceux à qui arrivaient tous les malheurs du monde.

« Malheur à nous, il est grand temps que le Messie arrive ! avertit-il silencieusement le Tout-Puissant. Car l'eau nous monte déjà au menton… »

La femme restée dans l'embrasure de la porte sanglota de plus belle et il attendit qu'elle se calme un peu. Il dit alors :

« En honneur de la fête, le malade guérira.

— Rabbin, personne n'est malade, hoqueta Keila.

— Hein ? Alors qu'y a-t-il ? »

En glissant un œil de côté, il vit une jeune femme, peut-être une jeune fille ou une jeune mariée. Il se détourna vite et demanda :

« Alors, que se passe-t-il ?

— Rabbin, je voudrais faire une bonne action, balbutia Keila.

— Une bonne action ? En ce cas, pourquoi pleurer ? Dieu soit loué, il ne manque pas de bonnes actions à faire.

— Rabbin, comment m'y prendre ?

— Demandez au Tout-Puissant. Faites la charité. Avec quelques groschen, vous pouvez donner à manger à un malheureux. Les besoins sont immenses. Il y a dans cette rue même des Juifs qui n'ont pas de quoi célébrer la fête.

— Rabbin, j'ai péché. Je veux faire une vraiment très bonne action.

— Quand on a péché, il faut se repentir.

— Qu'est-ce que cela veut dire ?

— Vous devez regretter ce que vous avez fait et promettre de ne jamais recommencer. Le Tout-Puissant est miséricordieux. Si vous vous repentez de tout votre cœur, Il vous pardonne.

— Oh, rabbin ! »

Et Keila retint un sanglot et eut l'air de s'étouffer, comme si elle avalait de travers. Au bout d'un instant, elle bredouilla :

« Alors, que dois-je faire ?

— Vous êtes mariée, encore jeune fille ? demanda Reb Menahem Mendel.

— Je suis une fille des rues. »

Il resta silencieux un long moment. Empoignant sa barbe, il réfléchit. Il entendait la femme, toujours près de la porte, essayer de retenir ses larmes. Finalement, il dit :

« Le repentir aide toujours. Quand le pire criminel se rend compte qu'il a enfreint les commandements de Dieu et qu'il le regrette, son repentir est accepté au ciel. Ce n'est pas facile. Vous devez jeûner, donner aux œuvres charitables, réciter des prières et des psaumes. Vous savez prier ?

— Je ne sais rien. Mon père était un Juif pieux, un bedeau, mais je me suis éloignée du sentier de la vertu et… »

Keila ne put en dire davantage. Reb Menahem Mendel haussa les sourcils.

« Il n'est jamais trop tard pour se repentir, dit-il. Même sur son lit de mort, Dieu nous en préserve, on peut encore le faire. Mais il vaut mieux s'y prendre avant. Quand vous offensez le Tout-Puissant, vous êtes souillée, votre âme est tachée, et un vêtement sale, on le lave, on le nettoie…

— Oh oui, rabbin, oui.

— Le fait que vous pleuriez est signe que vous

regrettez vos mauvaises actions de tout votre cœur. Commencez dès aujourd'hui. À cette minute même.

— Rabbin, que dois-je faire ? »

« Elle semble sincère, pensa Reb Menahem Mendel. Une pauvre âme qui s'est abandonnée à toutes les passions mauvaises… »

À voix haute, il dit :

« Je viens de penser à quelque chose. Il y a ici, dans la cour, un tailleur, Reb Shmerl, qui est très malade, puisse cela ne pas vous arriver. Il est veuf et très pauvre. Tous les ans, il venait dans ma soucca. Cette année, on a voulu l'emmener à l'hôpital, mais il a refusé parce qu'il n'est pas sûr que, là-bas, la nourriture soit cachère. Je lui ai dit d'y aller quand même parce que sauver une vie est plus important que risquer de commettre à peu près n'importe quel péché, mais il est très obstiné. Un Juif pieux, qui ignore la Loi. Donc il est tout seul, sans personne pour prendre soin de lui. Mon épouse et ma fille lui apportent ce qu'elles peuvent mais, une veille de fête, les femmes sont très occupées. Allez le voir et aidez-le de votre mieux. Rendre visite aux malades est une très bonne action. Une de celles dont on dit qu'on en recueille les fruits en ce monde et pour laquelle on est récompensé dans celui à venir.

— Où habite-t-il, rabbin ?

— Ici, dans la cour. Une mansarde. Tout le monde sait où se trouve Reb Shmerl, le tailleur.

— Rabbin, je veux vous donner quelque chose ! »

Reb Menahem Mendel secoua la tête :

« À moi ? Dieu nous en préserve. Je ne suis pas riche mais les habitants de cette rue me payent toutes les semaines. Nous pouvons célébrer la fête, Dieu soit béni.

— Saint rabbin, je veux vous baiser les pieds ! »

Keila se jeta par terre, et embrassa précipitamment les chaussons de Reb Menahem Mendel qui frémit, se dégagea, les yeux fixés sur la porte comme s'il allait s'enfuir. Il s'exclama :

« Que faites-vous ? Ce ne sont pas des manières juives ! Nous, les Juifs, sommes les serviteurs du Tout-Puissant, pas les serviteurs des serviteurs… Relevez-vous ! Debout !

— Saint rabbin, piétinez-moi ! Crachez-moi dessus !

— Non, non, non ! On ne se comporte pas de la sorte ! Relevez-vous, tout de suite ! »

Dans son grand trouble, il s'appuya contre le pupitre et fit tomber le volume de la Guemara, ainsi que l'encrier, la plume et sa pipe. Le fracas résonna jusque dans la cuisine et la rebbetzin accourut. C'était une femme mince et pâle, au visage étroit, coiffée d'une perruque blonde et vêtue d'une robe longue jusqu'aux pieds. Derrière elle se précipita Cirele, sa fille, une jeune fille, les cheveux bruns et les joues rouges. Elle portait une blouse rose et une jupe plus courte que celle de sa mère. Un instant après, Bunem, le fils encore célibataire de Reb Menahem Mendel, arriva à son tour. Il était plus grand que les autres. Keila se releva et ouvrit les bras comme pour serrer tout le monde contre elle.

La rebbetzin demanda :

« Que se passe-t-il ? Qui a renversé l'encrier ?

— Maman, mais c'est Keila la Rouge ! s'exclama Cirele.

— Qui est Keila la Rouge ? Qu'est-ce que c'est que ce désordre ? »

Cirele attira sa mère vers elle et lui chuchota quelque chose à l'oreille. Bunem se baissa pour ramasser les objets tombés. Keila voulut s'accroupir à côté de lui pour l'aider, mais il arrêta brusquement, comme s'il refusait son concours.

La rebbetzin, agacée, insista :

« Mais enfin, qu'y a-t-il ? On est à la veille de la fête, j'ai entendu un bruit de chute et j'ai cru, Dieu nous en préserve, que tu étais tombé, dit-elle en se tournant vers Reb Menahem Mendel. On venait de laver le plancher et voyez ce désordre... »

Et elle lança un regard furieux à Keila, de ses grands yeux gris, puis esquissa une grimace de dégoût. Ce n'était pas la première fois qu'une prostituée venait chez eux. Elles posaient toutes la même question : quand fallait-il commémorer l'anniversaire de la mort de leurs proches ? Mais elles restaient toujours à la porte, drapées dans un châle, tandis que Reb Menahem Mendel consultait un calendrier pour leur fournir la réponse. Or cette fille aux cheveux roux était juste à côté de son mari, échevelée, en robe courte, le visage marbré de rouge.

Elle semblait avoir perdu sa langue : elle essayait de marmonner quelque chose mais aucun mot ne franchissait ses lèvres.

Reb Menahem Mendel dit :

« Sheba, ne sois pas fâchée. C'est une bonne fille juive. Elle veut se repentir. Le repentir aide toujours.

— Sainte rebbetzin, pardonnez-moi ! » finit par s'exclamer Keila. Elle se remit à pleurer et des grosses larmes de la taille d'un pois lui coulaient sur les joues. Un cri lui échappa, semblable à celui d'une souris qu'un chat vient de saisir entre ses griffes. Cirele recula. Reb Menahem Mendel vacilla. Bunem s'avança pour le retenir et l'empêcher de tomber. La rebbetzin ajouta :

« Le repentir est sûrement une bonne chose, mais vous n'étiez pas obligée de faire tout ce désordre chez moi. »

Et elle vacilla à son tour, si bien que Cirele dut la saisir par le bras.

3

En quittant l'appartement, Keila demanda à Bunem dans quelle partie de la cour vivait Shmerl le Tailleur. La rebbetzin et Cirele étaient restées avec le rabbin dans son bureau, mais lui, revenu dans la cuisine, lisait un livre. Il se leva et dit :

« Je vais vous montrer. »

Il descendit l'escalier avec Keila. Ayant essuyé

ses larmes, elle le voyait maintenant mieux : grand, mince, le visage très pâle, encadré de papillotes blondes bien peignées, les yeux bleus. Il portait, comme un hassid, un caftan et une calotte en tissu, mais aussi une cravate noire. Il s'était proposé si vite pour l'aider qu'il avait oublié de poser son livre. Keila vit sur la couverture des lettres qui n'étaient pas de l'hébreu.

Il lui dit :

« Ce Shmerl est un idiot. Il a le typhus. On voulait l'emmener à l'hôpital juif mais il craignait que la nourriture ne soit pas strictement cachère là-bas. Personne ici ne voudra veiller sur lui et il mourra de son fanatisme. Ils sont tous pareils, tous des idiots.

— Le typhus ? répéta Keila.

— Oui, le typhus. Faites attention. C'est très contagieux. »

Le jeune homme s'exprimait en yiddish, mais elle ne comprenait pas tout. Elle n'avait jamais entendu les mots « fanatisme », « idiots » ou « contagieux ». Dans les bordels, on parlait des risques d'attraper la syphilis ou une gonorrhée, mais on utilisait le mot polonais *zarazenie*.

« Quel charmant garçon, un gosse en sucre, se dit Keila. Et si bien élevé. Que je sois celle qui rachète le plus minuscule de ses péchés. » Elle eut à nouveau envie de pleurer. Si elle n'avait pas autant fréquenté des voyous, elle aurait pu devenir la mère d'enfants comme lui et sa sœur.

Dans la cour, comme dans celle du 8, il y avait

des souccoth partout mais, semblait-il, mieux construites, moins de bric et de broc.

Keila demanda :

« Comment vous appelez-vous ?

— Bunem.

— Ah, Bunem ? J'avais un cousin nommé Bunem. Vous faites quoi ? Vous étudiez à la synagogue ?

— À la maison d'étude. Et chez moi.

— C'est un livre en polonais ?

— En russe.

— Vous savez le russe ?

— On ne sait rien comme ça. Il faut apprendre.

— Vous voulez devenir rabbin ?

— Non. Pourquoi ? Il y a déjà beaucoup trop de rabbins. Un Juif sur trois l'est. Je veux faire quelque chose d'utile, pour moi et pour la société.

— Qu'est-ce que vous voulez être ?

— Oh, je ne le sais pas encore. Les Russes ne permettent pas aux Juifs de faire des études. Les enfants juifs ne sont pas autorisés à aller au lycée et encore moins à l'université. J'aimerais étudier mais, pour cela, il faut partir à l'étranger. À un certain moment, j'ai pensé à la Palestine.

— Où est-ce ? En Amérique ?

— La Palestine est la terre d'Israël. Il y a maintenant là-bas des colonies juives. Des Juifs y cultivent les champs, labourent, sèment, plantent des vignes. On y mène une vie normale, pas comme ici, tous suspendus dans le vide… »

« Il ne sait évidemment pas qui je suis. Il me parle

d'égale à égal, se dit Keila. Oh, je pourrais l'embrasser… »

Un sentiment de honte envahit Keila, comme elle n'en avait jamais connu. Elle se retint d'éclater en sanglots. Le jeune homme lui demanda :

« Et vous, de quoi vous occupez-vous ? »

Elle ne comprit pas bien le sens de ce mot. Il parlait d'une façon si bizarre. Au bout d'un instant, il insista :

« Que faites-vous ? »

Elle sentit une boule se former dans sa gorge et ses yeux s'embuèrent au point qu'elle avait du mal à voir. Elle hésita, puis lâcha :

« Je vis dans la honte ! »

Et elle se précipita vers l'entrée que Bunem lui avait indiquée. Elle grimpa l'escalier en courant, comme si elle craignait qu'il ne la suive. À tous les étages, toutes les portes étaient ouvertes. On sentait des odeurs de veille de fête, de bouillons, de ragoûts, de gâteaux sortis du four, de carottes sucrées. Les femmes cuisinaient, les hommes continuaient à travailler, à donner des coups de marteau, à coudre, à découper, à faire marcher des machines. Aux relents de nourriture se mêlaient des effluves d'huile, de colle, de cuir. Au fur et à mesure qu'elle montait les étages, tout semblait plus pauvre, les chambres, les meubles. Des berceaux grinçaient, des bébés hurlaient et les mères essayaient de les calmer en leur chantant des berceuses, entrecoupées de cris de colère :

« Dors ! Voyons, chut, chut, chut… Mais dors, petit crétin ! Que j'oublie jusqu'à ton souvenir ! »

Cela faisait longtemps que Keila n'avait pas entendu cette expression.

Par inadvertance, elle marcha sur la queue d'un chat, qui s'enfuit en miaulant. Elle arriva au dernier étage, celui des chambres mansardées. Là aussi, toutes les portes étaient ouvertes, sauf une, et elle se dit que ce devait être celle de Shmerl le Tailleur. Elle eut envie de se recoiffer, mais elle n'avait pas son sac avec elle, ni son peigne.

« Qu'est-ce donc qui ne va pas chez moi aujourd'hui ? » se demanda-t-elle.

Elle ressentait une violente bouffée d'affection pour le fils du rabbin, Bunem, qui lui avait parlé si franchement. Sa voix grave résonnait encore à ses oreilles. Elle s'en voulait de l'avoir planté là, dans la cour, sans même le remercier. En quelques minutes, il lui avait dit des choses qu'elle n'avait jamais entendues auparavant. Et puis son père, ce saint Juif, lui redonnait de l'espoir. Il n'était jamais trop tard pour revenir vers Dieu. Elle devrait faire la charité.

Elle ouvrit la porte et une puanteur l'agressa aussitôt. La mansarde tout en longueur, sous le toit en pente, n'était éclairée que par une seule lucarne très sale. Au mur étaient pendus des caftans décousus, des pantalons, des vestes, des gilets. Des mèches de coton sortaient des doublures. Dans un lit aux draps souillés était couché un petit homme, une calotte sur la tête. Il avait les pommettes enflammées, les papillotes en désordre, une barbe ébouriffée couleur de paille moisie et des yeux jaunes qu'il braqua sur Keila. Il portait une chemise tachée comme s'il venait de saigner du nez. Sur un poêle en fer s'entassaient des casseroles sales, des bols, des assiettes et des verres. Cela empestait les selles et l'urine. Le petit homme cria :

« Qu'est-ce que vous voulez ? Fermez la porte ! »

« Malade comme un chien, il a encore la force de hurler », se dit Keila.

À voix haute elle demanda :

« Vous êtes Shmerl, le tailleur ?

— Qu'est-ce que vous voulez ?

— Le rabbin, ce saint Juif, m'a appris que vous étiez malade et aviez besoin de soins.

— Quoi ? Mais tout le monde m'a oublié. On me laisse seul, sans même m'apporter une cuillerée d'eau chaude. Je vais crever ici et le coq ne chantera pas pour moi.

— Je vais vous aider.

Et comment ? Les voisins sont tous de méchantes gens. Le propriétaire veut me jeter dehors et louer ma chambre à un cordonnier. Un huissier est venu faire la liste de tout ce que je possède. Sans le rabbin et la rebbetzin, il y a longtemps que je serais mort. Qui êtes-vous ? Votre visage m'est familier. Vous êtes une fille des rues ? »

Keila ne répondit pas.

« Oui, vous êtes une de "celles-là". Oui, je vous reconnais. Sortez d'ici tout de suite ! Putain ! Salope ! »

Le malade hurlait à pleins poumons. Il se redressa brusquement et Keila recula jusqu'à la porte.

« C'est le saint rabbin qui m'envoie. Il sait ce que je suis. Je veux devenir une bonne fille juive.

— Quoi ? Quelqu'un comme vous souille ma maison. Personne ne veut rester près de quelqu'un comme vous.

— Le rabbin m'a dit…

— Putain ! Dehors ! »

Et le malade rejeta sa couverture, jaillit de son lit, en chemise couvrant à peine ses jambes arquées recouvertes d'épais poils jaunes. Il hurla des mots que Keila ne comprenait pas, puis la repoussa, ouvrit la porte et la jeta sur le palier si violemment qu'elle en tomba à la renverse. Puis il s'enferma chez lui.

« Il m'a brisé les os », se dit-elle.

Le bruit de sa chute fit accourir les voisins, hommes, femmes et enfants. Elle était par terre, les jambes écartées et la tête sur la première marche de l'escalier. On la releva et on la fit s'asseoir. Quelqu'un dit :

« Il a plus de quarante de fièvre.

— Ça doit être ce qu'on appelle la crise, ajouta une femme.

— Mais c'est Keila la Rouge ! » s'exclama un jeune.

On apporta un verre d'eau à Keila qui but. On lui demanda ce qu'elle faisait là et elle répondit que le rabbin lui avait demandé de s'occuper du malade.

« Je veux redevenir une bonne fille juive », expliqua-t-elle.

On l'aida à se mettre debout, on lui tâta les bras et les jambes pour vérifier si elle n'avait rien de cassé et on lui enjoignit de se bander le cou.

Soudain, Bunem, le fils du rabbin, apparut.

« Qu'est-ce que c'est que ce tintamarre ? demanda-t-il.

— Écoutez tous ! cria Keila. Il peut témoigner que c'est son père, ce saint rabbin, qui m'a envoyée ici. Dites-leur, dites-leur ! »

Elle gémit et cracha comme si elle allait vomir.

Bunem déclara :

« Oui, c'est vrai. Mon père l'a chargée d'une bonne action, s'occuper de Shmerl le Tailleur. Que s'est-il passé ?

— S'il ne m'a pas tuée, c'est que je vivrai à jamais, dit Keila. Il s'est jeté sur moi comme s'il voulait me tuer. »

Les voisins se mirent à parler tous en même temps.

« Il faut emmener cet homme à l'hôpital, dit Bunem. Mais on doit d'abord prévenir la police. »

4

Un voisin partit demander à un policier de téléphoner pour appeler une ambulance, un long moment s'écoula et il ne revenait pas. Les autres rentrèrent chez eux et fermèrent leurs portes, comme pour signifier que, désormais, l'incident était clos. Bunem resta dans l'escalier, entre deux étages, et attendit.

Keila se plaignit :

« Je devrais remercier Dieu de ne pas avoir été tuée sur le coup. Comment un malade peut-il avoir autant de force ? Ce doit être à cause de la fièvre. Que vais-je faire maintenant ? Je croyais en avoir fini avec les malheurs. Dieu m'avait aidée, je me suis mariée. Mon mari s'appelle Yarmy. Vous le connaissez peut-être. Et puis est arrivée de Buenos Aires une espèce de brute qui veut m'entraîner à nouveau dans la fange, et il a complètement mis mon mari sous sa coupe.

— Que veut-il ? demanda Bunem.

— Que je me partage entre eux deux. On n'entend pas de chose pareille même chez ceux qui vendent du porc.

— C'est quoi ? Un souteneur ?

— Ils ont essayé de me vendre à un vieux Russe, qui est tombé malade et qu'on a emmené à l'hôpital. Ils ont fabriqué un faux testament. Qui sait, peut-être veulent-ils l'empoisonner. Je suis ce que je suis, mais si vous tuez quelqu'un, Dieu vous punit. Pour moi, Kippour est un jour sacré. Mais ce Max est arrivé et s'est jeté sur moi comme une bête sauvage. Et maintenant, Yarmy dit que cela lui est égal. Ils veulent m'entraîner avec eux de l'autre côté de l'océan et faire de moi la madame d'un bordel.

— Fuyez, comme s'il y avait le feu !

— Je ne peux pas ! J'ai un passeport jaune et, avec ça, on ne peut aller nulle part. Si un gendarme le voit, il vous flanque en prison tout de suite.

— Partez pour l'Amérique. C'est un nouveau monde.

— Avec ce passeport-là, je n'aurai même pas le droit de monter à bord d'un bateau.

— Vous n'avez pas besoin d'un passeport. Si vous réussissez à passer la frontière en fraude, on vous laissera embarquer, même sans papiers. Vous avez juste besoin d'avoir de quoi payer votre billet. Vous avez de l'argent ?

— J'ai trois cents roubles. Personne ne le sait, même pas Yarmy. C'est ma petite réserve pour que, si je meurs, il y ait ce qu'il faut à l'achat d'une place au cimetière et d'un linceul, afin qu'on ne me mette pas nue dans la terre.

— Vous n'allez pas mourir tout de suite. Vous êtes jeune et en bonne santé.

— On n'est jamais sûr du lendemain. Tous les jours on voit passer le corbillard. Des jeunes s'effondrent et, avant même qu'on comprenne ce qui leur arrive, tout est fini. Cela coûte combien, un billet pour l'Amérique ?

— Cinquante roubles. En tout cas, pas plus de cent.

— Ah, et moi qui croyais être sur le chemin du salut ! Toutes les filles que je connais m'enviaient. Il n'y en a pas une sur mille de notre espèce qui se marie. Et voilà qu'est arrivé Max le Boiteux, c'est comme ça qu'on l'appelle, et je me retrouve dans la rue. Ils veulent me tatouer quelque chose sur le bras qui montre que je leur appartiens. Après, je ne pourrai même plus le faire disparaître. Et avec ça sur la peau, on ne peut pas avoir un enterrement juif.

— Mais pourquoi parlez-vous tout le temps d'être enterrée ? Vous devez d'abord vivre.

— Où puis-je me cacher ? Que puis-je faire ? S'ils découvrent que je suis allée chez le rabbin et lui ai tout raconté, ils me briseront les côtes. Où achète-t-on un billet pour prendre le bateau ? Où est la frontière ? Et où se trouve le bateau ? Si vous tombez dans la mer et que les poissons vous mangent, vous ne pourrez plus ressusciter. »

Bunem sourit :

« Et d'où tenez-vous ça ?

— Oh, je sais des choses. Je suis une personne, pas un animal. Une fois, quand j'étais rue Tamkes, un homme qui avait de l'éducation est venu, pas un client, un colporteur qui vendait des chemises, des gilets, des culottes, des bas, ce genre de marchandise. Il savait écrire et a fait des lettres pour les filles. Il m'a parlé de la géhenne, du paradis, de ce qu'on raconte dans les livres sacrés.

— Tout n'est pas forcément vrai.

— Qu'est-ce que j'en sais ? Quand vous ne pouvez ni lire ni écrire, vous êtes aveugle. Le fait que vous ayez pris le temps de me parler, c'est comme si vous me posiez une couronne sur la tête. Les voisins vous épient. Il y a toujours une porte qui s'ouvre. Et ils sont prêts à raconter des choses sur vous.

— Qu'ils en racontent ! Je n'ai peur de personne.

— Mon héros ! Je devrais vous baiser les pieds. Je suis une femme perdue, qui ne vaut pas mieux qu'un peu de poussière. Cet homme-là, qui était venu au bordel et savait écrire, nous a dit qu'autrefois on lapidait les filles comme nous. On leur ouvrait la bouche de force et on y coulait du plomb fondu qui leur brûlait les entrailles. J'aimerais pouvoir aller dormir quelque part, pour ne pas être obligée de retourner auprès d'eux, mais qui accepterait de m'héberger ? Il faut montrer ses papiers et, avec un passeport jaune, on ne vous prend nulle part. »

Ils restèrent silencieux un long moment. Puis Bunem dit :

« J'ai peut-être une solution.

— Quoi ? »

Il ne répondit pas tout de suite :

« Mon père ne le sait pas, mais j'étudie la peinture. Non, non, pas pour peindre des murs, mais des portraits, des paysages, avec des arbres, des champs, des oiseaux. Quand on peint une femme, on a besoin d'un modèle, qu'on peut regarder et encore regarder. Je travaille avec un groupe de jeunes artistes, des garçons sympathiques. Vous pourriez devenir notre modèle à tous.

— Comment ?

— Nous ferions votre portrait. Nous n'avons pas d'argent pour vous payer mais vous pourriez dormir dans notre atelier. Il y a un divan.

— Où est-ce ?

— 1 rue Twarda.

— Oh, c'est Dieu qui vous envoie ! Quand la police découvrira ce qui s'est passé avec le vieux monsieur, on nous jettera tous en prison. C'est un homme riche, ce Sergueï Davidovitch. Et il est très ami avec tous les gens qui comptent. Vous savez ce qu'on dit : "Aux gros bonnets on trouve des excuses. Aux minus on passe la corde au cou." Comment puis-je aller là où on fera mon portrait ?

— Il ne faut pas qu'on nous voie ensemble dans la rue. Je vais partir le premier et vous attendrai devant la grille du 1 rue Twarda. Vous connaissez le chemin ?

— Évidemment ! J'ai passé un certain temps rue Patcheyov, pas loin de la rue Banga. J'y allais tous les jours. Mais il faudrait peut-être que j'aille prendre quelques affaires chez moi, une robe, une veste, une chemise de nuit. Et une couverture. Non, cela me ferait un trop gros paquet à porter.

— Vous feriez peut-être mieux de prendre un droshky ?

— Prendre un droshky toute seule ? Si les voyous qui traînent sur la place me voient faire ça sans Yarmy, ils le raconteront à tout le monde. Non, j'irai à pied.

— Ça vous prendra combien de temps ? C'est la veille de Souccoth, je dois aller prendre le repas du soir dans la soucca et tout ce qui s'ensuit.

— Il me faut juste une minute. J'attraperai ce qui me tombera sous la main. Votre père et vous êtes des anges, pas des humains. J'aimerais être la victime que vous offrirez en sacrifice, vous pourrez me piétiner et baigner vos pieds dans mon sang.

— Les Juifs ne se baignent pas dans le sang des autres, mais chacun dans le sien.

— Je ne sais plus ce que je dis. Vous avez la clé de cet endroit où on fait des portraits ?

— Oui, je l'ai.

— Et il y a une soucca, là-bas ?

— Non, nous ne mangeons pas dans une soucca.

— Pourquoi pas ?

— Oh, nous ne croyons pas à toutes ces choses, dit Bunem après avoir un peu hésité.

— Vous ne croyez pas en Dieu ?

— Nous croyons en Dieu mais pas qu'Il nous ordonne de prendre nos repas dans une soucca.

— Qu'est-ce qu'Il ordonne ?

— Rien. Il reste silencieux.

— Votre père, ce saint homme, dit que Dieu pardonne.

— Mon père n'est jamais allé au ciel.

— Dieu est au ciel ?

— Peut-être que oui, peut-être que non.

— Je vais me dépêcher. Attendez-moi là-bas. Je vous remercie un millier de fois. Je ne vous oublierai jamais, jusqu'au dernier instant, quand on posera des tessons sur mes paupières… »

5

Bunem ne marcha pas jusqu'à la rue Twarda, il courut. Ses pensées se bousculaient dans sa tête : « Qu'est-ce qui ne va pas chez moi ? Pourquoi me lier avec ce genre de fille ? » À la maison, on allait se demander où il était passé et ne pas savoir où le chercher. Qu'est-ce qu'il pourrait bien raconter à Klietchko et aux autres peintres ? Et à Solcha ? Et si la bande des souteneurs découvrait ce qu'il avait fait, sa vie serait en danger. « Papa a raison de dire que je suis fou. Je suis un aventurier sans foi ni loi. »

Peut-être était-il encore temps de se sortir de toute cette histoire ? Et s'il n'allait tout simplement pas rue Twarda ? Mais laisser cette femme humiliée et brisée attendre en vain serait le summum de la cruauté. Il avait lu dans un livre que d'après Schopenhauer, le philosophe, la compassion est la base de la morale – pas la raison, comme le prétendait Spinoza, mais la pitié à l'égard de tout ce qui vit et souffre.

« Oui, c'est bien cela. Et c'est la raison pour laquelle je ne peux pas être un socialiste, ni un anarchiste. Je ne peux pas éprouver de la pitié et en même temps jeter des bombes qui pourraient tuer des innocents. Et, de ce seul point de vue, chacun est en réalité innocent. »

Il arriva devant la grille du 1 rue Twarda, s'immobilisa et attendit. Il sortit sa montre d'une des poches de sa veste, celle reçue en cadeau deux ans plus tôt de Meir Joel Schwartzstein, l'horloger, pour avoir appris par cœur cinquante pages de la Guemara. Au dos était gravé : « Pour s'être distingué dans ses études. »

Bunem regarda autour de lui. Des Juifs passaient, portant des branches d'osier et des etrogs achetés à la dernière minute, en général ce qui restait quand les riches avaient pris ce qu'il y avait de plus beau. Ils se hâtaient, chargés de ces bonnes affaires venues d'aussi loin que Corfou, en Grèce. Dans la cour du 1 rue Twarda était installé un étal sur lequel des femmes avaient disposé des pommes, des poires, des prunes, du raisin, de la viande et des légumes. Elles vendaient également des miches de pain blanc et des gâteaux aux fruits. Là aussi on avait érigé des souccoth. Des gens s'affairaient à les recouvrir de branches, à les décorer de lanternes en papier et autres babioles. Comme c'était étrange qu'un peuple depuis deux mille ans en exil, qui avait survécu à des expulsions, à l'Inquisition, à des crucifixions et qui encore maintenant, au vingtième siècle, était confiné dans une « zone de résidence », puisse rester si dévoué à un Dieu dont rien ne prouvait qu'il existait – et obéir depuis si longtemps à une Loi écrite dans un livre sacré rédigé on ne savait ni quand ni par qui. Bon, d'un autre côté, une certaine force devait bien exister, peu importait qu'on l'appelle Dieu, la nature, un certain absolu, ou autre chose. Cela ne s'était pas créé tout seul. L'évolution ? Mais qu'est-ce que c'était ? Et qui faisait évoluer l'évolution ?

Bunem venait d'avoir dix-neuf ans. Parfois, il se sentait vieux, chargé d'expérience. Il avait commencé avant même le heder à philosopher et à poser des questions, en particulier à sa mère. Dès qu'il avait su lire en yiddish et compris un peu d'hébreu, il s'était mis à chercher des réponses dans des essais, des textes hassidiques ou des volumes de la kabbale. À douze ans, il dévorait des ouvrages profanes, des livres d'histoire, de géographie, de sciences naturelles, d'astronomie, de biologie. À quatorze ans, il s'était pris de passion pour le sexe féminin au point qu'il sentait littéralement le sang bouillir dans ses veines. Il lisait les grands auteurs yiddish, des traductions aussi. Éveillé ou en rêve, son cerveau était la proie d'images qui le terrifiaient ou l'emplissaient de honte. L'esprit du mal, qui contrôlait ce genre de pulsion, n'épargnait même pas sa mère ou sa sœur. Un peu plus tard, il commença à peindre, essaya d'écrire, envisagea de postuler à l'université, et même à l'étranger.

Il fit la connaissance du sculpteur Abraham Klietchko qui le prit comme élève et l'accepta dans son atelier. Secrètement, à l'insu de ses parents, il s'acheta un costume et un chapeau rue Wolova, qu'il portait pour aller en bibliothèque, ou au théâtre avec Solcha – et qu'il cachait à l'atelier. En fait, lui, Bunem, menait un peu une existence de conspirateur, comme les nihilistes, les narodniks[1] et les socialistes dont il lisait les aventures. Mais ses efforts, ses différentes

1. Membres d'un mouvement socialiste agraire dont l'aile terroriste fut responsable, en particulier, de l'assassinat du tsar Alexandre II.

tentatives, que ce soit en peinture, en écriture ou même en amour, n'avaient pas eu de résultat concret. Même si Solcha se considérait comme une anarchiste et vantait l'amour libre, elle était restée vierge. Parfois Bunem jouait avec l'idée d'aller voir une prostituée. Ce n'était pas ce qui manquait rue Krochmalna. Mais il ne parvenait pas à se décider. Abraham Klietchko lui avait donné une brochure décrivant les dangers des maladies vénériennes. On croisait dans le quartier des gens au nez complètement pourri. Un corsetier qui souffrait de gonorrhée chronique s'était suicidé.

Cela faisait trois quarts d'heure que Bunem attendait devant la grille, mais Keila n'arrivait pas. Il se dit qu'elle devait avoir changé d'avis. Ce genre de femme n'en faisait jamais qu'à sa tête. En un sens, cela confirmait ce qu'affirmait Spinoza dans son *Éthique* qu'il venait de lire en hébreu dans la traduction du professeur Rubin.

« Je n'attendrai pas cinq minutes de plus », se dit-il.

Il consulta sa montre et décida que, si Keila n'était pas là quand la grande aiguille serait sur le 3, il rentrerait chez lui. Il leva les yeux et la vit. Elle portait un panier et un gros paquet, comme si elle déménageait. Blême, le visage en sueur, elle vint jusqu'à lui et demanda :

« Vous attendez depuis longtemps ?

— Eh bien… Ça ne fait rien.

— Il fallait que je prenne une robe, du linge, différentes choses.

— Oui, je comprends. »

Ils pénétrèrent dans une cour tout en longueur, encombrée de chevaux, de chariots et d'étals chargés de fruits, de fromages, d'œufs, de légumes secs. On vendait aussi des chaussures et des meubles. La porte menant à l'atelier était tout au fond. Il fallait ensuite monter au cinquième étage. Bunem ouvrit avec sa clé et Keila découvrit une grande pièce remplie de statues, certaines en argile, d'autres en plâtre, représentant des femmes nues, les seins découverts. Ici et là, il y en avait une recouverte d'un bout de tissu. Elle s'exclama :

« Oh, il y a autant de Jésus ici que dans un cimetière chrétien.

— Ce sont des sculptures, pas des Jésus. Venez. Il y a une autre pièce derrière. »

Il la conduisit dans une petite chambre encombrée de pots de peinture et d'un canapé couvert de toiles, de palettes peinturlurées, de pinceaux, de livres et de chiffons.

« Voilà, c'est ici, déclara-t-il. Vous pouvez vous installer un lit. Il doit y avoir un oreiller et une couverture quelque part. Comme c'est veille de fête, il ne viendra probablement personne aujourd'hui. Vous serez tranquille pour dormir.

— Seule ? J'ai peur.

— De quoi avez-vous peur ?

— Des Jésus.

— Des statues ne peuvent pas vous faire de mal.

— Mais j'ai peur quand même. Ça ressemble trop à une église, ici.

— Il faut que je m'en aille. Si vous avez trop peur, vous n'aurez plus qu'à retourner auprès de votre Yarmy.

— Il doit être rentré, maintenant, et, en s'apercevant que je suis partie avec toutes mes affaires, il va être en rage. Si Max le Boiteux le rejoint, vous imaginez le cirque qu'ils vont faire. Mais où sont les autres ? Vous m'aviez dit qu'il y a ici – je ne sais plus comment on les appelle – des…

— Des peintres, des sculpteurs. Ils n'habitent pas l'atelier, ils y viennent seulement pour travailler. Ils seront peut-être là demain.

— Qu'est-ce que je leur dirai ? Ils vont penser que je suis venue pour voler quelque chose.

— Dites-leur que c'est moi qui vous ai conduite ici, que vous voulez être modèle.

— Je ne serai pas capable de me rappeler tout ça. C'est quoi, déjà, un modèle ? Attendez, j'ai apporté une bouteille d'alcool. Elle est dans mon paquet. J'ai peur de vous avoir entraîné dans cette histoire pour rien. Il faut que je boive sinon… »

Keila ouvrit un balluchon et en sortit une bouteille aux trois quarts pleine.

« Je ne vois pas de verre. Bon, je boirai au goulot. »

Elle se mit à avaler bruyamment une gorgée, rougit et écarquilla les yeux, fixés sur Bunem.

« Doucement, dit-il. Vous allez vous brûler les entrailles. »

Keila se mit à rire :

« Je suis déjà complètement brûlée à l'intérieur ! Approchez, il faut que je vous embrasse ! »

Elle posa brutalement la bouteille par terre, comme font les paysans à la taverne, se jeta sur lui et le serra dans ses bras de toutes ses forces. Il s'empourpra de honte et, aussitôt après, blêmit de désir. À la fois il lui résistait et l'étreignait à son tour. Elle l'embrassa avec la langue et l'odeur d'alcool enivra Bunem. Il ne savait même plus si c'était lui qui l'avait jetée sur le canapé ou si elle l'y avait entraîné. Pas trop sûr de ce qu'il devait faire, il la laissa le guider, tandis qu'elle s'écriait :

« Mon petit ! Mon grand ! Prends-moi ! Tue-moi ! Fais de moi ce que tu veux ! Mon Dieu ! Mon frère ! Mon père ! Je t'aime ! Je voudrais mourir pour toi ! »

Elle invoquait Dieu tout en balbutiant des obscénités. Elle leva les jambes, avec l'agilité d'une acrobate, comme ces filles qui, dans les cours d'immeubles, viennent exécuter des sauts périlleux, avaler du feu, faire tourner un petit tonneau sous leurs pieds nus et se coucher sur des lits de clous. Un instant, il n'était qu'un étudiant de yeshiva inexpérimenté, celui d'après il devenait un contorsionniste capable de toutes sortes d'acrobaties. Des lèvres de Keila jaillissait un torrent de mots affectueux, de promesses, de folies qui le stupéfiait. Elle se mit à pousser de tels cris qu'il eût peur que des voisins l'entendent et arrivent en courant. Il avait oublié de fermer la porte. Des plaisirs qu'il ne faisait qu'imaginer depuis des mois, des années, devenaient réels en quelques minutes. Dans la passion qui s'était emparée de lui, il réalisait quand même qu'il risquait d'attraper la syphilis de cette prostituée. « Eh bien, perdu pour perdu », se dit-il, et il eut envie de rire.

« Si mon père découvrait ça ! Et ma mère ! Et Cirele ! Et Solcha ! »

Il venait de la posséder mais il la désirait encore. Une force s'emparait de lui comme il n'aurait jamais pensé pouvoir en éprouver. Keila serra ses bras autour de son cou et s'accrocha à lui :

« Ne me quitte pas ! Mon fou furieux ! Mon roi ! Je t'aime, je t'aime, je t'aime ! Crache-moi dessus ! Tue-moi ! Étrangle-moi ! Mets-moi en pièces ! »

Il s'arracha à elle et se remit debout. Elle resta couchée, nue, offerte. Il lui jeta sa culotte.

« Suis-je heureux ? se demanda-t-il. Suis-je malheureux ? »

Tout était arrivé trop vite, trop brutalement – et avec une prostituée qui s'était déjà donnée à n'importe quel ivrogne, n'importe quel clochard, n'importe quelle épave. La montre reçue quand il avait su réciter cinquante pages de la Guemara était tombée par terre et ne marchait plus. Il la ramassa et s'entendit dire :

« Vous étiez venue voir mon père pour faire une bonne action. »

Les yeux de Keila se mirent à luire de malice :

« Ceci est la meilleure des bonnes actions. »

Et elle lui tendit les bras à nouveau.

6

Était-ce de l'amour ? Ou de la folie ?

Le soir, Bunem – en caftan de soie et calotte de velours – avait accompagné son père – en caftan de satin et chapeau bordé de fourrure – jusqu'à la synagogue. Mais dans sa tête, et en quelque sorte physiquement, il se trouvait toujours à l'atelier, avec Keila. En traversant une rue, le père et le fils faillirent se faire renverser. Une fois à l'intérieur de la synagogue, des jeunes vinrent parler à Bunem, mais il avait du mal à comprendre ce qu'ils lui disaient.

Plus tard, comme tous les ans, Reb Menahem Mendel récita la bénédiction sur la soucca, et fit boire à la rebbetzin, à Cirele et aux enfants plus jeunes une gorgée dans sa timbale. Bunem bénit sa propre timbale, mais à voix si basse que les autres convives ne l'entendirent pas, si bien que personne ne put lui dire amen.

Reb Menahem Mendel était en colère contre Bunem et ne le cachait pas. Il ne le regardait tout simplement plus. Assis près de son père, Bunem était malheureux. Il prit une cuillerée de bouillon et oublia de la porter à sa bouche. Il voyait des éclairs lumineux passer devant ses yeux. En se relevant, après les bénédictions, il heurta de la tête une des lanternes en papier suspendues en l'honneur de Souccoth.

D'habitude, il allait se coucher tard, surtout en cette période de fête quand son père dormait dans la soucca et que lui, Bunem, était le seul homme adulte dans la maison. Cette fois, il fut au lit de bonne heure. La tête sur l'oreiller, toutes sortes de pensées tourbillonnaient dans son cerveau. Il revoyait Keila en pleurs dans le bureau de son père, puis lui demandant, à lui, Bunem, où habitait Shmerl le Tailleur. Il se rappelait leur conversation dans l'escalier, leur rencontre devant la grille du 1 rue Twarda, la façon dont elle s'était enivrée à l'atelier, ses mots fous et les petits noms dont elle l'avait affublé, ses baisers et ses cris, comment elle lui demandait de cracher sur elle, de la mordre, de l'étrangler. Il l'avait possédée non pas une mais plusieurs fois et, entre chaque assaut passionné, elle le suppliait de l'emmener avec lui en Amérique, de faire d'elle sa maîtresse, sa femme, lui parlait d'avoir un enfant ensemble ou alors, plus simplement, de se suicider avec elle en se jetant dans la Vistule ! Quelles bêtises n'avait-elle pas proférées pendant ces quelques heures ! Elle lui jurait une fidélité éternelle et lui demandait de promettre de ne jamais la quitter.

Elle se vanta sans la moindre honte des riches clients qui la voulaient et payaient très cher pour l'avoir, des macs qui se la disputaient, des autres prostituées qui par jalousie déchiraient ses vêtements, des mots tendres que Sergueï Davidovitch, le vieux millionnaire, lui avait chuchotés et des promesses qu'il lui avait faites. D'abord, tout cela dégoûta Bunem, mais bientôt ces paroles l'excitèrent et renouvelèrent son désir pour elle. Elle parla aussi de ses parents à elle, morts depuis longtemps, de sa peur de tomber malade et d'être châtiée par Dieu, des démons, des esprits du mal et des lutins qui la harcelaient et, peu à peu, elle proféra des obscénités qui auraient fait rougir un cosaque.

Quand Bunem finit par s'en aller en lui laissant la clé, elle le poursuivit jusque dans l'escalier en pleurant de façon hystérique et en l'avertissant que, s'il ne revenait pas le lendemain, elle se jetterait par la fenêtre.

« Comment toutes ces choses avaient-elles pu se produire en si peu de temps ? » se demanda-t-il. Il était dans un état de surexcitation comme il n'en avait jamais éprouvé auparavant. D'un côté, il aurait voulu chasser de sa mémoire le souvenir de cette femme, de l'autre, il la désirait encore. Pouvait-il s'agir d'amour ? Pouvait-on tomber amoureux d'une putain que n'importe qui achetait pour quelques kopecks ? Si oui, alors tout ce qu'on racontait dans les romans était un gros mensonge.

Non, il ne s'agissait que de la forme la plus sordide du désir, décida Bunem. Bon, mais les rois, les princes, les millionnaires n'entretenaient-ils pas des putains qu'ils couvraient de cadeaux et d'argent ? Le grand Jean-Jacques Rousseau lui-même ne vivait-il pas avec une femme de cette espèce qu'il avait poussée à abandonner les enfants nés de lui ? Chaque fois qu'il s'assoupissait, quelque chose le faisait sursauter et le réveillait. Il avait déjà concocté ce soir quelques stupides mensonges pour justifier son absence avant la fête et son retour au moment de l'allumage des bougies. Pourrait-il raconter les mêmes le lendemain ? Impossible ! Sa mère et Cirele étaient capables d'avoir leurs crises d'hystérie, elles aussi. Chaque fois que cela arrivait à Cirele, ses yeux se mettaient à papilloter et elle s'évanouissait. Depuis ses fiançailles avec ce Mordecaï Zarah, elle ne laissait personne en paix, au point que sa mère, à bout de nerfs, était tombée malade. Tzeiteg, le barbier, avait dû lui prescrire des pilules pour dormir. Elle était maintenant couchée et Bunem l'entendait soupirer et tousser dans sa chambre, trop maligne pour se laisser abuser par ses piètres excuses à lui. Elle ne supporterait pas, Dieu nous en préserve, de le savoir lié avec une créature aussi souillée que Keila. Et Solcha, alors, à qui il avait promis amour et fidélité ?

« Il faut que je dorme ! décida-t-il. Je vais imaginer que je suis un fakir qu'on vient d'enterrer vivant. Je dois de toutes mes forces me concentrer sur ma respiration, la contrôler, ralentir mon pouls et m'abandonner complètement à Brahma, à Krishna, enfin, n'importe laquelle de ces idoles. Tu es libre, Bunem, libéré de toute espèce d'émotion. Tu es en union avec notre mère la Terre, avec l'univers, avec l'absolu. Aucun mal ne peut plus t'arriver puisque l'univers et toi ne faites plus qu'un… »

Il finit par s'assoupir. Et se réveilla en sursaut, comme si on venait de le piquer avec une aiguille.

« Il faut que j'aille à l'atelier voir ce qu'elle fait là-bas, se dit-il. C'est moi qui l'y ai conduite, au milieu de ces statues de *golems** qui risquent de la faire mourir de peur. En arrivant demain, peut-être que Klietchko la trouvera morte. Je vais inventer un prétexte pour me faire ouvrir la grille. Tout cela, c'est de la folie pure. Mais la folie est peut-être la substance même de l'existence ? Le Tout-Puissant lui-même est peut-être fou et les mondes qu'Il a créés sont le produit de cette folie. Ce n'est pas l'univers qui était au commencement, mais la folie. Comment se fait-il qu'aucun philosophe n'y ait pensé ? »

Il se rendormit et rêva de Keila la Rouge. Quand il ouvrit les yeux, le jour se levait. Il alla à la fenêtre et regarda dehors. Un chat traversait d'un trottoir à l'autre. Les oiseaux commençaient à gazouiller. Il s'habilla à la hâte. Il devait se glisser hors de l'appartement avant que sa mère et Cirele se réveillent. Il ouvrit la porte avec précaution, pour l'empêcher de grincer, et descendit l'escalier. La grille était encore fermée. Entre les planches des parois de la soucca, il aperçut son père étendu sur un matelas avec, à côté de lui, une cruche d'eau en cuivre pour les ablutions du matin. Il ne se rappelait pas l'avoir jamais vu endormi auparavant. Le rabbin étudiait toujours très tard et se levait avant tout le monde. Là, il dormait, tout habillé, avec ses franges rituelles, une calotte sur la tête. Son visage était empreint d'une sorte de paix enfantine. Le soleil levant dessinait de la dentelle rougeâtre sur son front, à travers les branches de pin du toit de la soucca. La rebbetzin, sa femme, lui reprochait souvent de ne pas avoir réussi à devenir, comme tant d'autres, un rabbin officiel, dans une grande ville, au lieu d'être un petit juge rabbinique dans une rue très pauvre. À cela le père de Bunem répondait :

« Quelle différence cela fait-il qu'on vive ici ou là ? L'âme de chaque Juif s'est tenue un jour sur le mont Sinaï. »

La grille une fois ouverte, Bunem quitta vite la rue Krochmalna et tourna dans la rue Gnoyna, plus large, sous un vaste pan de ciel qui rougeoyait au-dessus des toits et des cheminées. Un gardien d'immeuble balayait du crottin de cheval. Il s'immobilisa un instant, en s'appuyant sur le long manche de son balai, et observa Bunem avec l'air de se demander où pouvait bien aller si vite un jeune hassid, en ce matin de fête.

Rue Grzybow, un tramway passa, complètement vide étant donné qu'il était interdit de l'emprunter un jour de fête religieuse et que très peu de Gentils vivaient dans ce quartier. Le conducteur et le poinçonneur bavardaient ensemble. La grille du 1 rue Twarda était ouverte et Bunem se rua dans la cour, comme s'il avait peur qu'elle se referme brutalement sur lui. La veille, un petit marché en pleine activité occupait tout l'espace, maintenant le calme régnait. Bunem poussa la porte donnant sur l'escalier qui menait à l'atelier.

« Je ne vais pas me précipiter, se dit-il, je ne veux pas arriver en sueur. » Il commença quand même à grimper les marches deux par deux. « Et si elle n'était plus là ? » Elle avait pu emporter la clé… Peut-être volé son costume. Puis il eut honte de l'avoir pensé. Il frappa, personne ne répondit. Était-elle partie ? Avait-elle voulu se pendre ? Ou alors invité un voyou quelconque à la rejoindre, un ivrogne qui aurait dormi avec elle sur le canapé ? « Tout est possible, tout est possible », se dit-il pour justifier ces déplaisants soupçons.

Il poussa la porte, traversa rapidement l'atelier et entra dans la chambre où il vit Keila, tout habillée, portant le balluchon et le panier qu'elle avait apportés la veille, quand ils s'étaient retrouvés devant la grille. Elle était pâle, échevelée. Elle ne devait pas l'avoir entendu entrer car, en le voyant, elle poussa un cri.

Bunem demanda :

« Où allez-vous ? Pourquoi vous êtes-vous habillée si tôt ? Que se passe-t-il ? »

Keila le regarda, l'air hagard :

« Je ne sais pas. J'irai où mes jambes me porteront. Je viens de passer une nuit que je ne souhaiterais pas à mon pire ennemi.

— Vous n'avez pas dormi ?

— Je n'ai pas fermé l'œil. Si je ne suis pas morte de peur, cela signifie que je suis condamnée à vivre.

— Je n'ai pas dormi non plus. Je me suis inquiété toute la nuit pour vous.

— Ah ? Je voulais allumer le gaz mais je n'avais pas d'allumettes. Même pas pour fumer une cigarette. Je suis allée à la fenêtre regarder le clair de lune au-dessus de ma tête, et j'ai cru être déjà au ciel. J'ai eu envie d'aller là où même le tsar va seul mais, quand je suis entrée dans l'atelier et que j'ai vu toutes ces statues, j'ai eu tellement peur que j'ai reculé précipitamment. J'ai frissonné de la tête aux pieds comme au pire froid de l'hiver.

— Posez vos affaires. Il n'a pas fait froid cette nuit. Mon père dort dans la soucca.

— Ce saint Juif? Oh, j'ai pensé à lui. Comme je n'arrivais pas à dormir, toutes sortes d'idées stupides me traversaient l'esprit. Bunem, je ne peux absolument pas retourner auprès de Yarmy. Mais je ne peux pas rester seule non plus. Par moments, je crois devenir folle. J'ai cru que vous ne reviendriez pas et que tout cela n'avait été qu'un rêve.

— Keila, je vous aime, s'entendit-il lui dire.

— Bunem, toute la nuit j'ai eu peur en pensant à vous. Je vous voyais aussi clairement que si vous étiez devant moi. J'entendais votre voix. Prenez-moi. Je suis déjà tout à vous. »

Et Keila jeta par terre son panier et son balluchon.

V

1

Plusieurs semaines passèrent.

Il avait neigé pendant deux jours. Après quoi le gel s'était installé – sur la chaussée, les bouches d'égout, les tas d'ordures. Il recouvrait les balcons d'une épaisse couverture, blanchissait les toitures rouillées et bouchait les trous des trottoirs. Dans l'appartement de Reb Menahem Mendel, le givre dessinait sur les vitres des arbres gelés. Le rabbin faisait toujours le même commentaire :

« Ce sont des reproductions des figuiers et des dattiers qui poussent en terre d'Israël. »

Il avait des conditions de vie très précaires, mais la rebbetzin n'économisait pas le charbon pendant le shabbat car aucun membre de la famille ne supportait le froid. Dans le bureau, le poêle rougeoyait. Dehors, le soleil brillait. Il réfléchissait les couleurs de l'arc-en-ciel sur les carreaux de faïence et projetait des taches de lumière sur les murs d'un jaune soutenu, dont le papier se décollait ici et là, révélant le plâtre ou des couches d'ancienne peinture. Au-dessus de l'Arche sainte, les lions qui soutenaient les tables des Dix Commandements avaient l'air plus vivants que d'habitude, avec leur crinière mordorée et leur langue rouge. Le soleil brillait aussi sur les portes vitrées de la bibliothèque et au dos des livres saints au titre inscrit en lettres d'or.

Comme d'habitude, Reb Menahem Mendel s'était levé avec le jour. Il avait déjà pris place derrière son lutrin et écrivait sur un bout de papier un commentaire en réponse à une question posée à Rachi par un *tosaphiste**.

Cirele, sa fille, qui devait se marier bientôt, lui avait préparé la veille au soir de quoi allumer le samovar, si bien qu'il ne lui restait qu'à frotter une allumette.

Reb Menahem Mendel étudiait en buvant à petites gorgées, un verre après l'autre de thé léger. La boisson lui réchauffait le corps et l'aidait à rester éveillé avant les prières du matin. L'aube était le meilleur moment pour étudier le passage du jour. Ensuite, des femmes arriveraient pour lui poser des questions, on le consulterait à propos d'un procès, d'un mariage ou même d'un divorce. Le reste de la famille – Sheba et les enfants – se levait un peu plus tard que lui.

Ce jour-là, Bunem était apparu tôt et Reb Menahem Mendel lui avait jeté un regard méfiant. Ce garçon s'éloignait du chemin de la vertu. Il posait trop de questions, se rasait la barbe, ne gardait qu'un soupçon de papillotes. Il disait ouvertement qu'il n'accepterait jamais un mariage arrangé, contrairement à sa sœur Cirele, mais attendrait de rencontrer une fille qui lui plairait. Ce grand jeune homme au visage blême, les joues creuses et les yeux bleus, devenait un ennemi au sein de son foyer, une présence étrangère, obstinée et rebelle. Certes, c'était un brillant étudiant. Plus jeune, on aurait pu croire qu'il serait un enfant prodige. Mais étudier la Torah va de pair avec la crainte de Dieu et Bunem se conduisait mal. Il lisait des livres défendus, peignait des tableaux et publiait même des bêtises dans un journal. L'époque où Menahem Mendel avait de longs débats avec lui était bien révolue. Il corrompait même sa sœur qui voulait maintenant rompre sa promesse de mariage avec Mordecaï Zarah, son fiancé. Reb Menahem Mendel priait tous les jours pour que Bunem, Dieu nous en préserve, n'aille pas éloigner son plus jeune frère, Shlomele, de la foi juive.

S'il désespérait de son fils aîné, celui-ci ne se donnait même plus la peine d'essayer de convaincre son père qu'il restait incrusté dans le Moyen Âge et ne faisait qu'élever une génération de parasites et d'ignorants. Pour préserver les apparences, Bunem mettait encore les *phylactères** et marmonnait les bénédictions. Mais il en sautait des passages. « Quelle bêtise, disait-il, de se poser une boîte noire sur la tête et de s'enrouler des lanières de cuir au bras. »

Tout en décrétant cela, il niait le sens de la prière.

Comment peut-on remercier Dieu de ne pas être né femme, esclave ou Gentil ? À quoi bon répéter deux fois par jour qu'Il est bon avec tous et a pitié de Ses créatures ? Alors que le monde entier n'est qu'un immense abattoir et qu'à chaque génération des pogroms sont déclenchés contre le soi-disant peuple élu ? Et où est donc Sa pitié quand des loups affamés dévorent des agneaux ?

Bunem se leva pour les Dix-Huit Bénédictions et, aussitôt après, se glissa dehors. Cirele venait de se lever et d'enfiler une robe de chambre et des pantoufles. Elle n'avait qu'un an et demi de plus que son frère mais le traitait souvent comme si elle était sa mère. Elle partageait sans doute une partie de ses idées, mais comment une fille pourrait-elle s'opposer à ses parents ? Ils l'avaient fiancée au fils d'un *melamed**, un garçon mou, un rêveur, qui ne serait jamais capable de faire vivre une famille. Il n'était bon qu'à se balancer au-dessus d'un volume de la Guemara et à gesticuler en priant. Cirele était plus petite que Bunem et ressemblait davantage à leur père qu'à leur mère. Elle avait les cheveux châtain foncé, les joues bien rouges et les yeux bleus. Le visage de Bunem exprimait un mélange de vivacité et de volonté, ainsi qu'une tristesse que rien ne peut consoler. Cirele était comme son père, aimable, disposée à faire confiance à tout le monde. Mais très instable : soit elle riait, soit elle pleurait. Elle se laissait influencer par les romans à trois sous qui paraissaient en feuilletons dans les journaux et, tout en sachant que rien de cela n'était vrai, elle pouvait bavarder pendant des heures des personnages et de leurs destins respectifs. Elle aimait aussi chanter toutes sortes de mélodies populaires, ainsi que les airs à succès du théâtre yiddish.

Le frère et la sœur étaient à la fois proches et distants l'un par rapport à l'autre. Il existait entre eux le même fossé qu'entre leur père et leur mère.

Depuis son enfance, Bunem cherchait les réponses aux questions éternelles. Qu'est-ce que la vie ? Qu'est-ce que la mort ? Et le temps ? Et l'éternité ? Il avait lu quelque part l'expression « la réestimation de toutes les valeurs ». Et il s'était dit que ce serait son but : ne pas s'appuyer sur les vérités ou les autorités généralement acceptées, mais tout reconsidérer de son point de vue à lui et en tirer ses propres conclusions. Très tôt, il avait trouvé des contradictions dans la Bible et dans d'autres livres saints. En grandissant, il avait acquis la conviction que ses parents, ses maîtres au heder, les volumes dans le bureau de son père, tous le décevraient. Plus tard, il commença à comprendre que même les livres profanes étaient remplis de mots sans signification, empilés les uns sur les autres de telle façon qu'ils n'aboutissaient jamais à rien de concret. Qu'est-ce que tous ces écrivains voulaient dire en parlant de moralité, de devoir, de culture, d'évolution, de progrès, d'histoire ? Pourquoi utilisaient-ils si fréquemment des termes comme lutte, idéal, responsabilité, problème, vanité, système, récompense, position, leçon, classe, convictions ? Et que signifiaient substance, absolu, assistance, monade, esprit du temps, attributs et des expressions comme « la base de l'éthique », « l'impératif catégorique » ?

Il alla à la bibliothèque Bresler et feuilleta plusieurs livres. Solcha l'emmenait au Théâtre polonais écouter Peretz discourir longuement sur l'émancipation, l'autonomie, la culture juive, la renaissance juive. Mais lui, Bunem, pratiquement, que pouvait-il faire ?

Sa mère souffrait d'insomnie. Elle ne s'endormait parfois qu'à l'aube et c'est Cirele qui préparait le petit déjeuner de Bunem, du pain beurré, un peu de fromage, un morceau de hareng et un verre de café à la chicorée.

Tandis qu'il mangeait, elle lui demanda :

« Qu'est-ce que tu penses de ce Zbigniew Koczinski ? Quel charlatan ! Malheur à Helena si elle tombe entre ses griffes ! Le comte, son mari, est un pauvre idiot, un incapable, n'est-ce pas ?

— Quand on est amoureux, on ne peut pas penser logiquement, répondit Bunem, juste pour dire quelque chose.

— Oh, comme c'est vrai ! Comment sais-tu cela, Bunem ? Tu es tombé amoureux de quelqu'un ou tu l'as lu dans un livre ?

— Dans un livre.

— Quel genre de livre ? Depuis un moment, tu as l'air d'être complètement dans la lune. Où vas-tu si tôt, ce matin ? Il ne fait pas chaud dehors. Mets une veste.

— Oui. Non.

— Tu veux attraper froid ?

— Non, je ne veux pas attraper froid.

— On dit dans le journal d'hier qu'à Paris les femmes ont commencé à porter des pantalons. Trois mannequins se sont promenées ainsi vêtues et des milliers de gens les ont suivies. Une telle foule que la police a dû intervenir pour la disperser. N'est-ce pas drôle ? Une femme en pantalon ! »

Et les yeux de Cirele pétillèrent.

2

Quand Bunem ouvrit la porte de l'atelier, Abraham Klietchko était déjà là, en train de travailler sur le nez d'une des statues. Ancien étudiant de yeshiva, il avait douze ans de plus que Bunem. Marié, avec deux enfants, il était connu. Des photos de ses œuvres étaient publiées dans la presse yiddish (en noir et blanc) mais aussi dans la presse polonaise (en couleurs). Il se spécialisait dans les pierres tombales pour des gens riches. Le conseil communautaire juif ne permettait pas qu'on installe des statues d'êtres humains dans les cimetières, car la religion l'interdisait. Aussi Abraham Klietchko décorait-il les tombes de cerfs, de lions, d'aigles ou de mains en train de bénir, plus quelques discrètes suggestions de visages humains.

C'était lui, fils d'un hassid de Sochaczew, qui avait

découvert les dons de peintre de Bunem. Petit, le dos courbé, au point de paraître bossu, il était pourvu d'une épaisse chevelure noire, d'un gros nez et de grands yeux noirs. En plus d'offrir à Bunem une place dans son atelier, il l'avait présenté à Solcha, pour qu'elle lui serve une fois de modèle.

Il aimait bavarder avec Bunem et se souvenir avec lui de leurs débats sur la Guemara, à l'époque où ils étudiaient ensemble. Ce jour-là, dès son arrivée, il lui cita un passage du *Choulchan Arukh** à propos des lois pour faire tremper et saler la viande. Seul quelqu'un désirant devenir rabbin pouvait le connaître. Bunem sourit :

« Nos anciens condisciples en sont encore là.

— J'ai bien peur qu'ils survivent à toute la civilisation moderne. À tout ce que nous appelons la culture. Longtemps après qu'on aura oublié Shakespeare, Heine et Max Nordau, il y aura encore, assis dans une yeshiva, un garçon pour discuter ça.

— Le triomphe d'Israël, hein ? répliqua Bunem. Si la Terre entre en collision avec une comète, comme l'annonçait le journal hier, il disparaîtra comme tout le reste.

— Il est bien capable d'exister aussi sur la planète Mars, dit Abraham Klietchko.

— Peut-être que oui, peut-être que non.

— Solcha a téléphoné hier chez moi pour prévenir qu'elle serait un peu en retard.

— Pourquoi prendre la peine d'appeler, étant donné qu'elle l'est toujours ? dit Bunem.

— C'est une fille bien. Qu'est-ce que tu attends, Bunem ? Qu'un autre te la prenne ?

— Qu'il le fasse.

— Elle n'est pas assez bonne pour toi, c'est ça ? Si j'étais encore célibataire et qu'elle veuille de moi, je la conduirais aujourd'hui même sous le dais nuptial.

— Elle ne voudrait y aller ni avec toi ni avec moi. Elle ne rate pas une occasion de dire que l'institution du mariage est rance, démodée, fausse, hypocrite. Et elle a raison. Ce n'est qu'un gros mensonge.

— Mon avis, c'est que l'institution du mariage survivra, elle aussi, à tout et à toutes les modes.

— Le fait qu'un mensonge perdure n'est pas une preuve qu'il dit vrai.

— Si. Pour tout ce qui touche à l'histoire, aux sciences, à l'art, et même aux problèmes de société, le temps est le meilleur juge. »

La porte s'ouvrit et Solcha entra, en manteau vert et béret vert sur ses cheveux châtains courts et bouclés. Elle avait un corps de femme, mince, la poitrine haute et les hanches larges, mais un visage enfantin avec de grands yeux noirs sous d'épais sourcils qui se rejoignaient à la racine du nez. Elle tenait d'une main une sacoche et de l'autre des livres. Par-dessus ses chaussures, elle portait des guêtres montant jusqu'aux genoux. Elle avait l'allure d'une collégienne, bien qu'elle eût quitté le lycée depuis deux ans déjà. Elle dessinait, écrivait des poèmes en polonais et étudiait la biologie à la Wszechnica, une université populaire où on n'avait pas besoin de diplôme de fin de scolarité pour s'inscrire. Elle s'activait aussi beaucoup au sein du mouvement anarchiste, au risque d'aller en prison et même d'être exécutée. Elle souriait, ce qui creusait des fossettes dans ses joues. Elle s'exclama en polonais :

« Oh, voilà qu'il commence à faire très froid, d'un seul coup. Le thermomètre de la pharmacie près de la Porte de Fer a beaucoup baissé. Bonjour Abram, bonjour Bunem. On dirait presque qu'il gèle, même si le soleil brille. Quelle belle journée ! Les clochettes tintent au cou des chevaux. Elles résonnent encore dans mes oreilles ! Parfois, j'aimerais que ce soit tout le temps l'hiver. Varsovie est tellement belle sous la neige !

— Il n'y a pas longtemps, tu as dit que tu aimerais que ce soit toujours le printemps, l'interrompit Abraham Klietchko.

— Vraiment ? Oui, peut-être. Et pourquoi ne pourrions-nous pas avoir l'hiver et le printemps en même temps ? Si Dieu est tout-puissant, comme l'affirment les rabbins et les prêtres, Il devrait pouvoir faire en sorte qu'on ait *Hannukah** et *Pessah** à la fois. Et que tous les êtres humains soient moitié hommes moitié femmes, et que Varsovie soit en même temps Londres et Paris. Une fois, j'ai rêvé que Varsovie était en Amérique. Je suis sortie des Jardins de Saxe et me suis retrouvée à New York, au milieu d'immeubles aussi hauts que le ciel. Et tout le monde parlait anglais.

— Comment sais-tu que c'était de l'anglais ? demanda Bunem. C'était peut-être du turc.

— Oh, je sais assez d'anglais pour entendre la différence. Dans un rêve, on sait tout. Toi, Bunem, tu es aussi taquin que d'habitude, ce matin. Si tu veux vraiment faire mon portrait, aujourd'hui est le bon jour. Je me suis libérée de toutes mes obligations. La journée t'appartient.

— Et pourquoi pas à moi aussi ? demanda Abraham Klietchko. Lui pourra te dessiner ou te peindre et moi je sculpterai ta tête.

— Bon, je vous donne ma tête à tous les deux, vous pouvez vous la partager. Mais il fait trop froid pour que je pose comme vous aimez. L'atelier n'est donc pas chauffé ?

— Si, mais le froid vient du plafond.

— Si j'étais vitrier et s'il y avait une échelle ici, je grimperais changer les carreaux cassés. Mais je pèse trop lourd et risquerais de faire des bêtises. Dans le *Courrier de Varsovie*, on racontait hier qu'à Paris toutes les femmes veulent être minces. Alors qu'ici, à Varsovie, elles veulent être grosses. Maman me reproche tout le temps de ne pas prendre plus de poids. Heureusement, je ne peux ni grossir ni maigrir. Mon corps est comme une pierre, il ne change jamais, que je jeûne ou que je festoie.

— Ça, c'est très rare, dit Bunem. Si j'avais un corps comme le tien, j'en ferais don à la science pour déterminer comment il est capable de vivre sans être nourri. Cela pourrait résoudre le problème des masses qui ont faim et rendrait inutile toute révolution sociale.

— Oh, il s'est levé de vraiment mauvaise humeur ! s'exclama Solcha. Les masses n'ont pas besoin de ce genre de solution. Il y a assez de nourriture pour tout le monde. Au Brésil, les propriétaires des plantations de café jettent une grosse partie de leur récolte à la mer pour éviter de voir les prix baisser. Ça aussi c'est écrit dans le *Courrier de Varsovie*.

— Tout est dans ce journal mais, quand tes copains se réunissent, ils crachent dessus et traitent les journalistes de plumitifs et d'escrocs.

— C'est exactement ce qu'ils sont. Pourtant, parfois, ils ne font pas attention et divulguent une information qui les trahit, et les masques tombent. Karl Marx, ce traître, les traitait de "contradictions capitalistes", alors qu'en fait il se contredisait lui-même encore plus que tous les capitalistes réunis. Hé, les garçons, je vous ai apporté quelque chose de bon. Maman m'a donné la moitié d'une *babka* qu'elle a faite elle-même. Elle est dans ma sacoche. Je vais préparer du thé. »

Solcha faisait toujours tout très vite. Elle ôta son manteau et se précipita dans l'autre pièce, l'espèce d'alcôve où se trouvaient l'évier et le réchaud à gaz.

Abraham Klietchko ne cachait pas qu'il était amoureux d'elle. Les deux autres peintres qui partageaient l'atelier avec lui - mais à eux deux, ils ne payaient qu'un tiers du loyer - disaient eux aussi, moitié sérieusement moitié plaisantant, qu'ils l'aimaient.

Solcha les embrassait tous, comme pouvait le faire

quelqu'un qui rejetait les convictions bourgeoises et prêchait l'amour libre. Mais elle était restée vierge. Elle avait souvent répété à Bunem qu'elle ne se donnerait qu'à un homme qui aurait le courage de vivre avec elle et accepterait, si elle tombait enceinte, d'être le père de l'enfant. L'amour libre, oui. Les flirts poussés, non. Elle citait le *Catéchisme révolutionnaire* de Bakounine et ce qu'il disait de l'union libre. Tant que la société ne pourrait pas prendre en charge les mères et les enfants, cela resterait le devoir des parents.

Ce jour-là, les deux peintres, Enoch Adler et Morris Karbinski, n'étaient pas à l'atelier. Abraham Klietchko sculpta, Bunem dessina et ils eurent leurs discussions habituelles sur le sionisme, le socialisme, l'anarchisme, le but de l'art, le sort des Juifs en Russie et le rôle de la femme dans la société moderne.

3

Tout en défendant l'institution du mariage, Abraham Klietchko sculptait un buste qui ressemblait à celui de Solcha. Bunem multipliait les croquis mais aucun ne présentait la moindre ressemblance avec la jeune fille. Il déchirait une feuille de papier après l'autre et recommençait à dessiner. Depuis longtemps, il avait renoncé à la peinture. Aucun peintre, pas même le plus doué, ne pouvait montrer les tumultes existant au tréfonds de l'âme humaine, pas plus que toutes les complications de la vie. Comment un tableau aurait-il pu décrire ce qui lui était arrivé à lui, Bunem, ces dernières semaines ? Même le langage, avec ses innombrables richesses, n'y suffirait pas.

Mais il ne pouvait pas cesser de venir à l'atelier, d'abord parce qu'il ne voulait pas décevoir Abraham Klietchko, ensuite parce que c'était là qu'il avait rencontré Solcha. Il y avait même fait venir Keila encore une fois.

La conversation porta – comme tant de fois auparavant – sur la polygamie et la monogamie. Bunem et Solcha n'étaient pas d'accord :

« Puisque tu parles tout le temps d'abolir toutes les sanctions, que fais-tu de la pire de toutes, qui est en même temps le plus gros de tous les mensonges, la monogamie ? La simple idée qu'un homme puisse n'aimer qu'une seule femme a été infligée à l'humanité par les chrétiens. Comment se fait-il que ni Bakounine ni Kropotkine n'aient eu le courage de s'élever contre une pareille stupidité ?

— Oh, le voilà qui repart sur le même sujet ! » s'exclama Abraham Klietchko, en ajoutant un peu de terre glaise à son buste.

Solcha ôta la cigarette d'entre ses lèvres :

« Avant de décréter que quelque chose est un mensonge, tu dois d'abord t'en assurer. La monogamie a existé des milliers d'années avant le christianisme. Et elle a cours aujourd'hui dans de nombreuses espèces animales. Les pigeons et beaucoup d'autres oiseaux sont monogames. Imaginons que tous les hommes soient polygames : où trouverait-on assez d'épouses pour eux ? La vérité, c'est que la polygamie est une des pires formes d'exploitation du genre humain. Si un cheik ou un calife a dix femmes, les Bédouins ne peuvent même pas en avoir une seule.

— Pourquoi ne pas déclarer la fin de l'institution du mariage ? Pourquoi un homme et une femme ne vivraient-ils pas ensemble sans le moindre contrôle du gouvernement ?

— Mais c'est exactement ce que nous voulons ! s'exclama Solcha.

— Et les enfants alors ? demanda Abraham Klietchko. Bakounine, Nietzsche et tous les autres peuvent dire ce qu'ils veulent, mais les enfants ont besoin d'un père. Quand je rentre chez moi, mes deux gosses m'attendent près de la porte et se précipitent en criant "Papa est là ! Papa est là !" Si ma Mirele couchait avec vingt hommes, comment pourrais-je savoir si ce sont les miens ?

— Oh, Klietchko, ne prends pas Bunem au sérieux, s'exclama Solcha. Un jour, c'est le pire des réactionnaires, dans la lignée de Stolypine, Pobiedonostsev et autres tyrans et, le lendemain, il est plus révolutionnaire que n'importe qui. Dans son *Catéchisme révolutionnaire*, Bakounine a clairement déclaré qu'un homme et une femme adultes ont le droit de vivre ensemble, puis de se séparer quand bon leur semble. Au sein du mariage, ils doivent jouir d'une liberté totale et…

— Alors, pourquoi se marier ? l'interrompit Bunem.

— Parce que, pour la plupart, les hommes et les femmes, moi y compris, veulent donner naissance à de nouvelles générations et certainement pas en finir avec l'humanité, comme le prêchent les capitalistes décadents et dégénérés un peu partout. En réalité, les pessimistes veulent s'attribuer tous les privilèges : que les parents aient des filles, qu'ils les élèvent, leur fournissent nourriture, vêtements, etc., de sorte que, plus tard, ces don Juan accomplis n'aient plus qu'à les exploiter. Quand une de ces jeunes filles se retrouve enceinte, l'amoureux transi s'enfuit. Et voilà son grand geste révolutionnaire ! C'est bien cela, non ?

— C'est toi qui prêches l'amour libre, pas moi.

— Je conçois l'amour libre comme une relation entre deux personnes qui – si elles s'aiment – décident de vivre ensemble sans l'aval du clergé et, le jour où elles ne s'aiment plus, repartent chacune de son côté, sans que les autorités religieuses ou civiles s'en mêlent. Si un enfant est né, les deux assument la responsabilité de l'élever et de tout faire pour lui dans la mesure du possible. C'est ainsi que Bakounine l'entendait.

— L'ennui, c'est que Dame Nature n'a pas lu Bakounine et a ses lois et ses caprices.

— Quels caprices ? Qu'un des deux doit porter tout le fardeau et l'autre ne prendre que son plaisir ?

— Et si un homme aime réellement deux, trois ou même cinq femmes ? Dans les romans que je lis, l'amour n'est possible qu'entre un seul homme et une seule femme. Mais n'est-ce pas un des mensonges que tu veux voir disparaître ? Est-il impossible qu'un homme soit follement amoureux de plus d'une femme ? Qu'est-ce que Bakounine propose en ce cas ? Qu'on envoie l'intéressé en Sibérie ? demanda Bunem.

— Oh, c'est un bébé, rien d'autre qu'un gamin ! s'exclama Klietchko. Talentueux, certes, mais un gamin quand même. Pour lui, l'homme doit avoir tout ce que son cœur désire. Mais il doit adapter ses désirs, y renoncer si nécessaire et, s'il n'en est pas capable, la société doit le faire à sa place. C'est le principe à la base des Dix Commandements, le concept même de justice. »

Bunem et Solcha allaient dire quelque chose en même temps quand on entendit frapper discrètement à la porte. Tous trois se regardèrent. La porte n'était jamais verrouillée de l'intérieur quand Abraham Klietchko travaillait et des étrangers montaient rarement jusque-là. Enoch Adler et Morris Karbinski, les deux autres peintres qui partageaient l'atelier, avaient la clé.

Abraham Klietchko cria :

« Entrez ! »

Puis il ajouta en polonais :

« *Prosze !* »

Il n'y eut aucun bruit à l'extérieur, comme si la personne qui se trouvait là réfléchissait à ce qu'elle allait faire.

Solcha descendit d'un gracieux mouvement du haut tabouret sur lequel elle était perchée pour sa séance de pose et courut à la porte – qui s'entrouvrit au même instant avec un craquement, et Bunem aperçut une femme, la tête couverte d'un châle, le visage très pâle et le nez rouge. Solcha semblait bien la connaître car elle frappa dans ses mains et l'appela d'un nom polonais. Mais elle ne la fit pas entrer et sortit pour lui parler sur le palier.

Abraham Klietchko dit :

« Qui cela peut-il bien être ? Pourquoi est-elle sortie sans manteau ? Elle va attraper froid.

— Je ne sais pas du tout.

— Ça ne peut pas être sa mère, qui est une vraie dame. Ce doit être la bonne de ses parents, Antosha. C'est le nom qu'elle a prononcé.

— En ce cas, c'est bien leur bonne. Solcha m'a parlé d'elle plusieurs fois.

— Mais pourquoi ne l'a-t-elle pas fait entrer ? demanda Klietchko. Elle semblait frigorifiée. Attends, je vais les appeler. »

Abraham Klietchko faisait toujours tout très lentement. Il posa le burin avec lequel il grattait le front de sa sculpture, puis se dirigea vers la porte à pas comptés pour ne pas risquer de se cogner à quelqu'un entrant brusquement.

Au même instant, Solcha revint, seule. Il remarqua :

« C'était une brève visite.

— Brève, mais importante, répliqua Solcha. Qui m'a peut-être sauvé la vie.

— Que s'est-il passé ?

— La police est venue fouiller notre appartement. C'est un miracle que j'aie pensé à dire à maman où j'allais. Elle a pu ainsi m'envoyer Antosha, notre bonne.

— Mais pourquoi l'a-t-on laissée partir ? demanda Klietchko. D'habitude, la police n'autorise personne à quitter les lieux.

— Je ne peux pas rentrer chez moi ce soir, dit Solcha. Quelqu'un m'a dénoncée, ou Dieu sait quoi.

— J'espère qu'on ne va pas venir te chercher ici, dit Abraham Klietchko. S'il y a un informateur dans le coup, il est capable de savoir que tu es ici.

— Tu as sans doute raison. Il vaut mieux que je parte.

— Attends, je viens avec toi, dit Bunem.

— Quoi ? Comme tu veux. Mais dépêchons-nous. »

Ils mirent leurs manteaux et Bunem ses galoches.

« Vraiment, je suis désolé, dit Klietchko. Appelle-moi. Je veux savoir ce qui se passe

Ils ne m'attraperont pas. Je sais ce que tu vas dire, Bunem : que tu m'avais prévenue. »

Elle courut jusqu'à Abraham Klietchko, lui prit la tête entre ses mains et l'embrassa. Elle jeta un coup d'œil au buste et s'exclama :

« Merveilleux ! Un vrai chef-d'œuvre ! »

Et elle l'embrassa à nouveau.

« Quand reviens-tu ici ? demanda Klietchko à Bunem.

— Si je ne suis pas pendu avant, demain.

— Pourquoi te pendrait-on ? demanda Solcha. Pour mes péchés ?

— Sait-on jamais.

— Allez, viens. Je vais sortir la première, au cas où il y aurait quelqu'un à la grille d'entrée. Attends cinq minutes. Puis retrouve-moi à l'entrée du 6. Essaye de voir si on m'a suivie. En ce cas, sauve-toi. »

4

Quand Bunem arriva devant le 6 rue Twarda, Solcha l'attendait. Elle sourit et dit :

« Je n'ai remarqué personne. Viens, allons quelque part. Je connais une pâtisserie rue Grzybow. »

Ils y furent en quelques minutes. Bunem fouilla dans ses poches. Reb Menahem Mendel ne lui donnait jamais d'argent mais, à l'occasion, sa mère lui glissait discrètement vingt kopecks. Après tout, un garçon déjà adulte ne peut pas vivre sans un groschen. Bunem donnait aussi des leçons une fois par semaine, un riche propriétaire voulant que son fils, Lolek, connaisse un peu la Bible, la Mishna et la Guemara. Pour cela, il était payé un rouble et cinquante kopecks. Lolek allait au lycée et son père – à moitié hassid, à moitié émancipé – portait un caftan court, un col dur et une cravate. Il venait prier le shabbat à la maison d'étude de Sochaczew.

Solcha remarqua le geste de Bunem et dit :

« J'ai de l'argent. »

Ils entrèrent dans la pâtisserie qui se composait de deux salles, la première avec un comptoir chargé de gâteaux et une autre avec des tables pour ceux qui voulaient boire un verre de thé ou manger un peu. On était maintenant entre l'heure du petit déjeuner et celle du déjeuner, il n'y avait donc personne. Une serveuse s'approcha, à qui ils commandèrent du café et des biscuits aux œufs. Solcha déclara :

« Comment cela a-t-il pu arriver ? Nous avons toujours été extraprudents. Ils ne trouveront rien chez mes parents car je ne garde aucune de nos brochures à l'appartement. Papa est le meilleur des censeurs. Il passe son temps à fouiller dans mes affaires et, s'il y déniche le moindre bout de papier où il est écrit que le peuple russe n'est pas entièrement satisfait des oligarques et de la clique de réactionnaires qui sont aux commandes à Saint-Pétersbourg, il le jette dans le poêle. J'ai peur que quelqu'un m'ait dénoncée, mais qui ? Quand on commence à se soupçonner les uns les autres, cela devient infernal. Jusqu'à maintenant, nous n'avions aucun provocateur parmi nous. Pas depuis que je suis là, en tout cas. Avant, on avait démasqué quelqu'un qui était lié à l'Okhrana[1]. Un des camarades lui a immédiatement réglé son compte. Malheureusement, ces assassins l'ont attrapé et pendu…

— Étant donné qu'il avait tué quelqu'un, c'était un assassin aussi.

1. La police secrète tsariste.

— Oh, tu es trop bête ! Celui qui tue un provocateur n'est pas un assassin, c'est un idéaliste. Bunem, ne te lance pas dans ce genre de discussion maintenant. Je ne serai jamais d'accord avec toi et tu ne le seras jamais avec moi, j'en ai peur. J'ai accepté que tu sois immature politiquement et que tu le restes probablement toujours. Le pacifisme que tu défends – qu'importe le nom qu'on lui donne – n'aboutit qu'à une seule et même conclusion : qu'il faut laisser les tyrans gouverner. Ils peuvent causer la mort de millions d'innocents, alors que nous n'avons pas le droit de nous débarrasser d'un seul et unique traître. Je voudrais te dire aussi autre chose mais, je t'en supplie, ne te sers pas de ça pour stigmatiser notre mouvement. Ce n'est pas parce qu'un ver s'introduit de temps en temps dans une pomme qu'il faut cesser de manger des pommes.

« Un jeune type est venu nous trouver, originaire de Galicie. Il est censé avoir étudié à l'université de Cracovie. Il parle parfaitement l'allemand et le polonais, le russe aussi. Il vient d'une région peuplée de Ruthènes qui utilisent un dialecte ukrainien. Je n'ai pas encore bien compris pourquoi il est arrivé à Varsovie. On l'y a envoyé, ou quelque chose de ce genre. Il a trouvé du travail comme comptable dans une sorte de magasin de gros, à la fois fabrique et vente de lampes. Il est de petite taille, mince et s'exprime à mi-voix. Quand on le voit, on croirait qu'il ne sait pas compter jusqu'à deux. Mais il prêche une forme de violence que ni Bakounine, ni Kropotkine, ni Stirner n'auraient approuvée. Il affirme que toute terreur, qu'elle soit dirigée contre le gouvernement ou contre de simples citoyens, aide la cause. Il y a un groupe en Russie – j'ai oublié son nom – qui met en avant ce genre de combat. Pour moi, ce ne sont que des bêtises. À quoi cela a-t-il servi de jeter une bombe contre l'hôtel Bristol ? Ce n'est pas une officine gouvernementale. Je ne sais pas pourquoi, mais je me méfie de ce jeune homme. En fait, je ne lui ai jamais fait confiance. Il a essayé de se rapprocher de moi – en tout bien tout honneur, évidemment – et je lui ai dit que j'avais déjà quelqu'un dans ma vie. Il s'est accroché. Normalement, je ne donne jamais mon adresse, même pas à mes amis proches, mais, un jour, je suis tombée sur lui par hasard dans la rue et il m'a accompagnée jusque chez moi. Et je me dis maintenant que, qui sait, c'est peut-être lui qui est derrière tout ça. Je t'en prie, ne commence pas à critiquer notre cause.

— Non, non. »

La serveuse leur apporta les cafés et les biscuits. Après quoi, Solcha reprit :

« J'aurais dû t'en parler mais je ne peux pas en dire un seul mot aux autres. S'il s'avérait que mes soupçons sont sans fondement, cela aboutirait à une situation où je n'aurais plus qu'à fuir Varsovie ou à me suicider.

— J'ai bien peur que nous devions nous enfuir, de toute façon. Dans environ un an et demi, je devrai me présenter pour faire mon service militaire et je n'ai pas du tout envie de me couper des doigts ou de m'arracher des dents pour en être dispensé. Il faudra que je quitte ce pays et le meilleur endroit où aller, c'est l'Amérique.

— Un an et demi, c'est encore loin. Je t'ai déjà dit que "où tu iras, j'irai" – comme c'est écrit dans la Bible. À une seule condition : que nous soyons unis légalement. Je ne peux pas dire à papa et à maman que je m'enfuis pour vivre dans le péché avec quelqu'un. Pour eux, ce serait la pire des catastrophes. Papa ne va déjà pas très bien et cela suffirait à l'achever. Tu sais parfaitement qu'un contrat de mariage et une alliance n'ont aucune valeur pour moi. Si tu cesses de m'aimer, ou moi de t'aimer, nous sommes libres de partir chacun de son côté. Mais ce n'est pas bien de détruire ses parents pour des bêtises pareilles. En réalité, je t'ai dit tout cela souvent mais tu as toujours prétendu que je ne t'en avais jamais parlé avant.

— Je ne prétends rien du tout, mais j'ai des parents moi aussi et, pour eux, avoir une belle-fille dont le père se rase la barbe et la mère ne porte pas de perruque serait comme si j'épousais une Gentil. Il faudrait en passer par toutes ces simagrées comme le bain rituel et Dieu sait quoi d'autre. Je les aime mais ce sont des fanatiques et des cinglés.

— Alors qu'est-ce que tu veux faire ? Si tout cela est trop compliqué pour toi, tu n'as qu'un seul mot à dire. Tu sais que cela ne me ressemble pas du tout de me jeter à la tête de quelqu'un.

— Solcha, je t'aime. J'aimerais dire "Dieu m'est témoin", mais quelle sorte de témoin est-ce ? Je suis tombé amoureux de toi à la minute où je t'ai vue pour la première fois. Je ne comprends même pas qu'on en discute alors que tu as actuellement bien d'autres soucis. Si tu dois t'enfuir de Varsovie parce que l'Okhrana est à tes trousses, tu ne peux pas attendre encore un an et demi. Et cela n'aurait aucun sens de te marier. Ils sont capables de venir t'arracher de sous le dais nuptial.

— Alors, pratiquement, qu'est-ce que tu veux ? Le café refroidit.

— Le mieux serait que nous partions tout de suite. Nous ne pourrons pas voyager légalement, il faudra passer la frontière en fraude. Je ne peux pas dire à mes parents que je pars pour l'Amérique, pour eux ce serait comme un suicide ou une conversion. Et si la police te recherche, nous ne pouvons pas faire la demande de passeports pour l'étranger. De toute façon, cela coûte trop cher et il faut attendre des mois avant de les obtenir.

— Donc tu veux qu'on s'enfuie sans dire au revoir à personne ?

— À mon avis, ce serait le plus simple.

— Bunem, je ne peux pas faire ça à mes parents. J'aimerais mieux mourir.

— Je commence à croire que l'anarchiste, c'est moi, pas toi.

— Si l'anarchisme est – comme le prétendent nos ennemis – l'irresponsabilité la plus totale, *helter-skelter*, comme on dit en yiddish, alors peut-être que oui, c'est toi. Mais, pour moi, l'anarchisme représente la plus haute forme de responsabilité, envers soi-même, ses proches et aussi les autres. Pour nous, personne n'est étranger. Chaque être humain est notre parent. Même si j'ai déjà décidé de quitter tout le monde et de m'enfuir en Amérique, je ne peux pas le faire maintenant. Comme les chiens de l'Okhrana sont sur mes traces, je ne rentrerai pas chez moi ce soir. Il faut que je trouve un endroit où aller dormir, peut-être aussi demain et pour toujours. Que peuvent-ils bien avoir contre moi ? Aucune preuve concrète, j'en suis sûre.

— Si ce type de Galicie est un agent provocateur, il peut en fournir.

— Tout ce qu'il pourrait faire, c'est donner au tribunal sa parole contre la mienne. Mais avant d'en arriver là, il serait incapable d'apporter le moindre témoignage. Bon, il n'y a qu'une seule personne que je puisse contacter. Mais il va falloir que tu m'aides. Si tu ne bois pas immédiatement ton café, nos fiançailles sont rompues.

— D'accord, d'accord. Qui est cette personne ? Et que puis-je faire ?

— Tu n'as pas besoin d'avoir peur. Tu ne cours aucun risque. Il enseigne à l'université, c'est mon professeur de biologie. Il va tous les soirs, ou presque tous les soirs, dans un café rue Dluga qui s'appelle le Pod Bilachem. C'est juste après la place Krachinski et la rue du Houblon. Nos camarades ne vont jamais là. Pourquoi fréquenter une poignée d'ex-marxistes qui ont eu si peur de la révolution de 1905 qu'ils ont tourné casaque ? Ils sont tombés d'accord avec le régime et même avec Dieu et le pape. Tout ce que tu as à faire, c'est aller là-bas et lui dire que je l'attendrai place du Théâtre, devant l'entrée de l'Opéra.

— Comment s'appelle-t-il ? Comment vais-je le reconnaître ?

— Son nom n'a aucune importance. C'est facile de le reconnaître. Il est grand, chauve et a une barbe noire en pointe. Sa table est toujours couverte de journaux. Il lit tous ceux qui lui tombent sous la main. Il dépense la moitié de ce qu'il gagne à ça. Il est un peu trop dogmatique à mon goût. Mais tous les gens ne se ressemblent pas. Nous ne croyons pas à cette forme d'égalité entre eux. Chaque fois qu'il le pouvait, Bakounine mettait l'accent sur l'individualité de l'homme.

— Arrête de citer Bakounine tout le temps !

— C'est quelqu'un qu'on peut toujours citer. Il a tout prévu. C'était un géant. Alexandre Herzen a dit de lui qu'il n'était pas né sous une étoile mais sous une comète – une comète qui a illuminé l'horizon entier. Il y a quarante ou cinquante ans, il a tout deviné, même la cassure chez les sociaux-démocrates. Marx était un nain si on le compare à lui. Quand tu entreras au Pod Bilachem, tu le verras tout de suite. Je veux dire mon professeur, pas Bakounine. Si seulement il vivait encore aujourd'hui, tant d'absurdités ne seraient pas proférées au nom de l'anarchisme.

— Et qu'est-ce que je lui dis ?

— Dis-lui que Stasha – c'est le nom sous lequel il me connaît – l'attend à l'entrée de l'Opéra. Il ne sait rien d'autre – et ne souhaite pas en savoir plus.

— Je dois aller là-bas à quelle heure ?

— À sept heures. Je serai à l'Opéra à sept heures et demie.

— Il est juif ?

— Quelle différence s'il l'est ou pas ? Il est né juif mais son père, un ancien élève du séminaire rabbinique, l'a converti. Presque tous les élèves de ce séminaire se sont convertis d'ailleurs. N'est-ce pas drôle ?

— Pour moi, il n'y a plus rien de drôle. »

5

« Je ne peux pas lui mentir plus longtemps, je dois lui avouer la vérité, pensait Bunem. Cela a toujours été notre pacte : ne rien se cacher l'un à l'autre. » Mais chaque fois qu'il était sur le point de parler à Solcha de Keila, il finissait par aborder un autre sujet. Dehors, il faisait froid et ils n'avaient nulle part où aller. Ils commandèrent à nouveau du café et des biscuits. « C'est vraiment le moment de tout lui dire », décida-t-il. Mais il resta silencieux. Solcha semblait plongée dans ses propres pensées. « Je l'aime trop pour lui faire du mal, surtout dans la situation où elle se trouve », pensa-t-il finalement. Il mourait d'envie de lui répéter pour la centième fois que ni le socialisme, ni l'anarchisme, ni quoi que ce soit en « isme » ne pourrait jamais venir à bout de la tragédie humaine, mais il s'abstint de cela aussi.

Bizarrement, bien qu'on fût en plein hiver, une mouche avait survécu dans la pâtisserie, une solitaire au ventre vert et doré qui ne savait pas qu'à cette saison les mouches doivent mourir. Elle volait autour du plafonnier, puis vint se poser à côté de l'assiette de Bunem, sur une miette de biscuit. Pour elle, cela représentait une montagne de nourriture. Mangeait-elle ou se contentait-elle d'observer ce minuscule morceau de pâte ? Elle resta là un long moment, comme si elle réfléchissait. Avait-elle un cerveau ? De la mémoire ? Aurait-elle eu envie qu'il y ait d'autres mouches autour d'elle ? Souffrait-elle d'un sentiment de solitude ? Comment avait-elle réussi à rester en vie alors que toutes les autres mouches étaient mortes ?

Toute l'attention de Bunem se focalisa sur cette créature qui, d'après les lois de l'hygiène, aurait dû être écrasée car, née dans la saleté, elle était porteuse de microbes responsables de maladies. Bunem partageait l'intérêt de Solcha pour la biologie. Récemment, elle lui avait donné un livre intitulé *La Vie d'une amibe*. Comme c'était étrange de penser que cette mouche avait eu un père et une mère, qu'elle descendait d'innombrables générations d'autres mouches qui avaient volé, bourdonné, cherché à se nourrir, avant de mourir. Si Darwin avait raison, elle résultait de la mutation d'un autre insecte, lui-même descendant de Dieu sait combien de générations de son espèce. Y avait-il eu un jour le premier de tous les insectes ? La vie avait-elle évolué à partir d'une hasardeuse combinaison de molécules ? Bon, et comment les molécules évoluaient-elles ? Et les atomes ? Bunem avait lu récemment dans des articles scientifiques du *Courrier de Varsovie* qu'on n'était plus certain que l'atome soit le plus petit fragment de la matière. La découverte du radium venait de révolutionner la physique. On commençait aussi à douter de l'existence de l'éther, censé transporter les rayonnements électromagnétiques.

En fait, aujourd'hui, à l'époque de Bunem, des découvertes permettaient de croire à une révolution des concepts habituels sur la nature : des rayons vibrant à la fréquence de plusieurs millions de fois à la seconde ; un spectroscope grâce auquel on pouvait déterminer l'origine des étoiles. On construisait aussi des télescopes géants montrant que la Voie lactée n'était qu'une parmi trois millions de galaxies semblables. L'espace serait-il vraiment infini, comme l'affirmait Newton, ou avait-il des limites ? Était-ce possible ? Au milieu de tout cela, lui, Bunem, fils de Sheba et de Menahem Mendel, s'était embarqué dans une histoire d'amour, ou une passion, pour Keila, une prostituée qui fuyait son souteneur. Ladite prostituée avait trouvé du travail rue Nizka et lui, Bunem, était maintenant assis à côté d'une anarchiste en grand danger de tomber entre les griffes de l'Okhrana. Tout cela était-il réel ? Ou, comme le prétendait Berkeley, un rêve ou un cauchemar divin ?

Une chose était sûre : ni lui ni Solcha ne pouvaient rester là toute la journée. La serveuse commençait à leur lancer des regards désagréables. La mouche s'envola et alla se poser au plafond où il devait faire un peu plus chaud qu'en bas.

Solcha bâilla, révélant ses dents très blanches. Dans ses yeux se lisaient la fatigue et l'incertitude de quelqu'un face à un dilemme.

« Qu'est-ce que tu en penses ? demanda-t-elle. Dois-je téléphoner chez moi ? Quelqu'un m'a raconté que l'Okhrana a des espions qui écoutent les communications.

— Je ne crois pas que ce soit possible. Mais ne dis pas d'où tu appelles ni où tu vas.

— Je ne le sais pas moi-même. C'est mon professeur qui décidera.

— Comment saurai-je où tu es ?

— Je trouverai un moyen de te le faire savoir.

— Es-tu vraiment prête à partir avec moi pour l'Amérique ?

— Oui, vraiment. Mais je ne peux pas le faire sans avoir prévenu mes parents. C'est aussi simple que ça. »

6

Quand Bunem arriva chez lui, le dîner n'était pas prêt et son père pas encore rentré du service du soir. Assise près de la lampe à pétrole, Cirele était plongée dans un roman de Shomer. Elle se moquait souvent de cet auteur, de son style et de son yiddish teinté d'allemand, mais elle continuait à le lire. Ses livres racontaient des histoires d'amour romantiques où des méchants tentaient de séparer les amants. Cela ne se passait jamais à Varsovie mais en France, sur la Riviera, à Rome ou même en Suisse. Cirele disait souvent que lire Shomer équivalait à faire un voyage à l'étranger. Leur mère, assise près du fourneau sur lequel mijotait un ragoût, feuilletait *Les Devoirs du cœur*. Elle avait sur les genoux un exemplaire du *Chemin de la vertu*.

En dehors de ces livres de morale, elle jetait parfois un coup d'œil à des ouvrages profanes qui décrivaient des terres lointaines, des tribus sauvages, les étranges coutumes des Chinois, des Japonais et des habitants des îles du Pacifique.

Caché dans une fente derrière le poêle, un criquet chantait, racontant une histoire dans son langage à lui. De temps à autre, il s'arrêtait, comme arrivé à la fin d'un paragraphe, puis il reprenait. Sur la table de la cuisine était posé un journal yiddish que la mère et la fille avaient déjà lu et qu'elles gardaient pour envelopper le repas préparé le vendredi matin pour le shabbat.

Naguère, sa mère avait eu l'habitude de demander à Bunem d'où il venait, quand il rentrait à la maison, mais il lui répondait toujours de façon si vague, en hésitant sur ses mots et en bégayant, qu'elle ne le faisait plus. Son père ne lui adressait même pas la parole. Cirele le regardait avec un mélange d'envie et d'admiration : il avait réussi à vivre sa vie, chose que seul un homme peut faire.

D'un air de reproche, sa mère demanda à Bunem :

« Tu restes là ce soir ou tu vas ressortir tout de suite comme d'habitude ?

— Je dois repartir bientôt.

— Le dîner n'est pas prêt.

— Je mangerai ce qu'il y a.

— Il n'y a pratiquement rien. Enfin, je vais essayer de te trouver quelque chose... Fils rebelle !

— Tu ne seras pas dans ma géhenne.

— Je crains que si. »

Sheba était fille de rabbin et très cultivée. Bunem lui jeta un regard en coin : « Elle a un visage très intéressant, se dit-il. Je pourrais faire un merveilleux portrait d'elle. »

Elle avait le nez fin, le menton pointu, les joues creuses, de grands yeux gris au regard à la fois sévère et soucieux. La nature s'était trompée : Sheba aurait dû être un homme. De temps à autre, Reb Menahem Mendel venait dans la cuisine et lui demandait où tel ou tel passage se trouvait dans la Bible. À l'occasion, il la consultait à propos d'une question qu'une ménagère lui avait posée pour savoir si un poulet était cacher ou pas. Sheba savait mieux que lui quoi répondre s'il avait une aile cassée ou simplement tordue. Elle était experte quand il s'agissait de trouver la vessie d'une volaille. Elle était capable de discuter avec les femmes qui venaient voir le rabbin pour des problèmes purement féminins, par exemple, quand étaient-elles sexuellement prêtes à recevoir leur mari.

« Bunem, fais tes ablutions, dit-elle. Cirele, mets la nappe.

— Il n'a pas besoin de manger sur une nappe, ce beau monsieur.

— Fais ce que je te dis. »

Cirele alla étaler la nappe, mais seulement sur une moitié de la table. Plus âgée que Bunem, elle l'avait pratiquement élevé. Elle était restée de petite taille, alors qu'il avait beaucoup grandi. Rue Krochmalna, les filles le regardaient quand il passait. Très tôt, les voisins avaient proposé d'innombrables beaux partis pour lui. Il aurait pu facilement obtenir une dot de mille ou même mille cinq cents roubles et être pris en pension chez des beaux-parents pour six ou même dix ans. Mais il devenait de plus en plus évident qu'il ne croyait pas au mariage. Un hassid de Sochaczew l'avait aperçu dans la rue en caftan court et chapeau melon, un cahier de dessins à la main. On avait caché cela à Reb Menahem Mendel car il aurait aussitôt chassé son fils de chez lui.

Sa mère servit à Bunem un morceau de viande du ragoût et quelques cuillerées de haricots. Elle y ajouta du pain, puis revint à son livre. Mais, de temps en temps, elle jetait à son fils un regard interrogateur. Il avait grandi, que le mauvais œil l'épargne, comme un jeune arbre. Il s'était éloigné du chemin de la vertu mais, au moins, il ne disait pas des bêtises et ne gémissait pas comme sa sœur.

Entre la mère et la fille se livrait une guerre silencieuse. Cirele accusait Sheba de l'avoir fiancée à Mordecaï Zarah afin d'être débarrassée d'elle une fois pour toutes. Elle avait déjà déclaré brutalement que, si elle se suicidait comme la couturière du 16 dans la même rue, ce serait la faute de sa mère.

Bunem mangea très vite. Il fallait qu'il soit au Pod Bilachem à sept heures précises. Puis il devait aller ensuite quelque part rue Nizka, à l'autre bout de la ville. Il se leva et sa mère lui ordonna aussitôt :

« Récite la bénédiction. Tu n'es pas encore un Gentil. »

Il fit tomber une goutte d'eau sur la paume de ses mains et se mit à marmonner. Dans cette maison, vous deviez constamment invoquer le Tout-Puissant pour les malheurs qu'Il infligeait au peuple d'Israël. On Le louait encore pour le fait que, par Sa grande merci, Jérusalem serait rebâtie, amen.

Avant que Bunem ne sorte, Sheba ajouta :

« Mets un gilet de plus. Il gèle dehors.

— Je n'ai pas besoin d'un gilet. »

Et il partit.

Il courut sur les trottoirs glissants. Des réverbères à gaz montaient des colonnes de fumée reflétant les couleurs de l'arc-en-ciel. Au-dessus des toits couverts de neige on apercevait une bande de ciel encore lumineuse. Une cheminée de l'immeuble du numéro 7 crachait des étincelles. Les boulangers faisaient cuire leurs pains. Avant de s'en aller, il avait secrètement emprunté quarante groschen à Cirele

– à qui il devait déjà un rouble et cinquante kopecks. Elle avait de son côté soustrait cette somme à celle due au tailleur chargé de confectionner son trousseau. Le constant manque d'argent était pour Bunem un souci et, plus encore, une honte, le symbole de l'éducation religieuse donnée aux enfants pour en faire des mendiants et des parasites. Il projetait bien de s'enfuir en Amérique, mais où trouverait-il de quoi payer son billet ?

Il continua à courir et à glisser. Les journaux racontaient qu'à Berlin, Paris et dans les autres capitales européennes, on déneigeait les rues – mais certainement pas à Varsovie, de tout l'hiver. Il arriva devant le Pod Bilachem pile à sept heures.

Dès qu'il ouvrit la porte, il vit le professeur de Solcha, exactement tel qu'elle l'avait décrit : chauve, la barbe en pointe, assis à une table couverte de journaux et de magazines. Il lisait, tout en fumant une cigarette. Une chaîne de montre pendait à une poche de sa veste. Bunem l'observa quelques instants – occupé aux moyens d'instaurer l'anarchie. Puis il s'approcha et dit à voix basse :

« Stasha vous attend à l'entrée de l'Opéra, place du Théâtre. Il y a eu une descente de police chez elle. »

L'homme ne battit pas d'un cil. Il sortit sa montre et dit :

« Sept heures cinq. »

Il fallut un petit moment à Bunem pour comprendre que c'était une astuce de conspirateur, destinée à faire croire aux gens qu'il venait de lui demander l'heure. Il s'assit à une autre table et commanda du thé. Le professeur continua à lire puis, après quelques minutes, rassembla ses journaux et les rangea dans une serviette. La serveuse s'approcha et il la paya. Puis il sortit retrouver Solcha.

Bunem but à petites gorgées le thé brûlant et regarda autour de lui. Bien que Solcha lui eût dit que tous ceux qui venaient dans ce café avaient fait la paix avec le régime et avec Dieu, à ses yeux à lui, ils avaient l'air de rebelles. Les hommes à l'épaisse chevelure, certains même en blouse noire ceinturée, les femmes cheveux coupés court, ils étaient tous en train d'élaborer une révolution mondiale, chacun à sa manière. Certains garçons lisaient des articles de journaux à des filles. Ils essayaient de le cacher, mais leurs façons de s'habiller et leurs gestes les trahissaient : ils étaient bien des conspirateurs. À n'importe quel moment, la police pouvait surgir et les embarquer en prison.

Bunem paya et se dépêcha d'aller rue Nizka, devant une maison où il avait prévu de retrouver Keila. Elle l'attendait à la grille, enveloppée dans un châle. On ne voyait qu'un petit morceau de son visage. Depuis qu'elle avait quitté Yarmy, et cela faisait plusieurs semaines, elle avait maigri et pâli. Elle ressemblait exactement à ce qu'elle était maintenant, une servante.

Dès qu'elle vit Bunem, ses yeux brillèrent. Il s'excusa d'être en retard. Elle lui dit :

« Bunem, tu n'as pas à t'excuser. Je t'aurais attendu toute la nuit. Quand tu es là, tout redevient beau. »

Ils marchèrent un moment le long de la rue obscure. « Vais-je lui parler de Solcha ? se demandait Bunem. Dois-je lui mentir ? » Keila avait mis tous ses espoirs en lui, attendu patiemment dans le froid qu'il arrive. Il eut peur qu'elle ne se mette à crier, à pleurer, ou même s'évanouisse. « Je lui dirai la vérité plus tard », décida-t-il.

Ils continuèrent à marcher, puis Keila s'arrêta, le prit par le bras d'une main tremblante et dit brusquement :

« Retournons en arrière.

— Pour aller où ?

— Il y a chez mon patron une pièce où personne ne va jamais.

— On risque quand même de se faire prendre.

— Non. »

Elle lui parla du boulanger dont elle était devenue la servante. Dans la pièce en question, on rangeait des sacs vides, des vieux plats, des pelles à gâteau. Il n'y faisait pas froid parce qu'un des murs était tout contre le four. On pouvait verrouiller la porte de l'intérieur. Le patron n'avait qu'un commis et, à cette heure-là, ils étaient occupés à pétrir la pâte pour les petits pains du lendemain. Sa femme, elle aussi, donnait un coup de main à la boulangerie. Des semaines passaient sans que quiconque mette son nez dans cette pièce. Keila ajouta :

« Toute la nuit j'ai pensé à toi. Oh, Bunem, qui

aurait pu le croire ? J'ai tout abandonné, tout le monde, et je suis devenue une servante. Le patron m'a embauchée telle que j'étais, toute nue, comme on dit. Tu es mon seul espoir. »

Bunem sentit sa gorge se serrer :

« Keila, il faut que je te dise quelque chose.

— Quoi ?

— J'ai une fille dans ma vie et je l'aime. »

Dieu soit loué, elle ne poussa pas de cri, ne commença pas à se lamenter. Elle s'immobilisa et ils restèrent silencieux un instant. Elle demanda :

« Qu'est-ce que tu veux que je fasse ? Que je retourne avec Yarmy ?

— Je ne veux pas te mentir.

— Bon, qu'il en soit ainsi. De toute façon, je suis perdue. »

Ils se turent à nouveau, puis elle dit d'une voix tremblante :

« Emmène-moi boire quelque chose. J'en ai besoin. »

VI

1

Max était habitué à ce que tout se passe comme il l'avait décidé. Mais il arriva quelque chose lui prouvant que sa chance avait tourné. D'abord son plan concernant Sergueï Davidovitch se soldait par un fiasco. La veuve, une véritable virago, était venue de Kiev pour ramener à la maison son mari, toujours en vie depuis. Ensuite, après la disparition soudaine de Keila, Yarmy avait sombré dans la dépression. Il ne « gagnait » plus rien lui-même et dépensait à boire l'argent que Max lui donnait, don que celui-ci assortissait de commentaires comme quoi il fallait être idiot pour avoir confiance dans le sexe féminin. Mais cela ne servait à rien : Yarmy voulait retrouver Keila et il la cherchait partout. Il lançait à la figure de Max que c'était sa faute si elle avait fui.

Max, lui, n'avait voulu revenir en Pologne qu'à cause de Yarmy dont il était tombé amoureux quand ils se trouvaient dans la même cellule à la prison de l'Arsenal. Mais Yarmy ne s'intéressait plus du tout aux plaisirs d'une aventure homosexuelle. Il ne faisait que gémir à propos de Keila et boire. Plus rien ne semblait donc retenir Max à Varsovie mais la police le recherchait aux États-Unis, au Canada et à Buenos Aires, où il avait abandonné plusieurs épouses. Il ne pouvait retourner qu'à Rio de Janeiro, à condition toutefois d'amener une « cargaison » bien vivante, sur laquelle on lui avait déjà versé une énorme avance, pour son « achat » d'abord, puis pour ses dépenses personnelles. Sauf que ce projet-là non plus ne s'annonçait pas bien. Son idée, à l'origine, c'était que Yarmy et Keila iraient « recruter » des filles en province où cela devrait être plus facile qu'en ville. Max, lui, épouserait plusieurs femmes riches et Yarmy en ferait autant. Keila prétendrait être la sœur de Yarmy et organiserait ces mariages. Mais elle avait disparu et Yarmy refusait de quitter Varsovie. Il espérait encore qu'elle reviendrait ou qu'il la retrouverait quelque part.

Max avait donc eu beaucoup d'argent sur lui en arrivant en Pologne, mais l'hôtel, les restaurants, les droshkys coûtaient cher. Yarmy – dont il fallait aussi payer le loyer – le ruinait à boire. Pire que cela, on aurait dit que les fameux « pouvoirs » dont Max se vantait avaient changé. Bien qu'il préférât les hommes, il était toujours capable d'avoir des relations avec des femmes. Pendant des années, il avait été ce qu'on appelait un « cadet », chargé de déflorer des filles vierges, expert à les séduire et à les préparer pour le bordel. Il se vantait fréquemment de connaître la psychologie des femmes, de savoir les charmer jusqu'à les enfermer dans une situation dont elles ne pourraient sortir qu'en acceptant d'être des prostituées. Il possédait – en tout cas, il s'en persuadait – des pouvoirs magnétiques. Il lui arrivait des choses échappant à toute logique. Qu'il jette un simple coup d'œil à une femme et celle-ci s'attachait à lui. Dès qu'il se mettait à penser à elle, il l'hypnotisait. Il avait fait des conquêtes dans sa vie dont il ne parlait jamais à personne car on l'aurait traité de menteur. Peut-être ses fameux « pouvoirs » reposaient-ils sur le fait qu'il n'avait aucune confiance en aucune femme, qu'il connaissait parfaitement leurs astuces, leurs prétentions et leurs comédies. En même temps, il n'avait jamais souffert d'impuissance. Il était devenu expert à faire durer au maximum le plaisir de ses partenaires, sans se comporter aussi crûment que ceux qui ne recherchent que leur satisfaction à eux.

Voici ce qui arriva. Avant de quitter Varsovie pour l'étranger, il avait eu une petite « fiancée » – une parmi beaucoup d'autres – qu'il songeait sérieusement à épouser, tout en sachant au fond de son cœur qu'il ne se marierait jamais pour de bon : s'il éprouvait de la passion, ce ne serait jamais pour une femme. Elle s'appelait Fania Lopkin, Fania la Noire pour ses proches.

Elle était brune comme une Tzigane, de petite taille, avait les yeux en amande d'une Tartare, les pommettes hautes, des dents très blanches et des lèvres pulpeuses. Elle tressait ses cheveux très noirs en deux courtes et épaisses nattes. De la même génération que Max, ou peut-être un peu plus âgée, elle venait d'une ville de la province de Lublin. Arrivée à Varsovie après la mort de sa mère, elle avait trouvé du travail dans une boutique de lingerie et de corsets qu'elle cousait elle-même. Ses patrons, Isidore et Ida Goldin, déjà âgés, malades des reins et du cœur et sans enfants, allaient souvent faire des cures à Otwock ou à Carlsbad. Ils la laissaient s'occuper du magasin comme s'il lui appartenait.

Situé rue du Houblon, celui-ci n'était pas grand et littéralement rempli de marchandises du sol au plafond. Des clientes y venaient parfois de très loin, surtout celles qui avaient besoin de modèles dans des tailles nécessitant des essayages. Fania acquit bientôt une telle réputation que des concurrents essayèrent de la débaucher, mais elle restait loyale envers les Goldin, en se montrant d'une étonnante honnêteté. Elle ne touchait depuis le début qu'un assez petit salaire mais, chaque fois qu'Isidore Goldin proposait de l'augmenter et même d'en faire son associée, elle répondait :

« Pourquoi ? Je gagne assez comme ça. J'ai tout ce dont j'ai besoin. »

Au bout d'un certain temps, le couple l'installa dans leur grand appartement de la rue Dluga et commença à la considérer comme leur héritière, lui léguant la boutique dans leur testament. Voisines et connaissances inondaient Fania de propositions de mariage, mais elle restait célibataire. Après un simple coup d'œil à un éventuel candidat, elle disait toujours la même chose : « Pas mon type. » « Il manque de classe. »

Max avait fait sa connaissance au Théâtre yiddish. Quand Ida Goldin ne pouvait pas accompagner son mari au spectacle parce qu'elle souffrait d'œdème aux jambes, Isidore emmenait Fania à sa place. Quand le couple partait en cure, elle y allait seule.

Il arriva qu'un de ces soirs-là, un samedi, elle se trouva assise à côté de Max. Elle achetait toujours des billets chers, à un rouble ou dix gulden chacun. Max, lui, ne payait rien parce qu'il était un ami du directeur.

La pièce était si mauvaise que Fania déclara un peu par hasard à son voisin :

« Ça ne vaut absolument rien.

— De la merde certifiée », répliqua Max.

Elle lui jeta un regard en coin et se dit : « Celui-là, c'est mon type. »

Ils se mirent à discuter et il s'avéra que Fania venait d'une ville proche de celle où Max était né. Ils semblaient même être de très lointains cousins. Après le spectacle, il l'invita au restaurant Chez Hirschfeld, pour un café et des gâteaux. Après quoi, elle l'emmena à l'appartement des Goldin. Au bout d'une longue conversation, elle lui avoua ne plus être vierge. Elle couchait secrètement avec Isidore Goldin que sa femme n'était plus en état de satisfaire sexuellement.

Max lui demanda si elle l'aimait et Fania répondit : « Comme un père, pas comme un mari.

— On ne couche pas avec son père », dit-il.

À quoi elle rétorqua :

« Si ce père est un étranger, c'est permis. »

Il se mit alors à l'embrasser et elle lui rendit ses baisers. Elle avait sa propre chambre, mais c'est dans le lit d'Isidore qu'elle le conduisit, en remarquant : « Ce qu'ils ne savent pas ne peut pas les blesser.

— Vous avez réponse à tout, dit Max.

— Je suis à vous, précisa-t-elle, mais je ne veux pas d'un bâtard. »

Cette Fania était la meilleure partenaire qu'il eût connue, toutefois elle refusait de se laisser entraîner dans ses projets fumeux et de partir pour l'Argentine avec lui.

« Varsovie me suffit parfaitement. »

Il en vint presque à vouloir l'épouser mais fit alors quelque chose qui le jeta en prison. Pendant les mois qu'il passa dans la même cellule que Yarmy, il cessa de penser à Fania. Il aurait eu honte devant elle de s'être fait attraper par la police, d'autant plus que, de sa fenêtre, elle pouvait voir la prison de l'Arsenal où il était enfermé. Elle l'avait souvent mis en garde contre ses douteuses pratiques. En rêve, elle l'avait vu derrière les barreaux. Tout comme lui, elle était dotée de mystérieux pouvoirs. Elle lui jura qu'une fois – sur l'âme de sa mère défunte – elle était assise dans un fauteuil du salon et voulait poser ses pieds fatigués sur un tabouret. Au moment de se lever pour aller chercher celui qui était un peu plus loin contre le mur, elle le vit traverser la pièce, comme si une main invisible le poussait, et venir se placer devant elle.

Elle racontait d'autres miracles semblables lui étant arrivés. Plusieurs de ses rêves s'étaient réalisés. Max avait un peu peur de ses prédictions, toujours en rapport avec la maladie, la mort ou la prison. Une fois libéré, il partit pour l'Argentine sans même dire au revoir à Fania. À quoi bon ? Il n'envisageait pas une seconde de revenir dans ce pays maudit. Il avait décidé de ne jamais se marier. Et Fania n'était pas quelqu'un qu'il pouvait attirer dans ses filets. Il ne lui avait jamais écrit d'Amérique.

De retour à Varsovie, il feuilleta par curiosité l'annuaire du téléphone et y trouva le nom de Fania Lopkin. Elle habitait l'appartement des Goldin, ce qui signifiait qu'Isidore était mort et qu'elle ne s'était pas mariée. Max nota le numéro et, chaque soir, il se disait qu'il allait l'appeler. Mais il était maintenant embarqué dans des histoires avec Yarmy et Keila la Rouge, et ne souhaitait pas, comme il se le formulait à lui-même, visiter les tombes des morts avec Fania, trop honnête à son goût, trop têtue et trop sûre d'elle, de ses pouvoirs et de ses rêves. Il avait en réalité trop honte, après tant d'années, de lui téléphoner comme si de rien n'était.

C'est seulement après que Keila se fut enfuie et que Yarmy eut sombré dans l'alcool qu'un soir il composa son numéro. Il s'attendait à un flot d'injures ou qu'elle lui raccroche au nez. Il dit :

« C'est Max à l'appareil. »

Et Fania répondit d'une voix normale :

« Oui, Max.

— Je suis toujours en vie. »

Elle répondit :

« Je sais.

— Comment le sais-tu ?

— J'ai mes signes à moi. »

Tout cela du même ton que s'ils s'étaient quittés la veille.

2

D'ordinaire, quand il se préparait à un rendez-vous avec une femme, Max avait le cœur léger. Mais cette fois, en allant rendre visite à Fania dans l'ancien appartement des Goldin, son cœur était lourd. Dehors tombait une pluie froide de novembre. Il n'avait pas apporté de vêtements d'hiver à Varsovie et ne souhaitait pas trop dépenser d'argent à en acheter, étant donné qu'il ne les porterait jamais au Brésil. À Rio, c'était l'été. En Pologne, on mettait des peaux de mouton, des bonnets de fourrure, des galoches et d'épais gilets. Arrivant de Paris, il avait cru que tout se passerait vite et bien, comme d'habitude. D'abord, il retrouverait Yarmy, ensemble ils rassembleraient une demi-douzaine de jolies filles, puis les embarqueraient pour le Brésil. Il oubliait seulement qu'en Russie et en Pologne tout se fait lentement, et qu'on pouvait être obligé d'attendre indéfiniment.

À sa façon, il s'était épris de Keila la Rouge. Il se disait souvent qu'entre elle et Yarmy il pourrait jouir de tous les plaisirs possibles et, en plus, gagner de l'argent. Mais la disparition de Keila et les beuveries de Yarmy montraient à l'évidence qu'il ne pouvait plus être trop sûr de ses fameux pouvoirs secrets. Keila n'avait pas seulement quitté Yarmy, mais lui aussi, Max. C'était la première fois que cela lui arrivait.

Il alla acheter une boîte de bonbons pour Fania dans une boutique de la rue Bialanska. Il fit aussi l'emplette pour lui d'un gilet de laine et d'un parapluie. De temps à autre, il jetait un coup d'œil derrière lui pour vérifier qu'aucun agent secret ne le suivait. Il s'attardait trop à Varsovie. Les employés de l'hôtel Warshawski commençaient à lui lancer des regards soupçonneux. Si la police en avait envie, elle pouvait l'accuser de toutes sortes de délits. Les « épouses » abandonnées le recherchaient sûrement et avaient dû déposer d'innombrables plaintes contre lui.

Bien que la rue Dluga ne fût pas très loin de la rue Bialanska, il prit un droshky. Aller en province à cette saison avec Yarmy et Keila, pour voir ce qu'ils pourraient obtenir tous les trois, ne lui aurait pas fait peur, mais il n'avait aucune envie de circuler tout seul dans les rues boueuses de la capitale.

Le droshky s'arrêta à l'adresse indiquée et Max

monta les trois étages. Il se souvenait d'un immeuble élégant mais, après New York et Rio de Janeiro, tout semblait provincial, vieillot, en mauvais état. Il vit sur chaque palier un crachoir rempli de sable. Les portes hautes, larges, épaisses, faisaient penser à celles d'une forteresse.

Celle de l'appartement de Fania portait encore la plaque de cuivre avec le nom de l'ancien propriétaire. Max sonna. Autrefois, il lui suffisait d'effleurer la sonnette pour que Fania lui ouvre aussitôt. Cette fois, elle le fit attendre. Au bout d'un moment, il entendit des pas, elle entrouvrit à peine, sans ôter la chaîne, et l'observa longuement de ses yeux noirs en amande.

Max dit :

« Oui, c'est moi. Ouvre. »

Elle le fit entrer et s'exclama :

« Que Dieu me vienne en aide, je ne t'aurais pas reconnu.

— J'ai vieilli, hein ?

— Au contraire, tu as l'air d'un jeune voyou.

— Toi, tu n'as pas changé du tout », dit-il en guise de compliment.

Elle était plus petite que dans son souvenir, le visage plat et jaune comme celui d'une Chinoise, les deux lourdes tresses transformées en chignon. Il la suivit jusque dans la pièce que Fania appelait autrefois « le séjour ». Il fut frappé de voir à quel point les meubles semblaient vieux, en mauvais état, trop massifs. L'armoire qui trônait là datait de l'époque du roi Sobieski. Le tapis persan était complètement usé. Et cela sentait l'insecticide.

En entrant, Max avait tenté d'embrasser Fania – pour la voir reculer aussitôt. Elle alla à la cuisine chercher des rafraîchissements et s'y attarda un long moment. Puis elle revint avec du thé et des petits pains salés. Il lui demanda depuis combien de temps Isidore Goldin était mort et elle répondit :

« Depuis un an et demi.

— Tout est à toi, maintenant ?

— Je paye un loyer pour l'appartement et la boutique. Il m'a légué la marchandise.

— Et son argent ?

— Apparemment, il n'en avait plus. La maladie de la vieille dame a tout mangé.

— Tu vis seule ?

— Avec qui vivrais-je ? Le rabbi de Shiniaver ? Si on s'installe avec une femme, elle va fouiner dans toutes vos casseroles et vous tape sur le système. D'un autre côté, un homme doit être mon type. Je ne suis pas comme toi qui cours après le moindre jupon. Pourquoi t'a-t-on mis en prison, hein ?

— Pas pour avoir récité les Psaumes.

— Tu avais violé quelqu'un ?

— Je remercie Dieu de ne pas avoir été violé moi-même.

— Eh bien, le même Max. Parti sans dire au revoir. Qui n'a pas envoyé une seule lettre. Où étais-tu, toutes ces années ? »

Max était résolu à en révéler aussi peu que

possible sur lui, mais il éprouvait en même temps le besoin de se vanter. Elle lui posa des questions et il se confessa comme un Gentil à un prêtre. Il lui raconta des méfaits qu'il avait commis en Amérique – du Nord et du Sud – et même avant, à Piask et dans d'autres villes. Le regard de Fania devenait tantôt triste, tantôt amusé. Elle le jaugea d'un air moqueur :

« Que tu étais ce genre d'oiseau, je l'ignorais…

— Et je ne t'ai pas révélé le dixième.

— Qu'as-tu donc fait d'autre ? Tu as tué tes parents et les as fait rôtir au four ?

— Je n'ai pas versé de sang.

— Pourquoi es-tu revenu à Varsovie ? Pour expier tous tes péchés ?

— J'avais envie de te revoir.

— Existe-t-il un plus grand charlatan que toi au monde ? Je jure que non. Tu peux tromper n'importe qui, mais pas moi.

— Et tu as quand même couché avec moi ?

— Ça, c'est autre chose. Comment se fait-il que ton nez ne soit pas encore tombé ? D'autres que toi perdent le leur.

— Je suis sain de corps, Dieu merci !

— Avant de te laisser m'approcher, je vais te laver et te frotter comme on cachérise une casserole sale, dit Fania.

— Tant que tu ne me brûles pas, ça ira. »

D'habitude, ce genre de conversation très suggestive éveillait le désir de Max, mais cette fois, pourtant, il ne réagit pas. « Qu'est-ce qui m'arrive ? se demanda-t-il. Keila la Rouge m'aurait-elle jeté un sort ? Ou suis-je en réalité trop épris de Yarmy ? »

Cela faisait des années qu'il redoutait de devenir impuissant. Quand il lisait dans un journal une publicité pour un docteur qui guérissait la « faiblesse masculine », ces simples mots suffisaient à lui faire peur, lui qui se vantait, à propos de tout ce qu'il entreprenait, de ses prouesses sexuelles. Il se disait souvent que, s'il perdait ses forces de ce côté-là, il se tirerait une balle dans la tête.

Fania était partie dans la salle de bains, où il y avait un réchaud à gaz, pour faire bouillir de l'eau.

« A-t-elle l'intention de me donner un bain ? » se demanda-t-il. Elle devait être désespérément sevrée d'amour, mais il était loin d'être prêt pour ce genre d'aventure. « Bon, eh bien je ne suis pas le bouc de la communauté, chargé de prendre sur lui les fautes de tout le monde », pensa-t-il.

Il prit une cigarette et l'alluma. Il aurait voulu demander un verre d'alcool, mais il savait que cela le ferait dormir. Fania revint :

« Puisque tu es un vrai porc, on doit te nettoyer et te cachériser.

— Qu'est-ce que tu es allée faire ?

— Je t'ai préparé un bain.

— Tu ferais mieux de me donner quelque chose qui me réchauffe les entrailles, dit Max.

— Qu'est-ce que tu veux ? Le vieux, qu'il repose en paix, m'a laissé toute une cave.

— Tu as du cognac ?
— Oui. Et quelque chose à grignoter avec aussi. »
Fania ressortit de la pièce pour aller chercher la bouteille d'alcool et Max se mit debout.

« Le moment est peut-être arrivé de me tirer un coup dans la tempe, pensa-t-il. Mais rien ne presse. Ma tombe ne s'enfuira pas. »

Il alla à la fenêtre et écarta les rideaux. Il voyait en face la prison de l'Arsenal où il avait été enfermé de longs mois avec Yarmy. Une voiture passa si près de l'immeuble qu'elle sembla devoir arracher un coin de mur.

« Bon, eh bien, j'ai gâché ma vie », se dit-il. Keila avait peut-être raison de vouloir s'extraire de la fange. Mais où pourrait-il bien s'enfuir, lui, Max ? Et pour faire quoi ? Repasser des pantalons à New York ? Labourer la terre pierreuse de Palestine et aller prier sur le tombeau de Rachel ? Des types comme lui devaient tirer de la vie tout ce qu'elle avait à offrir – ou mourir. Fania revint avec une bouteille de cognac et une assiette de petits gâteaux.

« Tiens, sers-toi !
— Portons un toast !
— Quoi ? Si tu veux. Oh, j'ai oublié les verres ! »
Elle repartit aussitôt. Max se hâta de déboucher la bouteille et de boire une longue gorgée au goulot. Il ressentit une vive brûlure. Vite, il remit le bouchon, à l'instant où Fania revenait avec deux verres. Elle en remplit un à ras bord pour lui et au tiers pour elle. Elle demanda :

« Que dois-je te souhaiter ? D'avoir toutes les femmes que tu peux encore vouloir ?

— Ou de danser à ton mariage ? dit Max.

— Mon mariage ? Et avec qui ? Ceux que je voudrais ne veulent pas de moi. Et ceux qui voudraient de moi, je n'en veux pas.

— Moi, je te veux, dit Max.

— Menteur ! Menteur ! Tu veux mon corps, pas mon âme. Comme l'a dit cette actrice au Théâtre yiddish – oh, j'ai oublié son nom…

— Et qu'est-ce qu'elle a dit ?

— Elle a dit – oh, je l'ai oublié aussi. J'ai une vraie tête en bois. Elle chantait une chanson sur la vie et tout le reste. Les années passent et on ne sait ni pour quoi ni pour qui. Puis survient la mort et tout est fini. Et que reste-t-il ? *L'chaïm !* »

Fania but et fit une grimace. Max vida son verre.

« Et tout ce qui reste est un tas d'os », dit-il.

3

Max et Fania étaient au lit. D'abord elle l'avait baigné et frotté, en s'affairant autour de lui comme une vraie maman. Elle le chatouillait et cela le faisait rire. Et quand elle vint à lui ensuite, il fut d'abord submergé de désir. Seulement Keila avait la peau très blanche et celle de Fania était jaune et ridée. Elle avait des varices aux jambes, des orteils tout tordus, et des verrues.

Il la tourna vers lui et ils restèrent silencieux.

« Eh bien, comme tu vois, dit-il, je ne suis plus bon à rien.

— Tu n'as pas à t'excuser. Tu me plais tel que tu es.

— C'était le lit de qui ? De ton patron ou de sa femme ?

— De mon patron. Il y est mort. »

Ils discutèrent longtemps. Fania lui parla de la boutique. Elle avait essayé de s'en occuper complètement elle-même, tout en gardant l'appartement. Elle s'était crue plus solide, mais devint peu à peu si faible qu'elle dut aller voir un docteur. Il lui dit qu'elle souffrait d'anémie et lui prescrivit du fer. Elle avait engagé quelqu'un pour l'aider, une femme abandonnée par son mari. Elle ne pouvait pas trop compter sur elle, mais elle paraissait honnête. Il lui arrivait de la laisser seule au magasin. Avait-elle le choix ? Comment tout surveiller et compter jusqu'au moindre groschen ? Le patron – qu'il intercède pour nous au ciel – avait entassé une telle quantité de marchandise que Fania elle-même ne savait pas ce qu'il y avait sur les plus hautes étagères. Elle devait sans cesse grimper à l'échelle et découvrait de nouvelles pièces qu'elle ne connaissait pas. Cela avait été une manie chez son patron d'acheter les stocks entiers de commerçants ayant fait faillite. Elle ajouta :

« Dans ce genre de métier, on doit avoir toutes sortes de modèles. Des clientes arrivent et on ne pourrait même pas imaginer leur silhouette si on ne la voyait pas de ses propres yeux. Certaines femmes ont une poitrine si énorme qu'elle ne tient dans aucune chemise. D'autres sont plus plates qu'un homme. Et puis il y a celles qui ont subi une opération. Un jour, une fille est arrivée, jolie comme un cœur, mais elle n'avait qu'un sein. À l'autre, elle avait eu un kyste qui s'était révélé cancéreux. Il faut offrir à chacune ce qui lui convient. Mon employée ne fait pas grand-chose, mais c'est mieux que rien. Et si elle me vole, que faire ? On n'emporte rien dans sa tombe. Mon patron économisait autant qu'il pouvait mais, comme je te l'ai déjà dit, les soins de sa femme lui coûtaient cher. Et quand son heure est venue, il est parti, comme tous les autres. À qui laisserai-je ce qui reste ? Je n'aurai plus d'enfants à mon âge.

— Pourquoi ? Tu es encore assez jeune pour ça.

— Non, plus assez jeune. C'est bien d'en avoir vers vingt ans, pas à trente ou plus. Le mieux, c'est de commencer tout de suite après le mariage, à dix-huit, dix-neuf ans. On ne réfléchit pas trop, alors. On vit, on a des bébés. Que deviendrait la boutique si je tombais enceinte et faisais des gosses ? Tout irait à vau-l'eau. Je n'ai plus la tête à ça non plus. Une fois qu'on commence à se faire du souci, plus rien n'a de sens. Pourquoi mettre des êtres humains au monde, avec de nouveaux problèmes ? Et puis avec quel père pourrais-je faire ça ? Avec l'ange Gabriel ?

— Tu ne peux pas te trouver un mari ?

— Non, Max, non. Parfois, un voyageur de commerce passe au magasin, ou le représentant d'une fabrique ou d'une usine. Ils me parlent, me montrent leurs échantillons. Ils sont presque tous mariés. S'il y a encore un célibataire parmi eux, il n'est pas mon type. Il lui manque ce que je recherche.

— Et s'il ne l'a pas, il ne te convient pas.

— Non, Max, non. Si un homme est soit bête soit ennuyeux – ou les deux, cela arrive –, je ne peux pas le supporter. Même s'il ne reste que dix ou quinze minutes, c'est une épreuve pour moi. Il est là à parler, à se répéter cent fois, à dire n'importe quoi, et je n'ai qu'une envie : qu'il s'en aille le plus vite possible. Et toi ? Tu es amoureux de quelqu'un, n'est-ce pas ?

— Amoureux ? Non.

— Si, tu l'es. C'est à elle que tu penses à cet instant précis. Qui est-ce ? Tu peux me le dire. Je suis ton amie.

— Comment sais-tu que c'est une "elle". Ce pourrait être un "lui". »

Fania resta silencieuse un instant :

« Tu dis des bêtises ou quoi ?

— On peut tomber amoureux de quelqu'un du même sexe.

— Non, c'est impossible. »

« Je ne vais rien lui dire », résolut Max au fond de lui-même. Mais, tout de suite après, il se mit à tout lui raconter à propos de Yarmy et Keila. Fania l'écouta. Elle toussotait de temps à autre. Puis elle déclara :

« Max, tu as tout inventé.

— Non, c'est la vérité.

— Tu veux qui ? Lui ? Elle ?
— Les deux.
— C'est quoi ? Une sorte de folie ?
— Appelle ça comme tu veux.
— Oh, Max, quel gâchis ! À ta place, j'oublierais tout ça et essaierais de vivre comme un être humain normal.
— Je ne suis pas un être humain.
— Mais si, mais si. Puisque tu n'es pas un animal, tu es une personne. Il ne s'agit de rien d'autre que d'un début de folie. Cela vient de ce que tu vis seul. Si tu m'épousais, je te remettrais sur le droit chemin.
— Tu voudrais encore m'épouser ? Après tout ce que tu sais maintenant ?
— Oui, Maxie.
— Parce que j'ai justement ce que tu recherches ?
— Oui, et plus encore. Mais si tu ne te prends pas en main et continues à te laisser aller, tu es perdu. Prends garde à ce que je te dis. »

Ils discutèrent encore un peu. Puis, brusquement, Fanla se mit à ronfler. Max était allongé contre elle, une main sur son ventre. Sa peau était chaude.

« Peut-être a-t-elle raison, réfléchissait-il. Peut-être est-il grand temps que je mène une vie convenable. Oui, mais que ferais-je avec elle ? L'aider à ranger des sous-vêtements ? Apprendre à coudre des corsets ? Et que se passerait-il si Keila revenait soudain et que je l'emmène au Brésil avec Yarmy ? On ne rajeunit pas, on vieillit. C'est une chose d'être une jeune créature aguichante et une autre une vieille pute. Ce Yarmy est un *shlimazel** complet, un idiot avec de grandes oreilles. Il n'est bon à rien qu'à boire. Sans Keila, il va partir en morceaux. »

Max bâilla. Il était fatigué de penser et il s'assoupit. En rêve, il vit Yarmy et Keila devenus le héros et l'héroïne d'un feuilleton dans son journal habituel. Keila s'appelait désormais Mademoiselle Helena et Yarmy, Zbigniew Koczinski. Ils s'étaient déguisés de telle façon que le comte ne les reconnaissait pas. Des wagons entiers de policiers habillés en pompiers surgirent. Il vit aussi une échelle et une potence. « Je dois m'enfuir, sinon ils me pendront. » Une telle peur l'envahit qu'il sursauta, se réveilla en frissonnant et brûlant de désir. Il attira Fania contre lui et elle eut besoin de quelques instants pour comprendre ce qui lui arrivait. Ils restèrent un long moment sans parler, entièrement soumis aux exigences de la chair. Puis, Fania dit :

« Pour quelqu'un qui n'éprouve plus de désir, tu m'étonneras toujours.

— De temps à autre, un miracle se produit.

— Oui, je me languissais de toi. Je pensais à toi tout le temps. C'est la vérité. »

Il savait pertinemment qu'il utilisait le corps de Fania pour satisfaire son désir d'une autre femme, mais quelle importance ? Pour parvenir à ses fins, il avait dû penser sans cesse à Yarmy et à Keila. Il chuchotait à Fania des mots en espagnol qu'elle ne comprenait pas mais qui exprimaient bien ce qu'il voulait dire. Tout cela était très compliqué, mais l'amour et le sexe ne sont pas des choses simples.

Fania déclara :

« Demain, je ne te laisserai pas repartir.

— Et qu'est-ce que tu feras ?

— Je t'attacherai à ce lit avec une corde et tu y resteras. Je t'apporterai à boire et à manger comme à un animal.

— Ajoute un journal aussi.

— Tu auras tout ce que tu veux, mais ici, chez moi et nulle part ailleurs.

— Et si je te demandais de m'amener Yarmy et Keila ?

— Ça, jamais !

— Juste une fois par semaine ! Pour me faire plaisir », supplia-t-il.

Fania réfléchit :

« Bon, d'accord. Tu pourras être fou une fois par semaine, mais pas plus. »

« Ah, elle commence déjà à céder, pensa Max. Quand elles vous aiment, vous pouvez les amener à faire n'importe quoi. » À voix haute il dit :

« Je ferai le contraire. Je t'attacherai au lit et te donnerai à boire et à manger comme à une petite poule.

— Et qui s'occupera du magasin ?

— Tu n'auras plus besoin d'aucun magasin. Je percerai un trou dans le coffre-fort de la banque Landau et en sortirai tout le fric. Je t'apporterai une bouteille de champagne et un bifteck tous les matins pour ton petit déjeuner.

— Je ne mange pas de bifteck au petit déjeuner.

— Oh, j'avais oublié que nous étions à Varsovie. Je me croyais de retour à Buenos Aires. »

4

Il y avait eu la fête de Hannukah, mais elle était maintenant passée. À la maison de prière de Sochaczew, les vieux répétaient, comme tous les hivers, qu'ils ne se rappelaient pas avoir jamais vu autant de neige et un tel gel. Bunem passait désormais presque toutes ses soirées à la maison. Solcha avait disparu on ne savait où. Elle ne venait plus à l'atelier. Quand Bunem téléphonait chez elle, sa mère répondait chaque fois qu'elle n'était pas là. Plusieurs soirs, il essaya d'aller voir au Pod Bilachem, mais le professeur n'y venait plus. Solcha s'était-elle enfuie avec lui ? Avaient-ils été arrêtés tous les deux ?

Le soir où, pour la première fois, Bunem avait parlé de Solcha à Keila, elle lui avait répondu qu'elle retournerait dès le lendemain matin auprès de Yarmy et Max. Elle avait entraîné Bunem dans une taverne de la rue Pawoznek, pas très loin du cimetière catholique, et y avait bu une bouteille entière d'alcool. Puis elle l'avait conduit chez le boulanger pour qui elle travaillait, dans la petite pièce obscure pleine de sacs de farine, et s'était donnée à lui.

Il comprenait seulement maintenant, après cet épisode passionné, dans quelle situation dangereuse il s'était mis. Keila devait certainement avoir avoué à Yarmy avec qui elle avait une relation depuis deux mois et celui-ci pouvait très bien venir le poignarder ou lui tirer dessus. Il n'était pas non plus exclu qu'elle lui ait refilé la syphilis. En outre, lui, Bunem, fréquentait une anarchiste recherchée par l'Okhrana et avait transmis de sa part un message à quelqu'un qui tôt ou tard risquait de finir à la potence. Abraham Klietchko lui avait demandé par téléphone de ne plus venir à l'atelier. Un étranger, sans doute un agent secret, avait posé des questions au concierge sur les gens qui le fréquentaient. On pouvait donc s'attendre à une descente de police d'un jour à l'autre.

Le soir, dans la cuisine, il étudiait une grammaire russe ou lisait des livres de sciences naturelles. Il allait falloir qu'il s'enfuie – avant de couvrir sa famille de chagrin et de honte. Mais où trouver l'argent du voyage ? Ses parents préparaient le mariage de Cirele et avaient dû emprunter à un taux d'intérêt très élevé. Mais, même s'il n'était pas déjà endetté, son père ne lui donnerait jamais rien, à lui, Bunem, pour aller vivre dans un pays où les Juifs travaillaient le jour du shabbat.

Bien que le numéro 10 de la rue où habitait Reb Menahem Mendel ne fût qu'à quelques pas du 8 où Yarmy occupait un appartement, impossible de savoir si Keila était revenue y vivre. Les vitres des fenêtres du logis de Reb Menahem Mendel disparaissaient sous de telles couches de givre qu'on ne voyait rien de ce qui se passait dehors. À cause du froid, les rues restaient désertes. La neige recouvrait les balcons. Dans cette grande ville, on ignorait tout de ce qui se passait chez les voisins, dans la même cour et jusqu'au même étage.

Le soir, Bunem s'installait un lit sur deux bancs dans le bureau de son père. Mais il dormait peu.

Chaque fois que résonnait la cloche de la grille, il redoutait qu'on vienne l'arrêter. Ses peurs, mais aussi ses bouffées de désir, troublaient son sommeil. Il avait envie de revoir Keila la Rouge, d'entendre ses histoires de bordels, de souteneurs et de Yarmy. Il se souvenait de chacune de ses paroles d'ivrogne leur dernier soir ensemble. Elle riait, puis pleurait, se vantait d'aller avec Max dans « l'autre Amérique » et d'y devenir une célèbre « madame » pour clients millionnaires. Ou menaçait de creuser un trou dans la glace sur la Vistule et de s'y noyer.

La vérité, c'est qu'il se languissait à la fois de Keila et de Solcha. Il s'imaginait couchant avec elles deux. Mais à quoi bon de telles rêveries ? Il se retrouvait en plein dilemme. Les marieurs ne lui proposaient même plus de partis intéressants car on savait qu'il s'était éloigné du chemin de la vertu.

Un soir, il descendit dans la cour pour respirer un peu – il n'osait plus aller dans la rue de crainte d'être agressé par Yarmy – et dans le noir, près de la grille, quelqu'un le saisit par le bras et prononça son nom. Une seconde, il crut qu'il s'agissait de Yarmy. Mais c'était Keila, drapée dans un châle d'où n'émergeait qu'un petit morceau de son visage.

« C'est toi ! Je t'ai attrapé ! »

Bunem sentit une forte odeur d'alc

« Oui, c'est moi.

— Cela fait au moins trois heures qu

J'allais repartir. Dieu lui-même t'a ordo

cendre. Je suis complètement gelée. Un

glace. »

Elle lui tendit une main très froide.

« Où habites-tu ? demanda-t-il. Nous ne

pas rester ici.

— Viens chez moi au 8. Yarmy n'est pas l

— Où est-il ?

— Parti avec Max. Je vais marcher devant. T

suivras. Attends un instant. »

Et Keila franchit la grille. Bunem s'immobilisa

« Et voilà, se dit-il, on ne peut jamais rien prévo

– ni en bien, ni en mal. »

Il sortit dans la rue à son tour, les jambes étrangement légères. Il regarda un instant autour de lui. Au-dessus des toits couverts de neige, le ciel était violet. On aurait dit que des bribes de lumière du jour s'y accrochaient encore. De la fumée blanche montait de chaque cheminée. Certaines boutiques avaient déjà fermé. Par la porte entrouverte de quelques autres, des clients se glissaient furtivement, pour ne pas être vus des policiers : d'après la loi, aucun magasin ne devait rester ouvert au-delà de sept heures et on savait qu'ils « acceptaient » des pots-de-vin. Il gelait peut-être un peu moins, aussi des jeunes, la casquette enfoncée jusqu'aux yeux, se

ient des boules de neige. Un garçon à papillotes en caftan jusqu'aux chevilles passa, un volume de Guemara sous le bras. Il venait d'une maison de prière hassidique, peut-être celle du 5 rue Gnoyna.

Bunem franchit la grille du 8. Keila l'attendait. Elle lui dit :

« Ce n'est pas chauffé, mais je te tiendrai chaud. »

À ces seuls mots, il sentit son sang bouillonner.

Dans l'escalier non éclairé, Keila colla ses lèvres sur les siennes. Il s'enivra de l'odeur d'alcool qui émanait d'elle. Elle ouvrit une porte et un courant d'air glacé jaillit de l'appartement, comme d'une cave. Keila entra et tourna le verrou derrière eux. Puis elle déclara :

« Maintenant, tu es à moi.

— Où étais-tu ? Quand Yarmy est-il parti ?

— Je ne suis pas retournée avec lui. Je suis juste revenue voir ce qui se passait ici et le concierge m'a dit que Yarmy était parti, en ayant payé le loyer d'avance. Aujourd'hui, c'est mon jour de congé à la boulangerie. Le mercredi. Il est avec Max. Il a emporté ses trois costumes. Tu as faim ?

— Faim ? Non.

— J'ai apporté un sac de petits pains. Entre dans le lit. Ne te déshabille pas. Nous serons comme deux animaux dans leur tanière. »

Elle s'accrocha à lui et ils tombèrent sur le lit l'un par-dessus l'autre. Keila posa une couverture sur eux. Il n'enleva même pas ses galoches. Comme auparavant, dans l'atelier d'Abraham Klietchko, elle

se livra à toutes sortes de contorsions acrobatiques, accompagnées de gémissements et de cris étouffés. Il réalisa seulement alors à quel point elle lui avait manqué. Une force sauvage s'emparait de lui. Il se compara intérieurement à un lion féroce. « D'où me viennent ces pouvoirs-là ? » se demanda-t-il. Après de longs instants de lutte, il s'arracha à elle :

« Donc tu n'es pas retournée avec Yarmy.

— Je te l'ai dit, non.

— Pourquoi n'as-tu jamais donné de nouvelles ?

— Je n'ai qu'un jour libre par semaine. Je t'ai attendu plusieurs fois à la grille, mais je craignais que quelqu'un me reconnaisse. Et puisque tu as une autre fille dans ta vie, à quoi bon ? J'ai voulu t'oublier mais je n'y suis pas arrivée. Tu es venu dans mon lit – je dors dans la cuisine – et j'ai entendu ta voix. Tu es un sorcier ou quoi ?

— Oui, un sorcier.

— J'ai repensé à tout. Quelquefois jusqu'à ce que le jour se lève. Le patron et la patronne rentrent tard de la boulangerie. Ils posent tout l'argent sur la table et comptent la recette jusqu'à deux heures du matin. Dans la cuisine, il fait chaud comme dans un four, mais les souris courent partout bien qu'on ait trois chats à la maison. On me laisse dormir tard. Je t'ai appelé. Je t'ai supplié de me revenir. Ma défunte mère est venue à moi dans son linceul et elle m'a parlé comme je te parle maintenant. “Keila, m'a-t-elle dit, s'il ne veut pas de toi comme épouse, deviens sa servante. Lave ses pieds et bois l'eau après.” Ce sont ses exactes paroles. Alors je suis sortie et je suis partie te chercher.

— Tu n'avais personne pendant tout ce temps ?

— Personne ne m'a touchée, même pas du bout de son mouchoir. Et qui ? Mon patron est malade. Il a un ventre comme un tambour, avec les cicatrices de trois opérations. Son commis a une femme et des enfants. Ils savent ce que je suis, parce que je ne suis pas enregistrée. Avec un passeport jaune, on ne peut pas l'être. Je veux aller avec toi en Amérique. Au moins, elle est jolie ? Je veux dire, ta fiancée.

— Jolie et cultivée.

— Je ferai ses courses. Je m'occuperai de ses enfants… »

Au bout d'un moment, Keila sortit du lit et alla allumer le fourneau. Il restait des bûches, un peu de petit bois et quelques morceaux de charbon dans un seau, plus une boîte d'allumettes. Elle alluma aussi la lampe à pétrole. Beaucoup d'appartements avaient déjà le gaz mais ici, tout comme chez Reb Menahem Mendel, on se servait encore du pétrole.

Keila remplit une bouilloire et prépara du thé. Pendant qu'elle s'affairait, Bunem eut l'étrange sentiment qu'elle était sa femme. Il but le liquide brûlant – toujours tout habillé et ses galoches aux pieds – et Keila ouvrit un sachet de prunes séchées. Elle ôta son châle et le drapa sur les épaules de Bunem. Elle dit : « Je voudrais que ce soir dure toujours et que tu restes toujours avec moi. Je deviendrais une bonne fille juive et oublierais tout ce qui s'est passé avant.

— On ne peut pas oublier.

— Si, on peut. J'avais déjà commencé quand Max le Boiteux est arrivé et a tout fichu en l'air. Où peuvent-ils être allés par un temps pareil ? Max a peut-être une douzaine de femmes ici, des enfants aussi. Il a entraîné Yarmy dans une telle fange qu'un attelage de six bœufs ne pourrait pas l'en tirer. À la minute où je l'ai aperçu, j'ai dit à Yarmy : "Il sera notre Ange de la Mort." Et quand je t'ai vu assis en train de lire dans la cuisine de ton père et qu'après tu es venu ramasser l'encrier, j'ai pensé : "C'est un ange du ciel."

— Keila, je ne suis pas du tout un ange.

— À mes yeux, tu l'es. Si tu avais quelques années de moins et moi quelques années de plus, je pourrais être ta mère. Je voulais un enfant avec Yarmy, mais il me disait : "À quoi bon ? Pour que ton fils ait un criminel pour père ?" Je lui répondais : "Tu n'es pas obligé d'être un criminel. Trouve un travail, monte une affaire quelconque." Mais il est attiré par le mal comme un ours par la forêt. Je voudrais avoir un enfant de toi, un petit garçon blond aux yeux bleus.

— Pourquoi ? Pour ajouter aux malheurs du monde ?

— Un enfant n'est pas un malheur. Ma tante disait : "Un arbre veut porter des fruits." »

VII

1

Abraham Klietchko avertit Bunem que Solcha avait été arrêtée et emprisonnée à la Citadelle. Un soir, alors qu'il venait de quitter Keila, il vit Cirele courir à sa rencontre. Elle lui annonça qu'un policier était à sa recherche. En un instant, il comprit : l'Okhrana connaissait ses liens avec Solcha et, s'il ne s'enfuyait pas tout de suite, il risquait d'être arrêté cette nuit même. Il n'aurait pas le temps de dire au revoir à ses parents.

Il embrassa sa sœur sur le front et lui dit :

« Adieu pour toujours, Cirele !

— Mais où t'en vas-tu ? demanda-t-elle.

— Là où mes jambes me porteront. »

Il avait laissé Keila à son ancienne adresse du 8 rue Krochmalna. L'appartement était à l'abandon. Malgré le froid, les souris y pullulaient et elle avait décidé de frotter le parquet. La fête de *Pourim** approchait, mais il faisait toujours aussi froid. Dieu merci, la grille de l'immeuble était encore ouverte et Bunem entra, puis grimpa l'escalier dans le noir jusqu'à la porte de Keila. Il l'entendait s'activer à l'intérieur avec une brosse. Il frappa :

« Keila, c'est moi ! »

Elle ouvrit presque aussitôt et le dévisagea avec inquiétude. Elle était pieds nus, la jupe relevée jusqu'aux genoux :

« Bunem, que se passe-t-il ?

— Laisse-moi entrer. »

Une fois à l'intérieur, sans avoir repris son souffle, il déclara :

« Keila, je dois fuir loin de Varsovie.

— Mais pourquoi, pourquoi ?

— L'Okhrana est sur mes traces. Viens avec moi !

— Quand ? Où ?

— Tout de suite ! En Amérique !

— Ma mère ! Ma mère ! Ma mère !

— Nous n'avons pas une minute à perdre. Combien d'argent as-tu ?

— Je dois avoir encore à peu près trois cents roubles. Mon patron m'a payée plusieurs mois d'avance.

— Nous devons fuir.

— Tu n'as pas de bagages du tout ?

— Je n'ai rien.

— Mais où aller à une heure pareille ? Attendons au moins le matin.

— Nous devons quitter Varsovie cette nuit même.

— Mon patron ne saura pas ce que je suis devenue.

— Tu lui enverras une lettre plus tard.

— Tu ne peux pas partir avec juste une chemise sur le dos.

— Viens, avant qu'on ferme la grille. »

Un long moment, Keila resta silencieuse. Puis elle dit :

« C'est donc ce que Dieu a voulu… Quelle heure est-il ?

— Dix heures moins le quart.

— Bon… »

Elle laissa retomber sa jupe et emballa quelques affaires, des sous-vêtements, un morceau de savon, un peigne et des provisions qu'elle avait apportées là.

Bunem déclara :

« Je vais sortir le premier. Il vaut mieux qu'on ne nous voie pas ensemble.

— Où m'attendras-tu ?

— Au coin de la rue Gnoyna.

— Cette nuit, pour moi, est comme celle de Kippour.

— Dépêche-toi. On va bientôt fermer la grille.

— Oui, Bunem. Tout est décidé par Dieu. »

Il partit le premier, se retrouva bientôt dehors et se dirigea vers la rue Gnoyna. Il s'était fait le serment de ne jamais toucher à l'argent souillé de Keila – « ses gains de prostituée » – mais le destin décidait qu'il devait être relevé de ses vœux. Il réalisait parfaitement ce que signifierait le fait de voyager à ses frais à elle : ensuite ils seraient liés pour la vie. Bon, mais tout valait mieux que se retrouver enfermé à la prison de Pawiak ou à la Citadelle, en attendant d'être pendu ou expédié en Sibérie. Comment pourrait-il prouver devant un tribunal qu'il ne faisait pas partie du groupe anarchiste de Solcha ? Les Russes exécutaient des innocents. Ils passaient leur rage sur les Juifs.

« Faites au moins que je ne sois pas arrêté en pleine rue ! » chuchota-t-il, suppliant les puissances contre lesquelles il se rebellait. La peur lui coupait le souffle. Ses jambes tremblaient. Dans le ciel apparut la nouvelle lune, signe qu'on était au début du mois d'Adar. Dans deux semaines, ce serait Pourim et dans six Pessah. Cet hiver-là s'avérait être le plus long dont il pût se souvenir. Une vie entière semblait se concentrer dans les quelques mois écoulés depuis le jour où Keila avait surgi chez son père, avant que lui, Bunem, la conduise chez Shmerl le Tailleur. Il s'immobilisa et contempla la rue, sachant qu'il ne la reverrait plus jamais. S'en souviendrait-il ou l'oublierait-il très vite ? Il n'avait même pas dit au revoir à ses parents et à ses petits frères.

Il resta un moment sans bouger, stupéfait de ce qui lui arrivait et de la rapidité avec laquelle des mots, des projets, des pensées peuvent se concrétiser. Non, ce n'était pas un accident. Il y avait une main derrière tout cela, celle de la Providence. Mais pourquoi avoir choisi une telle fin pour lui ? Était-ce en punition de ses doutes, de ses péchés ? Dans le psaume « Béni soit l'Éternel » que chaque Juif récite deux fois par jour, il est dit que Dieu est miséricordieux et qu'Il exauce les désirs de ceux qui Le craignent. Mais alors pourquoi son père et sa mère méritaient-ils un tel châtiment ? Pourquoi les êtres pieux souffraient-ils de la faim et de toutes sortes de privations avant une mort prématurée ? Oui, il y avait bien une providence, se dit Bunem, mais elle n'était pas miséricordieuse. Elle ne prenait même pas en pitié les enfants innocents. Toutes les guerres, les famines, les épidémies de peste n'auraient jamais eu lieu sans la volonté de la Providence.

Tant de gens ne moisiraient pas en prison sans la volonté divine. Les crucifixions, les accusations de meurtre rituel, les expulsions, les pogroms n'existeraient pas si Dieu ne le voulait pas. Les Juifs, autrefois torturés sous l'Inquisition, n'avaient même plus la liberté de choisir. On les faisait souffrir jusqu'à ce qu'ils meurent. Était-on martyr pour l'amour de Dieu ? Pourquoi le Tout-Puissant exigeait-Il de tels sacrifices en Son nom ? Pourquoi réclamait-Il que des enfants sautent dans le feu en Son nom ?

Un violent ressentiment s'empara de Bunem et un désir de se révolter.

« Il existe, mais je ne Le servirai pas ! décida-t-il. Je n'obéirai à aucune de Ses lois. Je ne L'invoquerai pas. S'Il veut me détruire, qu'Il le fasse ! Je vivrai dans la honte, de façon dégradante, mais ne réclamerai de Lui aucune faveur ! »

Il vit arriver Keila. Elle portait un panier et un balluchon. Un fichu sur la tête, elle ressemblait beaucoup plus à une pieuse matrone venue de la campagne qu'à ce qu'elle était vraiment.

Et au même moment, quelque part dans une cellule de la Citadelle, Solcha attendait d'être jugée pour avoir essayé de sauver l'humanité et fait en sorte que justice et pureté existent dans un abattoir érigé sur un tas de boue et d'ordures…

2

Comme perdu, Bunem resta un moment immobile à côté de Keila, incapable de décider ce qu'il devait faire ensuite. Aller avec elle à la gare de Vienne et essayer d'attraper un train jusqu'à Miowa et la frontière ? Ou l'emmener à l'atelier rue Twarda pour la nuit ? C'est là-bas qu'il conservait un costume et un chapeau. Cela n'aurait eu aucun sens de partir pour l'étranger en caftan long. Même les Juifs pieux mettaient des vêtements civils quand ils partaient pour l'Amérique. Oui, il fallait d'abord aller à l'atelier. Il imaginait l'affolement chez ses parents. Si, au moins, ils avaient eu le téléphone, il aurait pu leur parler et expliquer la situation. Il se souvint brusquement que, d'après la loi, la famille d'un conscrit fuyant le service militaire devait payer une amende de trois cents roubles. Comment son père réussirait-il à se procurer une telle somme ? Bon, mais lui, Bunem, ne pouvait pas rester à Varsovie et risquer de tomber entre les mains de l'Okhrana. Les grilles des immeubles étaient déjà fermées pour la nuit. Il n'était jamais allé à l'atelier si tard. Le concierge ne le connaissait pas et refuserait peut-être de le laisser entrer – d'autant plus qu'une femme l'accompagnait. Il fouilla distraitement dans une de ses poches et y trouva un unique kopeck. Cela constituait toute sa fortune.

Ils longèrent la rue Grzybow jusqu'à la rue Twarda. Toutes les boutiques avaient baissé leur rideau. Les globes en verre des lampadaires, recouverts de neige et de givre, luisaient faiblement dans le brouillard. Une sorte de tristesse planait sur la ville qu'aucune lumière n'aurait pu chasser. Bunem marchait sans doute trop vite car Keila devait par moments s'arrêter pour reprendre son souffle. Il ne lui expliqua qu'alors pourquoi il devait absolument s'enfuir : sa fiancée, Solcha, se retrouvait prisonnière à la Citadelle en tant qu'anarchiste et on le recherchait à son tour. Keila dit :

« Je croyais qu'on avait tué tous les grévistes.

— Il en reste quelques-uns. Les grèves, c'était en 1905 et elle n'avait que douze ans.

— Qu'est-ce qu'elle demande ? Qu'on soit tous égaux ?

— Plus ou moins.

— Ces gens-là sont venus au bordel et ils ont tapé sur tout le monde. Ils ont mis à sac le lit de la patronne, déchiré ses draps, fait voler les plumes de ses oreillers. Ils ont jeté des chaises et des assiettes par la fenêtre.

— Oui, je sais, mais c'étaient des socialistes, pas des anarchistes.

— Comment as-tu pu te lier avec une fille comme elle ? »

Bunem ne répondit pas. Il aurait fallu trop de temps pour lui expliquer et il avait trop froid pour parler. Il n'avait jamais été d'accord avec les amis de Solcha, mais il n'aurait jamais pu être proche d'une fille de la bourgeoisie ne pensant qu'à se marier, avoir des enfants et incapable de discuter avec lui. En revanche, il aimait débattre avec les gauchistes, qui s'intéressaient à la littérature, à l'art et parfois même à la science. Même quelqu'un comme Keila l'intriguait davantage qu'une gamine de « bonne famille ». Elle, au moins, avait vécu. Elle parlait comme quelqu'un qui a regardé au fond de l'abîme. Elle évoquait souvent la mort. Elle disait des choses dont on se demandait d'où elle les sortait. Accrochée à son bras, elle marchait à ses côtés sans même demander où il l'emmenait. Celles qui avaient échappé au ruisseau n'affichaient pas la timidité et les airs compassés des demoiselles trop gâtées, avides de confort et de luxe.

Brusquement, Keila demanda :

« Tu sais quand elle sera libérée ?

— Je ne sais rien.

— Qu'est-ce qui se passera quand ils la relâcheront et qu'elle viendra en Amérique ?

— Quoi qu'il arrive, nous resterons toujours amis. »

Ils furent devant la grille du 1 rue Twarda et Bunem sonna. Un autre couple attendait, qui avait l'air de rentrer du théâtre. Le concierge ouvrit et les laissa passer tous les quatre. Bunem lui glissa son kopeck dans la main. Il leva la tête et, comme les fenêtres n'étaient pas éclairées, comprit qu'il n'y avait personne à l'atelier. Keila et lui – portant le balluchon – grimpèrent les cinq étages. Quand il déverrouilla la porte, une bouffée d'air froid les frappa au visage – Klietchko allumait rarement le poêle. Il guida Keila au milieu des statues – les fausses idoles, comme elle les appelait – jusqu'à l'alcôve au fond. C'est alors qu'il réalisa à quel point il avait faim. Comme si elle avait lu dans ses pensées, elle dit :

« J'ai pris de quoi manger. »

Il n'alluma aucune lampe. Il ne voulait pas que le concierge remarque que l'atelier était occupé. Maintenant que Solcha se retrouvait en prison, ce n'était plus un lieu sûr. Tous les concierges touchaient des pots-de-vin de la police et devaient rendre compte de tout ce qui se passait dans leur cour.

Keila sortit une demi-miche de pain de son sac et un morceau de fromage qu'ils mangèrent, assis côte à côte dans le noir. Bunem se sentait proche d'elle comme si elle avait été sa femme. C'était difficile à comprendre, avec quelqu'un qui s'était vautré dans la fange des bordels et avait couché avec des voleurs, des assassins, des ivrognes et des syphilitiques.

Keila dit soudain :

« Quand les patrons ne me verront pas revenir, ils ne sauront pas ce qui m'est arrivé. Ils penseront que je suis retournée tu sais où. Et je leur dois de l'argent. Ils m'avaient payée d'avance. Ils diront : une pute, ça reste une pute.

— Laisse-les dire ce qu'ils veulent.

— Bunem, je ne suis pas comme ça.

— Qu'est-ce que tu veux faire ? Tu leur enverras de l'argent d'Amérique.

— Oh Bunem, j'ai vécu l'enfer mais, tu vois, j'ai du mal à tromper ces braves gens. Et qu'est-ce que Yarmy va dire quand il rentrera et verra que je suis venue à l'appartement ? Nous n'avons pas divorcé. Nous sommes encore mari et femme.

— Oui, je sais. Si quelque chose te retient ici, dis-le-moi. Je ne te forcerai jamais à faire quoi que ce soit.

— Bunem, rien ne me retient. Pour moi, c'est comme si Yarmy était mort. Mais j'ai peur de te perdre là-bas, en Amérique. On m'a dit à quoi ça ressemblait, avec des millions et des millions de gens. Tu sors dans la rue avec quelqu'un et, d'un seul coup, il a disparu, comme si la terre l'avait englouti. Si tu te perds, c'est pire que mourir.

— Keila, je ne t'abandonnerai pas. C'est avec ton argent que nous allons faire ce voyage. Sans toi, je finirais par tomber entre les griffes des Russes et je n'en sortirais pas vivant.

— Bunem, je te resterai fidèle. J'embrasserai le sol que tu foules. Dès que je t'ai vu, cette veille de Souccoth, mon cœur m'a dit que, d'une manière ou d'une autre, c'est toi qui me sortirais de la boue.

Je ne te demande pas de m'épouser. Comment le pourrais-je ? Je ne suis pas divorcée et tu as une fiancée. Mais je veux être ta servante, cuisiner pour toi, laver ton linge. J'aimerais aussi… Mais je ferais mieux de me taire…

— Un enfant, hein ? Il serait considéré comme un bâtard. Pas seulement chez les Juifs, chez les Gentils aussi.

— Un enfant est un enfant.

— Oui, mais celui-là paierait pour les péchés de ses parents.

— En Amérique, personne ne se soucie de ça. Personne ne s'occupe de ce qui cuit dans la marmite de la voisine », dit Keila.

Elle fouilla dans son balluchon et en sortit une bouteille d'alcool.

« Bunem, j'ai besoin de boire.

— En ce cas, bois.

— Bois, toi aussi. »

Elle avala plusieurs longues gorgées, ensuite lui posa le goulot sur les lèvres. Il l'écarta d'un geste, puis se décida à boire. Ils s'étendirent tout habillés sur l'étroit canapé. Il faisait si froid qu'ils empilèrent sur eux son manteau à lui, sa veste à elle et son châle. Ils avaient passé plus tôt plusieurs heures à l'appartement du 8 rue Krochmalna, mais voilà qu'il la désirait encore. Elle avait la peau chaude et cela l'excitait terriblement. Keila lui chuchotait des mots doux comme il n'en avait jamais entendu. Elle lui donnait des petits surnoms bizarres, répétait encore et encore qu'elle serait heureuse de mourir pour lui, de racheter jusqu'à son petit doigt, d'être un tapis sous ses pieds.

Elle n'arrêtait pas de parler de Solcha. Solcha serait la maîtresse de maison, et elle, Keila, la bonne. Elle porterait son panier et ferait ses courses au marché. Elle s'humiliait devant Bunem, lui répétant qu'elle était trop insignifiante pour qu'il se soucie d'elle. Elle déclara :

« Mon très chéri, mon Dieu, mon seigneur, mon maître, crache sur moi... Quand je rendrai le dernier soupir en Amérique, jette-moi aux chiens.

— Mais qu'est-ce que c'est que ce langage ? demanda Bunem.

— Tu es pur, tu es saint et je ne suis que fange. Je ne devrais même pas avoir le droit de manger une bouchée de pain. »

Ce genre de paroles le stupéfiait et, en même temps, l'excitait au plus haut point. Il avait tout perdu – Solcha, ses parents, Cirele, ses petits frères, Varsovie. Il ne lui restait plus rien, seulement cette incroyable femme.

3

Bunem avait dormi de ce profond sommeil qui accompagne le désir satisfait tout comme le désespoir. Quand il ouvrit les yeux, le jour se levait déjà. Ils devaient partir avant l'arrivée d'Abraham Klietchko.

Keila était étendue contre lui et, à la lueur grise de l'aube, son visage paraissait plus sévère, comme prématurément vieilli.

Il alla dans l'atelier, au milieu des statues – ces golems d'argile ou de pierre à qui la main de l'homme donnait une forme et des expressions humaines. Dans un coin, il vit un rouleau de ses dessins à lui, mais n'eut pas la curiosité d'y jeter un dernier coup d'œil. Il avait déjà décidé que la peinture était incapable d'exprimer les tourments d'un homme. Il se demandait même si le langage en aurait le pouvoir. Et si c'était impossible ? Si un lecteur découvrait un jour les expériences par lesquelles Bunem était passé, en quoi cela l'aiderait-il ? Aucune forme d'art ne pouvait apaiser nos inquiétudes, nos angoisses, nos passions, nos humiliations et notre peur de la mort. Oui, mais la science en serait-elle capable ?

Bunem avait lu des livres écrits par des neurologues, pleins de conseils sur la façon de calmer notre esprit – mais ils étaient dépourvus de substance. On dénombrait pas mal de suicides chez les neurologues, justement, et chez les psychiatres. Le *Courrier de Varsovie* avait publié des chiffres et des statistiques là-dessus. L'amère vérité, c'est qu'il n'existait ni conseils ni remèdes pour guérir d'aucune maladie.

Bunem retourna dans la petite chambre. Keila s'était réveillée. Assise dans le lit, elle empoignait ses cheveux des deux mains. Elle le dévisagea, presque comme si elle ne le reconnaissait pas. Il lui dit :

« Nous devons partir.

— La grille est déjà ouverte ?

— Je crois, oui.

— Où irons-nous ?

— À la gare de Vienne. Il devrait y avoir un train pour Miowa ou une ville proche.

— Bunem, je ne veux plus garder l'argent sur moi. »

Elle détacha la pochette remplie de billets qu'elle avait portée autour du cou, il la prit et la fourra rapidement dans une de ses poches, comme si cela lui brûlait les doigts. Pour la première fois, il comprenait le véritable sens du mot « impur ». Cet argent souillé vous salissait à vie. « Dès que je gagnerai quelque chose, je la rembourserai », se jura-t-il.

Keila lui dit :

« Ne garde pas ça là où on peut te voler. Tu n'as pas une poche intérieure ? Mais d'abord compte combien il y a.

— Plus tard, plus tard. »

Comme elle avait dormi tout habillée, elle était prête. Bunem, lui, se changea et mit une veste et un chapeau. Il laissa son caftan et sa calotte dans un coin. Abraham Klietchko pourrait toujours les donner à un pauvre. Keila s'exclama :

« Bunem, tu as maintenant l'air d'un vrai monsieur ! Ce que les vêtements peuvent vous changer ! Que je sois bénie si je t'aurais reconnu ! Un vrai comte Potocki !

— Je suis le même, le même.

— Nous partons vraiment pour l'Amérique ?

— Si je ne me fais pas arrêter en route et si on nous laisse entrer une fois là-bas. Parfois, on est pris quand on essaye de passer la frontière en fraude. Il faudra que plusieurs miracles se produisent avant qu'on y soit vraiment.

— Bunem, j'ai fait le vœu solennel de ne jamais redevenir ce que j'ai été. À partir de maintenant, je n'aurai qu'un Dieu et qu'un homme dans ma vie et ce sera toi. Tu peux te marier avec une autre mais, pour moi, ce sera toi et toi seul. Si je ne respecte pas ce vœu, que je meure avant mon heure et que je ne sois jamais en paix dans ma tombe. Dieu, le ciel, et toi m'en êtes témoins.

— Ne jure pas, ne jure pas.

— Si, je veux jurer. Sur Dieu et sur les ossements de mes parents. Si tu ne veux plus de moi, je vivrai seule, te bénirai et prierai pour toi chaque jour, chaque minute de ma vie.

— Allez, viens Keila, ton âme est pure. »

Bunem referma la porte derrière eux et prit le panier de Keila. Ils descendirent l'escalier, traversèrent la cour et se retrouvèrent bientôt dans la rue. Quelques boutiques ouvraient déjà. La ville ignorait qui allait et venait. Elle ne disait au revoir à personne ni bienvenue. Le tram 22 était bondé, comme d'habitude. Il ferait moins froid, ce jour-là, que la veille et le soleil commençait à percer la brume. Il semblait mettre à découvert les vêtements usés et déchirés, la fatigue qui suit un long et pénible hiver, les murs pelés des maisons et la pâleur des visages. Le regard des gens brillait de l'espoir que le printemps, pourtant encore lointain, approche.

Des eaux boueuses tourbillonnaient dans les égouts et coulaient vers la Vistule qui restait pure et claire, en dépit des saletés qu'elle recueillait, avant de tout déverser dans la mer.

Rue Grzybow, des pigeons se rassemblaient en processions au-dessus du clocher de l'église. De pieuses femmes chrétiennes arrivaient pour la messe, missel et chapelet à la main, chacune avec une requête à adresser à Jésus, à Dieu, à la Vierge, chacune avec ses malheurs et aussi avec l'espoir que, peut-être, la chance lui sourirait pour les années qui lui restaient à vivre, grâce à la bienveillance divine. Les cloches sonnaient et les matrones polonaises faisaient le signe de la croix de leurs doigts déformés par les rhumatismes, tordus à force d'avoir lavé du linge, frotté des parquets et épluché des pommes de terre.

Bunem eut l'impression qu'à l'odeur de la fumée montant des cheminées se mêlait celle des *matzoth** du jour. Ici et là, un Juif passait, portant un châle de prière dans un sac et se dirigeant vers la maison de prière d'Aaron Sardiner ou peut-être une maison d'étude hassidique. Bunem n'avait encore jamais réalisé à quel point il aimait Varsovie. Et il se sentait maintenant lié à cette ville, alors qu'il allait la perdre pour toujours et qu'il ne lui en resterait plus que des lambeaux de souvenirs.

Ils débouchèrent rue Marshalkowska et arrivèrent

à la gare de Vienne. Bunem s'enquit d'un train pour Miowa et on l'informa que le prochain ne partirait que dans quatre heures. Il y avait un restaurant dans la salle d'attente des troisième classe et ils y allèrent pour boire un café. Keila hésita avant d'entrer. Elle avait l'habitude de fréquenter des tavernes ou des repaires de voleurs, mais être invitée dans un restaurant de la gare était un trop grand honneur pour une fille de son espèce. Un policier ou un de ses anciens clients pourrait très bien la reconnaître.

Bunem lui-même aurait hésité à se montrer dans ce genre d'établissement en caftan long, mais être désormais en vêtements civils lui donna du courage. Il s'assit à une table avec Keila, et un serveur s'approcha aussitôt. Bien que l'argent ne fût pas le sien, il commanda des petits pains, du beurre, des harengs et du café. Il était tombé bien bas mais espérait qu'un jour il rembourserait tout. Il se préparait à travailler dur en Amérique, pour pouvoir faire venir non seulement Solcha, mais aussi Cirele, sa sœur, et même ses petits frères, Shlomo et Heimi. Les Juifs n'avaient pas d'avenir sous la domination russe. Si, au vingtième siècle, un Juif pouvait être accusé de meurtre rituel, si des hommes de loi et des universitaires pouvaient ouvertement affirmer que les Juifs utilisaient du sang de chrétiens pour confectionner des matzoth, alors il était temps de fuir ce pays.

4

Tandis qu'ils prenaient leur petit déjeuner, Keila et lui, Bunem remarqua qu'un homme de haute taille, à la barbe en pointe, vêtu d'une veste légère et coiffé d'une casquette à visière de cuir, une serviette sous le bras, les observait.

« Qui est-ce ? se demanda-t-il. Probablement un ancien client de Keila. » Il sentit la honte l'envahir et baissa les yeux. « Je me vautre vraiment dans la boue », pensa-t-il.

Au bout d'un instant, l'homme s'approcha de leur table et dit en polonais :

« Vous ne me reconnaissez pas mais je sais qui vous êtes. Nous nous sommes vus une fois brièvement au Pod Bilachem. »

Bunem rougit, puis blêmit. C'était le professeur d'université que connaissait Solcha. Quelques semaines plus tôt, lui, Bunem, l'avait informé que Solcha (alors désignée sous le nom d'emprunt de Stasha) l'attendait à la porte de l'Opéra. Il bégaya :

« Si, je vous reconnais.

— Vous savez sûrement que Stasha est malade », dit le professeur.

En jargon de conspirateurs, « malade » signifiait « arrêté ».

« Oui, je sais.

— Qu'est-ce que vous faites de si bonne heure à la gare ? Vous partez quelque part ? »

Affolée, Keila regarda Bunem, qui se rendait

compte du danger qu'il était en train de courir. Un des compagnons anarchistes de Solcha venait de le reconnaître. Il resta un instant incapable de répondre, puis dit :

« Je ne suis pas moi-même en très bonne santé.

— Oh, vraiment ? J'ai rencontré par hasard la mère de Solcha. Elle m'a annoncé qu'elle vous cherchait. Elle a vu sa fille à l'hôpital, qui lui a donné un message pour vous. Pourquoi ne lui téléphonez-vous pas ? Stasha est très perturbée à cause de vous. Je peux vous donner le numéro de sa mère.

— On peut l'appeler ?

— Oui, monsieur Finkelstein, on peut. »

Bunem comprit qu'il devait donner ce nom-là. Des bruits couraient selon lesquels l'Okhrana était capable d'écouter les conversations téléphoniques. Au bout d'un instant, le professeur dit – et ce n'était pas vraiment une question :

« Vous ne quittez pas la ville, n'est-ce pas.

— Je pars pour l'Amérique », déclara Bunem tout à trac, regrettant aussitôt ses paroles. Il venait de brûler ses vaisseaux, dans son trouble.

Le professeur regarda Keila, puis Bunem à nouveau :

« Oh, vraiment ? Et vous n'en avez même pas informé les parents de Stasha ?

— Quand je suis rentré chez moi hier soir, ma sœur m'a dit que la police me cherchait. »

La gorge sèche, il arrivait à peine à parler.

L'homme demanda :

« Vous avez le numéro de sa mère ?
— Oui, oui.
— Appelez-la tout de suite. »

Il parlait d'un ton autoritaire, comme s'il donnait un ordre. Bunem réalisa qu'il aurait dû lui présenter Keila, mais il ne savait pas comment faire, ni même quel nom lui donner. Le professeur lui jeta un regard plein de reproche, répéta : « Faites-le immédiatement », puis tourna les talons et sortit du restaurant.

Keila demanda :

« Qui est ce monsieur ?
— Un professeur. »

Bunem chercha dans sa poche de poitrine le carnet d'adresses qui aurait dû s'y trouver, mais il réalisa au même instant qu'en changeant de vêtement il avait dû le laisser dans son caftan. Il aurait pu consulter l'annuaire, mais il était tellement perturbé qu'il ne se rappelait pas le nom de famille de Solcha. Il savait seulement qu'elle habitait du côté de la rue du Houblon. Bon, mais, même s'il retrouvait le numéro, que pourrait-il dire aux parents de Solcha ? Qu'il s'enfuyait en Amérique avec une putain ?

Keila demanda :

« Qu'est-ce que tu as ? Tu es blanc comme un linge.
— Rien, je n'ai rien. »

Il se leva, pour voir si le professeur se trouvait encore dans la gare. Il dit à Keila :

« Reste là. Je reviens tout de suite.
— Où vas-tu ? Ne me laisse pas seule. »

Elle criait presque. Il ajouta :

« Calme-toi. Je veux simplement téléphoner.

— Bunem, reviens !

— Ne fais pas l'enfant. Je ne vais pas t'abandonner. »

Il alla dans la grande salle d'attente et vit le professeur. Partait-il lui-même ? Il semblait attendre quelqu'un. Fallait-il aller lui demander le numéro de téléphone, alors que Bunem ne pouvait en aucun cas appeler la mère de Solcha ? Un véritable interrogatoire s'ensuivrait. Qui sait ? Elle serait même capable de venir le retrouver à la gare. Il était prêt à retourner au restaurant quand son regard croisa celui du professeur, qui aussitôt se dirigea vers lui à grandes enjambées :

« Vous voulez téléphoner, hein ? Ce n'est pas possible ici. Il faut aller dans la salle d'attente des deuxième classe.

— Je n'ai pas le numéro.

— Attendez, je vais vous le donner. Vous avez du papier, un crayon ?

— Malheureusement, je n'ai rien.

— Je ne veux pas me mêler de votre vie privée, mais qui est cette femme qui vous accompagne ? Vous allez avec elle en Amérique ?

— C'est ma cousine », répondit Bunem, brusquement en proie à ce sentiment bizarre qu'il ne contrôlait plus du tout sa langue, qui parlait maintenant comme mue par sa volonté à elle. Au bout d'un instant, il ajouta :

« Mes parents sont pauvres et je n'ai pas un groschen. Quand ma sœur m'a dit hier que la police me cherchait, je suis allé trouver cette cousine et elle va me payer mon voyage. Je la rembourserai en Amérique.

— Vous avez décidé de partir tous les deux si rapidement ?

— Cela fait longtemps qu'elle voulait s'en aller. »

Le professeur haussa les sourcils :

« La situation est la suivante : Stasha va être jugée et son avocat essaiera de prouver que toutes les charges contre elle sont sans fondement. Je le sais parce que l'avocat qui s'est chargé de son dossier est un ami à moi. On avait l'intention de faire appel à vous comme témoin. Vous êtes son fiancé et, d'après ce que je sais, fils de rabbin, et cela peut nous aider beaucoup. Cela signifiera que vous êtes sur le point de vous marier et tout ce qui s'ensuit. Si vous partez pour l'Amérique, nous risquons de perdre un élément décisif de sa défense.

— Étant donné que la police me recherche, c'est comme si j'étais déjà accusé moi-même. C'est sa méthode de compromettre de plus en plus de monde et de se retourner contre des innocents.

— Oui, oui, mais comment savez-vous tout ça ? Ne partez surtout pas d'ici avant d'avoir discuté de la situation avec ses parents. Stasha est convaincue qu'entre vous deux tout est comme avant. Si, pour vous, les choses ont changé, elle a au moins le droit de le savoir.

— Rien n'a changé.

— Votre cousine – ou qui que soit cette personne – voyage apparemment comme votre femme ?

— Non.

— Allez téléphoner. »

Il prit dans sa poche un crayon et un bout de papier sur lequel il nota rapidement le numéro, puis le tendit à Bunem. Un instant plus tard, il avait disparu. Impossible de savoir s'il était sorti de la gare ou s'était perdu dans la cohue des voyageurs. Bunem retourna au restaurant. Keila était à sa place, les yeux braqués vers la porte. Elle se tenait d'une façon bizarre, en tendant le cou. Dès qu'elle vit Bunem, elle esquissa le mouvement de bondir vers lui et commença à lui parler avant même qu'il ait rejoint leur table.

« Pourquoi as-tu été si long ? Le garçon est venu et voulait que je paye. C'est qui, ce Gentil ? Il a l'air d'un agent secret. J'ai cru qu'il t'avait emmené au poste ou Dieu sait où.

— Keila, je ne veux pas garder ton argent sur moi, déclara Bunem tout à trac, surpris par ses propres paroles.

— Pourquoi ?

— Reprends-le. Si j'ai besoin d'acheter quelque chose, je t'en demanderai.

— Non, non, je risque de me faire voler. Bunem, qu'est-ce qui ne va pas ?

— Ce n'est pas bien que tu n'aies pas un groschen sur toi. »

Le garçon revint avec l'addition et Bunem lui donna un demi-rouble. Quand il lui rendit la monnaie, il esquissa un clin d'œil.

« C'est qui ? Tu le connais ?

— Moi ? Mais comment pourrais-je le connaître ?

— Keila, il faut absolument que je téléphone. Attends-moi ici. Je ne veux pas que tu n'aies pas du tout d'argent sur toi. Cela me fait peur. »

Il prit la bourse et la lui tendit. Keila dit :

« Tout le monde nous regarde. On peut très bien venir me voler.

— Reste ici. Je reviens tout de suite. »

5

Le professeur lui avait dit qu'il pourrait téléphoner depuis le restaurant des deuxième classe, mais Bunem avait un peu peur d'y aller. Ce genre d'endroit était fréquenté par la bourgeoisie, les officiers et même les policiers à l'occasion. Il parlait le polonais avec l'accent yiddish et, de toute façon, allait discuter en yiddish avec la mère de Solcha. Bien qu'il fût habillé à l'européenne, il avait toujours l'impression de porter un caftan.

Il sortit de la gare et chercha du regard un restaurant ou une pharmacie d'où il pourrait téléphoner. Sa rencontre avec le professeur l'inquiétait. Il ne voulait pas que Solcha apprenne qu'il voyageait avec une femme étrange. Il ne lui avait jamais parlé d'une cousine habitant Varsovie. Il faudrait qu'il explique à sa mère ce qui lui arrivait ou alors inventer un mensonge qui paraîtrait vraisemblable. Depuis que le professeur lui avait dit que l'avocat voulait le faire venir comme témoin, la peur ne le lâchait plus. De générations d'ancêtres juifs, il avait hérité la terreur des autorités et des tribunaux. Il resta un moment immobile devant la gare à scruter la rue Marshalkowska. Il se trouvait encore à Varsovie, mais presque comme s'il en était déjà parti, comme s'il avait coupé les liens avec son père et sa mère, sa sœur et ses petits frères.

S'il ne connaissait pas le quartier de la gare, c'est parce qu'il n'avait jamais, en réalité, circulé en dehors des rues juives, là où il vivait depuis toujours. Des tramways passaient en tous sens, dans un grand fracas de câbles s'entrechoquant. Des droshkys et d'élégantes calèches circulaient au milieu des voitures, rares dans ces rues-là mais de plus en plus nombreuses dans le centre de la ville. À Varsovie, on voyait encore beaucoup d'omnibus et même quelques trolleys tirés par des chevaux. Bunem se demanda : s'il y a autant de bruit ici, qu'est-ce que cela sera à New York ? Il avait entendu dire que, là-bas, des trains passaient sur les toits et qu'on construisait des maisons de plusieurs dizaines d'étages.

Il finit par trouver un restaurant d'où il put téléphoner, mais n'obtint pas de réponse. Le père et la mère de Solcha devaient être à leur magasin. Il se souvint alors de leur nom, Buchbinder. Il s'appelait Jacob et elle Regina.

Il retourna à la gare et, en entrant dans le restaurant des troisième classe, vit que Keila n'y était pas. Il ressortit dans la salle d'attente et la découvrit assise sur un banc, avec une fois de plus l'angoisse d'une âme perdue dans le regard.

Elle lui demanda :

« Mais pourquoi es-tu sans cesse en train d'aller et venir ? Pourquoi es-tu parti si longtemps ? J'ai cru que tu m'avais abandonnée pour t'enfuir je ne sais où.

— Keila, ne dis pas de bêtises.

— Oh, je suis là toute seule, et il y a tellement de bruit que je ne m'entends même plus penser. N'importe qui pourrait se perdre ici. Des idées folles me passent par la tête…

— Quelles idées ?

— Oh, que tu as changé d'avis et es parti. Je te perds tout le temps. Tu vas, tu viens. Un policier est passé devant moi et m'a jeté un regard tellement vicieux que j'ai cru qu'il allait m'attraper pour me jeter en prison. Tu serais revenu et ne m'aurais plus trouvée. On m'aurait demandé mon passeport et celui que j'ai ne vaut rien. Alors j'étais bonne pour être expédiée n'importe où.

— Tu seras bientôt en Amérique. C'est un pays libre. Là-bas, on n'a pas besoin d'un passeport et personne n'est expédié nulle part.

— On est bien capable de ne même pas me laisser entrer. Alors qu'est-ce qui me resterait ? À part me jeter dans l'océan ? »

« Une putain – qui tremble comme une petite fille innocente », pensa Bunem. À voix haute, il déclara :

« On te laissera entrer. Il n'y a rien d'inscrit sur ton front.

— Oh, parfois, je crois que tout le monde sait ce que je suis. Tous les hommes me regardent comme s'ils se moquaient de moi. Les femmes crachent par terre en me croisant. Comment peuvent-elles deviner ?

— Tu imagines des choses.

— Je m'étais habituée à Yarmy. Mais, toi, tu ressembles à un docteur ou à un pharmacien. Quand tu portais un caftan, tu avais quelque chose de familier mais, maintenant, tu ressembles à un élégant étranger.

— En Amérique, personne ne porte de caftan.

— Qu'est-ce que nous ferons, en Amérique ?

— En Amérique, on doit travailler. Là-bas, les gens n'ont pas honte d'accepter n'importe quel travail.

— Mais moi, qu'est-ce que je ferai ? On a besoin de bonnes, là-bas ?

— On en a besoin partout.

— Oh, Bunem, j'ai tellement peur. J'ai l'impression que c'est entièrement ma faute si tu dois partir et tout abandonner derrière toi. Sans moi, tu serais resté. C'est bien ma chance si tout ce que je touche se transforme en boue.

— Keila, ce n'est pas ta faute. La police me recherche.

— C'est peut-être Max qui t'a dénoncé.

— Mais non, ce n'est pas Max. »

Ils restèrent silencieux un moment. Keila ferma les yeux. C'était difficile de savoir si elle dormait vraiment. Bunem la regarda. C'était bizarre, son visage était empreint d'une grande douceur, sans aucun signe d'avidité personnelle. Elle paraissait fragile, si pâle, presque malade. Elle rappela à Bunem une jeune fille morte qu'il avait vue une fois chez un voisin, l'air si délicat, elle aussi, si paisible, comme quand le corps ne désire plus rien et qu'on ne peut ni le punir ni le récompenser.

« Comment a-t-elle pu avoir une vie pareille et rester pure en apparence ? se demanda-t-il. Bon, eh bien, certains visages sont trompeurs. »

Il s'assoupit peu à peu lui-même. Il avait très peu dormi la nuit précédente. Il entendait les sifflements et les jets de vapeur émis par les locomotives et le bruit à l'intérieur de la gare mais, en même temps, il se mit à rêver. Il était déjà en Amérique et voyait le fameux train passer au-dessus des toits. Une foule se rassemblait en dessous en criant – des saluts ou des mises en garde.

Il se réveilla en sursaut. Avait-il raté son train ? Quelqu'un se penchait vers lui et le secouait, une femme en manteau de fourrure et chapeau sur la tête. Elle lui disait quelque chose qu'il ne comprit pas tout de suite. Il finit par sortir de sa torpeur et par entendre :

« Vous êtes Bunem ? Bunem Tomaszower ?

— Oui, c'est moi.

— Je suis Regina Buchbinder, la mère de Solcha. Je vous ai reconnu d'après une photo. Le professeur de Solcha m'a téléphoné pour me dire que vous partiez pour l'Amérique. »

Il fallut un moment à Bunem avant de comprendre ce qui se passait. Il regarda bien en face la femme de petite taille qui ressemblait à Solcha – mais en plus grosse, plus âgée, le visage comme boursouflé. Elle avait une forte poitrine et des couronnes en or sur plusieurs dents. Elle pointa du doigt Keila endormie et demanda : « C'est votre cousine ? »

À cet instant, celle-ci ouvrit les yeux.

« Oui, c'est ma cousine », répondit Bunem d'une voix un peu trop forte. En même temps, il donna un petit coup de genou à Keila pour qu'elle corrobore son mensonge.

La femme la dévisagea, regarda son balluchon et questionna :

« C'est tout ce que vous emportez en Amérique !

— Madame Buchbinder, la police me recherche. Je n'ai même pas pu dire au revoir à mes parents.

— Quand avez-vous décidé de partir ?

— Hier soir.

— Et votre cousine a aussitôt accepté de vous accompagner ? Ayez la bonté de venir avec moi dehors. Il y a tellement de bruit ici que je ne m'entends pas moi-même.

— Quelle heure est-il ? » voulut savoir Bunem.

Elle regarda la grosse horloge à l'entrée des quais,

et il réalisa qu'il restait presque une demi-heure avant le départ de son train. Il dit alors :

« Keila, ne bouge pas. Je fais quelques pas avec madame, et nous revenons tout de suite.

— Tu t'en vas encore ? Je vais te perdre à nouveau.

— Keila, nous ne quittons pas la gare. Nous allons simplement là où toi et moi avons pris notre petit déjeuner tout à l'heure et je reviens.

— Ne pars pas. C'est bientôt l'heure de notre train. »

Keila jeta un regard mi-effrayé mi-haineux à Mme Buchbinder qui esquissait une grimace. Bunem insista :

« Reste là.

— Attends, il faut que j'aille aux toilettes.

— Bon, alors vas-y, nous t'attendons ici.

— Où est-ce ? »

Bunem ne le savait pas mais Mme Buchbinder, née à Varsovie, commença à le lui expliquer. Keila protesta :

« Je vais me perdre. Je ne saurai pas revenir.

— Donnez-vous des points de repère. Nous sommes juste en face de la porte. »

Il fallut un moment à Keila pour se décider à se diriger vers les toilettes pour femmes. Elle fit quelques pas, se retourna, repartit. Mme Buchbinder s'assit à sa place. Elle resta un instant silencieuse puis déclara :

« Pardonnez-moi de vous avoir dérangé. Quand le professeur de Solcha m'a téléphoné et appris que vous partiez pour l'Amérique sans dire au revoir à quiconque, je n'en ai pas cru mes oreilles. C'est vrai que vous n'êtes jamais venu chez nous, bien que nous vous ayons invité plusieurs fois pour vous connaître enfin. Solcha vous trouvait toujours des excuses, vous étiez trop timide, un jeune hassid frais émoulu de la maison d'étude. Mais vous ne ressemblez pas du tout à un hassid et n'avez pas l'air timide non plus. Qui est cette créature ? Ce n'est pas votre cousine. Vous venez d'une famille de rabbins, de Juifs pieux, et elle est très vulgaire. Solcha m'a dit que vous n'aviez pas de famille à Varsovie, seulement à la campagne, loin. Écoutez-moi bien... »

Elle changea brusquement de ton :

« Je ne suis pas ici pour vous accuser de quoi que ce soit. Solcha nous a parlé de vous comme d'un proche, d'un intime, d'un fiancé, d'un futur mari. Elle vantait vos qualités, votre talent de peintre. Mais, vous, vous savez que Solcha est entre les mains d'assassins, que sa vie est en danger. Nous ne voulons vous forcer en rien. Qu'elle sorte seulement des griffes de la police. Les deux fois où j'ai pu aller la voir, elle ne m'a parlé que de vous. J'ai aussi essayé de vous trouver à l'atelier, mais il semble que vous n'y alliez plus.

— Madame Buchbinder, hier, quand je rentrais chez moi, ma sœur a couru me prévenir que les Russes me cherchaient. Je me suis enfui aussitôt, sans même pouvoir dire au revoir à mes parents.

— Où avez-vous trouvé l'argent pour le voyage ?

Pour autant que je sache, vous ne vous promenez pas avec des centaines de roubles sur vous.

— Ma cousine m'a prêté ce dont j'ai besoin, dit Bunem après un silence.

— Arrêtez de l'appeler votre cousine. Elle l'est autant que moi je suis la comtesse Potocki. C'est votre petite amie. En voilà une belle histoire, quand le fils d'un rabbin se lie avec une traînée. Je ne suis pas Solcha. Moi, on ne peut pas me raconter des mensonges. J'ai compris ce qui se passait en une seconde. À quoi cela vous sert de ridiculiser ma fille ? Son avocat avait l'intention de vous faire citer comme témoin mais, puisque vous partez pour l'Amérique et avec une autre par-dessus le marché, c'est maintenant hors de question. Je ne vous demande plus qu'une chose : écrivez une lettre à Solcha pour lui expliquer comment vous l'avez trahie, que vous en préférez une autre et qu'entre vous tout est fini. Je ne veux pas que, dans son malheur, elle continue à se raconter des histoires. On doit connaître la vérité, même si elle blesse. Mon mari n'est au courant de rien. Il est au magasin. S'il découvrait comment vous traitez sa fille, il arriverait dans la seconde et vous ne pouvez pas imaginer ce qu'il ferait. Elle est la prunelle de ses yeux. Il ne dort plus la nuit à cause d'elle et ne me laisse pas fermer l'œil non plus. Comment ferez-vous pour aller jusqu'en Amérique ? Vous avez un passeport permettant de voyager à l'étranger ?

— Je n'ai rien.

— Vous n'avez rien et vous vous comportez comme un seigneur. Si mon mari était venu à ma place, il vous ferait arrêter sur-le-champ et il aurait raison. Mais je ne veux pas me lancer dans ce genre de complication. C'est déjà bien assez que mon enfant soit tombée dans leurs filets. C'est sans aucun doute vous qui l'avez persuadée de s'exposer à ce genre de danger… »

Bunem allait lui répondre quand il aperçut Keila, au milieu du hall, qui regardait autour d'elle, l'air terrorisé. Elle avait de toute évidence oublié où il était assis. Il se leva et dit : « Excusez-moi, je reviens tout de suite. »

Et il courut retrouver Keila.

6

En s'approchant d'elle, il fut frappé de voir à quel point elle avait changé en quelques minutes. Son visage était blême, son regard hagard, comme celui de quelqu'un qui vient d'apprendre une tragique nouvelle, sa chevelure en désordre. « Que lui est-il arrivé, est-elle malade ? » se demanda-t-il. Il remarqua que sa jupe était toute mouillée et que de l'eau coulait au bas des manches de son manteau. Stupéfait, il la dévisagea, incapable de dire un mot. Puis il finit par demander :

« Que se passe-t-il ? Qu'est-ce qui t'arrive ? »

Keila poussa un tel gémissement que, en dépit du

tumulte qui régnait dans la gare, des gens se tournèrent vers elle de tous les côtés.

« Mon argent ! On m'a tout pris ! »

Et elle se mit à proférer des mots qu'il ne comprenait pas, assortis de cris épouvantables. En même temps, elle agitait les bras et semblait prête à se ruer sur lui. Les putains de la rue Krochmalna se comportaient ainsi quand les souteneurs les battaient.

Bunem tenta de la faire taire mais elle n'en hurla que plus fort. Un policier surgit, suivi de près par Mme Buchbinder. Keila trépignait, se griffait les joues et, soudain, elle s'effondra sur le sol en s'agrippant à la valise de quelqu'un. Bunem essaya de la relever mais elle se débattit.

Mme Buchbinder demanda :

« Que s'est-il passé ? Mon Dieu !

— J'ai tout perdu ! Jusqu'à mon dernier groschen ! Maman, que Dieu fasse que je sois là où tu es ! Voleurs ! Assassins ! Bunem, laisse-moi... Lâche-moi ! Je ne veux plus vivre ! Assassins !

— Qu'y a-t-il ? On l'a volée ? » demanda le policier, qui sortit un carnet et un crayon. Une petite foule s'était rassemblée. Bunem ne parlait pas assez bien le russe mais Mme Buchbinder dit :

« Oui, ça y ressemble. Elle partait pour l'Amérique et on lui a tout pris.

— On lui a volé son sac ?

— Je n'ai pas vu qu'elle en avait un.

— Où est-ce arrivé ? insista le policier. Ici, au milieu du hall ?

— Dans les toilettes ! hurla Keila. Je lui avais demandé de prendre l'argent sur lui, mais il m'a obligée à le garder. C'est pour ça… »

Et elle pointa un doigt accusateur vers Bunem. De l'écume lui coulait de la bouche comme cela arrive à la victime d'une crise d'épilepsie. Il y avait quelque chose de fou dans son regard, ses yeux se révulsaient. Dans la petite foule qui s'était assemblée, certains riaient, d'autres semblaient avoir pitié. Bunem se pencha pour tirer sur la jupe de Keila, relevée au-dessus des genoux.

Le policier demanda à Mme Buchbinder :

« Comment s'appelle-t-elle ? Vous la connaissez ?

— Je ne connais que ce jeune homme. Elle, j'ignore qui elle est. »

Keila se remit alors à hurler :

« Mes affaires ! Où sont mes affaires ? On est bien capable de me les avoir volées aussi ! La peste soit sur ces gens ! Que leurs entrailles pourrissent ! Que le feu les dévore ! Qu'ils brûlent dans toutes les flammes de l'enfer !

— Keila, relève-toi. Calme-toi !

— Tout est ta faute ! Ta faute ! Ta faute ! »

Un cri inhumain, un rugissement comme celui d'une bête fauve, s'échappa de sa gorge. Le policier lui demanda :

« Quel est votre nom ? Vous êtes quoi, une servante ? Quelle est votre adresse ?

— Mes affaires ! Volées aussi ! »

Keila hurlait à nouveau. Bunem se fraya un

passage jusqu'au banc où ils s'étaient assis. On lui avait dérobé toutes ses économies. Il ne leur restait que les deux billets pour Miowa qu'il venait d'acheter.

« Le ciel n'a pas voulu que je voyage grâce à cet argent souillé », se dit-il.

Il avait peur de revenir vers le policier. Celui-ci était capable de les emmener au poste de police, Keila et lui. « Bon, songea-t-il, toutes les forces du mal ont conspiré aujourd'hui contre moi. »

Il avait souvent expliqué à Klietchko, à Cirele, ou à lui-même, que la Providence ne pouvait pas exister, même s'il y avait un Dieu. Pourquoi le Tout-Puissant aurait-Il besoin de s'occuper de chaque individu séparément ? S'Il était vraiment tout-puissant, Il pourrait promulguer des lois s'appliquant à toutes les situations possibles. Même si au ciel on n'avait pas le temps de tenir compte de chaque être humain, de chaque microbe, chaque brin d'herbe. La nature n'avait-elle pas pourvu chaque arbre, chaque fruit, de plus de graines qu'il n'en fallait pour que poussent de nouvelles plantes ? L'homme et la femme ne possédaient-ils pas plus de sperme et d'ovules qu'il ne leur en était nécessaire pour donner naissance à de nouvelles générations ?

Pour l'instant, Bunem avait littéralement l'impression qu'une main inconnue guidait sa destinée, dressait des obstacles sur son chemin et ruinait tous ses plans. Il y avait d'abord eu la rencontre avec le professeur, puis l'arrivée de la mère de Solcha. Et maintenant cette catastrophe avec Keila. Qui sait ? Peut-être les prières de son père pour l'empêcher de quitter le droit chemin étaient-elles montées jusqu'au ciel ? Solcha possédait-elle des pouvoirs cachés ? Outre la souffrance et la honte qu'il avait ressenties ce matin, il était maintenant submergé par ce qui ressemblait à du repentir. Bon, mais que devait-il faire ? S'enfuir, abandonner Keila à ses malheurs ? Plus que tout, il avait honte devant la mère de Solcha.

Il avait lu la traduction du professeur Shlomo Rubin de l'*Éthique* de Spinoza, et plus particulièrement, dans la cinquième partie, un passage concernant les émotions – sur les conditions dans lesquelles des sentiments s'expriment de telle façon que le cerveau se retrouve comme paralysé et incapable de décider d'une action quelconque. Lui, Bunem, était dans ce genre de dilemme. Il sentait ses jambes incapables de le porter plus longtemps et il dut s'asseoir à la place restée vide à côté des affaires de Keila.

« Quoi qu'il arrive, pensa-t-il, je ne contrôle plus mon destin. »

Un accident ? Non, ce n'était pas un accident. Il ferma un instant les yeux. De même que Keila peu de temps auparavant, il avait maintenant envie de mourir. « Je ne peux pas en supporter davantage », murmura-t-il, comme pour se justifier devant ceux qui sont à l'écoute des pensées des hommes.

Il s'attendait à voir surgir des policiers venus l'arrêter, mais de longues minutes s'écoulèrent et personne ne le dérangea. Il sentait qu'une sorte de calme s'installait au milieu du tumulte général. Cela devait ressembler à ce qui se passe quand un bateau a coulé et qu'on se raccroche à une planche dans la mer déchaînée. Il se souvenait de ce qu'on dit : si tous vos plans et toutes vos ruses disparaissent comme une toile d'araignée qui s'effiloche, on est bien obligé de croire que ce qui se passe ici-bas a été décrété là-haut.

Entendant du bruit, il souleva les paupières. Mme Buchbinder s'approchait de son banc, tenant Keila par le bras. On aurait dit qu'elle conduisait une grande malade chez un médecin ou vers un poste de secours.

« Mais regardez-le ! s'exclama-t-elle. Il est assis, bien tranquille, et somnole comme s'il ne s'était rien passé ! Pourquoi êtes-vous brusquement parti ? On ne l'a pas volée du tout ! Son porte-monnaie est tombé dans les toilettes ! Je n'ai jamais rien entendu de pareil depuis que j'existe ! »

Maintenant, elle criait presque.

« Comment est-ce arrivé ? dit Bunem.

— Demandez-le-lui. Je l'ai bien regardée et j'ai vu que le bas de ses manches était trempé. Elle avait attaché toute sa fortune avec un bout de ruban qui s'est dénoué et tout est tombé dans la saleté. En un rien de temps, c'est parti là où on ne pourra jamais le récupérer.

— Comment est-ce possible ? Elle a quand même bien dit qu'on l'avait volée.

— On ne l'a pas volée.

— Je l'avais supplié de garder mon argent sur lui, dit Keila. Pendant des années, j'ai porté tout ce que je possédais attaché par un ruban autour de mon cou. C'était en sécurité. Et, d'un seul coup, c'est tombé droit dans le trou. Il y avait plusieurs pièces d'or. C'est pour ça que ça n'a pas flotté. »

Elle s'exprimait de la voix monocorde et un peu rauque de quelqu'un de complètement épuisé qui ne peut plus donner que les faits bruts. Bunem se leva et Keila s'écroula sur le banc.

« Qu'est-ce que je vais faire maintenant ? demanda-t-elle. Il ne me reste qu'à me jeter dans la Vistule.

— Cela ne vaut pas le coup de se noyer pour trois cents roubles, dit Mme Buchbinder, à Keila, à Bunem et à elle-même. Tout cela prouve que Dieu voulait que vous restiez à Varsovie. L'Amérique ne va pas s'enfuir. Maintenant, vous pouvez bien me dire la vérité. Vous êtes parents, tous les deux, ou amants ! On ne part pas pour l'Amérique sans même dire au revoir à ses parents. C'est ce qu'on peut faire de plus méprisable. Je n'espère plus qu'une chose, que Solcha sorte des griffes des Gentils. Mon mari va bientôt rentrer déjeuner à la maison et, si je ne suis pas là, il va terriblement s'inquiéter. Depuis vingt-cinq ans que nous sommes mari et femme, je n'ai jamais manqué un repas avec lui, sauf quand j'étais en train d'accoucher de Solcha. Emmène cette fille chez elle… »

Mme Buchbinder se mit brusquement à tutoyer Bunem :

« … et rentre chez tes parents. Comme tu n'as commis aucun péché, on ne te pendra pas. Si tu es convoqué en tant que témoin, viens et dis que ma fille est innocente. Si tu n'as pas le sou, je peux te prêter quarante groschen pour payer un droshky. Dans l'état où elle est, cette fille ne peut pas marcher et on ne la laissera pas monter dans un tram. »

Foudroyant Bunem du regard une dernière fois, Mme Buchbinder se hâta de quitter la gare.

Bunem se tourna vers l'horloge à l'entrée des quais :

« Keila, viens.

— Où puis-je aller ? demanda-t-elle d'une voix éteinte.

— À Miowa. Le train part dans quinze minutes.

— Comme ça ? Sans un groschen ? Et puis ma robe est toute sale.

— Tu te changeras dans le compartiment. C'est l'Amérique ou la mort. »

SECONDE PARTIE

VIII

1

Une année et plusieurs mois passèrent. Bunem et Keila avaient survécu à tout – au parcours jusqu'à Miowa en train, à l'entrée clandestine en Allemagne avec l'aide de passeurs, au périple vers Hambourg avec l'argent tiré de la vente des derniers bijoux de Keila, aux deux semaines de traversée de l'Atlantique dans l'entrepont d'un cargo allemand. Un agent de voyages leur avait fourni les billets qu'ils devraient rembourser plus tard à New York, à raison de cinq dollars par mois chacun. Se prétendant mari et femme, ils avaient aussi reçu un viatique de trente marks d'une organisation germano-juive qui aidait les émigrants à partir.

Après avoir été autorisés à quitter Ellis Island, ils cherchèrent du travail. Keila devint servante chez un vieux docteur, un veuf, qui habitait le quartier d'East Broadway. Bunem, après avoir été employé dans un pressing, trouva un emploi dans une usine où, dix heures par jour, il collait des étiquettes sur des boîtes en carton, pour un salaire de deux dollars par semaine. Plus tard, il fut engagé dans un Talmud Torah privé, où des garçons venaient après l'école apprendre des prières et se préparer à leur *bar-mitzvah**. Ces gamins parlaient mal le yiddish et Bunem ne savait pas encore très bien s'exprimer en anglais. En outre, ses élèves ne montraient aucun enthousiasme à l'idée qu'un nouvel arrivant aussi jeune et mal dégrossi veuille leur apprendre des choses sans aucun rapport avec leur vie en Amérique. Qui se souciait que, des milliers d'années plus tôt, Jacob soit allé de Beersheba à Haran, ait posé sa tête sur une pierre et rêvé d'une échelle allant de la terre jusqu'en principe au ciel ?

Ils étudiaient en mâchonnant du chewing-gum. Ils imitaient la façon dont Bunem prononçait les mots anglais. Encore plus ennuyeux que la lecture du Pentateuque, il y avait les portions de la Torah qu'il fallait cantiller. L'une d'elles décrivait en détail le Temple construit par le roi Salomon, une autre consolait les Juifs en leur promettant qu'ils retourneraient un jour à Jérusalem, une troisième exigeait des enfants d'Israël qu'ils cessent d'adorer de fausses idoles et de sacrifier leurs enfants à Baal. Ils devaient se tourner vers Jéhovah, sinon Dieu déchaînerait contre eux des épidémies de peste, des bêtes sauvages et ils seraient attaqués par les armées d'Égypte, de Syrie, d'Aram et de Babylone. Les enfants n'arrivaient pas à répéter les mots et les noms en hébreu, trop difficiles pour eux. Certains étaient si fatigués qu'ils n'arrêtaient pas de bâiller. D'autres s'endormaient parfois au milieu d'une phrase.

Bunem se rendait parfaitement compte que tout cela n'avait aucun sens. Plus d'une fois, ses élèves n'avaient pas mis leurs phylactères pour réciter les bénédictions sur la Torah. Leurs parents travaillaient pendant le shabbat. L'Amérique était un melting-pot dans lequel les émigrants oubliaient leur monde d'avant, avec ses convictions et son fanatisme. Pour quelle raison ces gamins auraient-ils eu besoin de connaître la largeur de telle paroi du Temple ou la taille des chérubins au-dessus de l'Arche sainte ? À quoi leur servait d'apprendre une langue morte depuis deux mille ans ? Eh bien, il semblait que, de toute leur éducation juive, les Juifs n'aient gardé qu'une seule cérémonie à célébrer en Amérique, la bar-mitzvah. Lui, Bunem, avait besoin des quatre dollars par semaine que ce travail d'enseignant lui rapportait. Il craignait tout le temps que ses élèves ne le quittent – et il devrait alors retourner à l'usine où l'eau était empoisonnée et le bruit assourdissant. En outre, les ouvriers italiens et espagnols se moquaient de lui et lui jouaient toutes sortes de tours.

Ses cours avaient lieu dans un appartement loué à d'anciens occupants originaires de Bessarabie. Chaque samedi soir, on y tenait une grande réunion. Bunem assista à l'une d'entre elles, chargé d'en noter le compte rendu. Le président de la séance tapait sur la table et criait pour obtenir le silence. Hommes et femmes présents discutèrent à perte de vue à propos de places au cimetière et frais d'enterrement. Ils parlaient un yiddish entrecoupé de mots anglais. Une grosse dame, une veuve, se plaignait parce que son mari avait été mis dans la même tombe que sa première épouse. Après, tout le monde se rendit dans un restaurant russe pour manger des saucisses chaudes et boire de la bière. Des gens venaient, juste avant, d'échanger des injures et, maintenant, ils s'embrassaient et discutaient des profits à dégager dans le commerce des chaussures, robes, sous-vêtements, et aussi de la façon d'ôter les poils des jambes par électrolyse. Un homme raconta très en détail comment son patron avait mis le feu à son usine pour toucher l'assurance. Mais, dénoncé par un collègue jaloux, il était maintenant en prison.

Ils se séparèrent brusquement pour rentrer chez eux et Bunem se retrouva seul. Il eut du mal à retrouver son chemin jusqu'à Attorney Street, où Keila et lui louaient un appartement avec toilettes sur le palier, au quatrième étage. Dans le même immeuble, des logements plus grands disposaient de salles de bains, mais Bunem et Keila allaient une fois par semaine chez un barbier qui louait des baignoires.

Leur logement était petit : une cuisine aveugle et une pièce où ils dormaient et prenaient leurs repas, dont l'unique fenêtre ouvrait sur un escalier de secours en cas d'incendie. En face, un bordel était installé dans un sous-sol. Les prostituées, pieds nus et à moitié dévêtues, interpellaient les passants, assises sur les marches à l'entrée. Par les fenêtres ouvertes, on entendait à tous les étages les gens parler, chanter, faire tourner leurs gramophones. Pour la plupart, ils sous-louaient une ou deux pièces, et les ménagères cuisinaient pour tout le monde et lavaient du linge qu'elles mettaient à sécher sur des cordes tendues entre les bords des toits.

Bunem se retrouvait dans une autre espèce de rue Krochmalna, mais il se disait que c'était bien pire en Amérique. Au pays, les immeubles avaient des cours et des synagogues, des maisons d'étude hassidiques, des heders. Les riches, les Juifs respectables habitaient les premières cours, leurs femmes portaient toutes des perruques ou des bonnets. Les filles de mauvaise vie et les voleurs ne fréquentaient pas les demoiselles bien élevées ni les pieux jeunes gens. Chacun avait sa place, son statut. Ici, à New York, c'était difficile de faire la différence entre les rejetons d'un foyer respectable et ceux d'une famille plus vulgaire. Ils parlaient tous le même langage, ni du yiddish ni de l'anglais. Les enfants jouaient dans le ruisseau, criaient avec des voix d'adultes. Ils mettaient d'énormes gants en cuir et tapaient dans des balles avec des bâtons si gros qu'on risquait une mauvaise blessure ou même de perdre un œil si on recevait un coup au passage. On ne pouvait jamais savoir qui était Juif et qui était Gentil.

Devant les portes d'entrée s'alignaient de gigantesques boîtes à ordures toujours pleines. Dès l'aube, les camions des laitiers remplis de bidons et ceux des bouchers, des marchands de légumes et de fruits, ceux des glaciers transportant des blocs pour les glacières, encombraient les rues bruyamment.

Keila gardait les rideaux fermés toute la journée pour ne pas voir les prostituées qui lui rappelaient sa vie honteuse d'autrefois.

Dieu merci, dans cet étrange pays, dans ce si grand New York, personne ne savait que Bunem et Keila entretenaient une relation illicite. Les autres locataires l'appelaient Mrs. Tomaszower – ou, pour faire court, Mrs. Tomasz. Ils savaient que son mari était un melamed*, un professeur. Des femmes venaient lui demander d'écrire des lettres en yiddish pour leur famille restée en Pologne. Elles proposaient de le payer mais Bunem refusait toujours.

Dans le même immeuble vivaient aussi des gens âgés à qui leurs parents avaient laissé des livres pieux et des ouvrages en yiddish qui ne les intéressaient pas et qu'ils apportaient à Bunem, des Guemara, des Mishna, des dictionnaires anglais-yiddish ou anglais-hébreu, ainsi que des collections complètes de magazines et des coupures de presse. Keila acheta pour Bunem une bibliothèque d'occasion. Elle éprouvait un profond respect pour la chose écrite ou imprimée. Souvent elle se plaignait d'être incapable de lire l'hébreu. Cela étant, elle apprenait l'anglais plus vite que Bunem, elle retenait les expressions entendues dans la rue ou dans les boutiques, celles qu'utilisaient les enfants. Bunem, quant à lui, écrivait des listes sur des bouts de papier qu'il rangeait dans une boîte à cigares jetée au rebut par quelqu'un.

Keila l'entendait parfois répéter « table », « plafond », « mur », « tableau », plus d'autres mots plus difficiles à prononcer qu'elle ne connaissait pas : « adverbe », « verbe », « nom commun »...

Certains soirs il les récitait tout haut, une fois couché, tandis qu'elle se lavait les cheveux, se brossait les dents – ce qu'elle avait appris à faire en Amérique – ou finissait la vaisselle. Tous les trois ou quatre jours, elle pulvérisait une sorte de poudre dans la cuisine pour tuer les cafards.

Aller au lit constituait pour eux deux une expérience entièrement nouvelle. Ils n'avaient désormais plus besoin de se cacher dans un atelier glacial, ou dans un recoin de l'entrepont, comme pendant la traversée. Personne ne leur demandait s'ils étaient mariés. On leur avait certes posé la question à Ellis Island, mais les Américains croyaient ce qu'on leur disait. Ils ne se souciaient pas des références des uns ou des autres. Personne n'avait de passeport, pas plus noir que jaune. À l'instant où Keila fermait la porte et éteignait la lampe à pétrole, commençaient pour elle et Bunem comme des vacances nocturnes.

Ils se couchaient tôt. Chaque soir, elle faisait un rapport complet sur sa journée chez le docteur Welcher, un célibataire d'environ soixante-dix ans, en mauvaise santé, qui toussait beaucoup et ne mangeait ni viande ni poisson. Ses patients étaient tous vieux et pauvres. L'appartement débordait de livres et de journaux, au point qu'on ne pouvait pas réellement faire le ménage. Keila s'occupait des courses et de la cuisine, toujours des plats végétariens. Ce n'était pas un travail difficile et le docteur la laissait souvent partir plus tôt que l'heure convenue.

2

Dans la journée, Keila avait souvent l'impression de se trouver encore sur le bateau. La ville autour d'elle grondait comme l'océan. Les fenêtres tremblaient au passage des camions de livraison lourdement chargés. Les murs, le plancher, le plafond vibraient. Des cris montaient de la rue et des marchés environnants. On entendait fréquemment la sonnerie d'une voiture de pompiers ou la sirène d'une ambulance, ainsi que des voix et des bruits dont Keila n'arrivait pas à déterminer s'ils provenaient d'êtres humains ou de machines.

Mais le soir, tout devenait calme. Elle était couchée à côté de Bunem et avait beau se serrer tout contre lui, elle ne s'en sentait jamais assez proche. Il la prenait avec passion, comme aucun autre homme avant lui. Dans sa tête, elle cherchait à effacer tous les événements de sa vie d'autrefois. Elle savait pourtant très bien que, d'après la loi, elle restait la femme de Yarmy, n'ayant pas reçu de papiers de divorce de sa part et ne s'étant jamais trouvée sous le dais nuptial avec Bunem. Mais il était maintenant pour elle son mari, devant les hommes et peut-être même devant Dieu.

Dans l'obscurité, Varsovie cessait d'être un rêve, un mirage. La ville redevenait réelle, ils se retrouvaient dans les rues juives si familières. Keila se souvenait de tout ce qu'elle avait laissé là-bas, jusqu'aux images de sa maison d'enfance. Elle revoyait son frère, ses sœurs, d'autres membres de sa famille qui devaient cracher par terre à la seule mention de son nom. Elle aurait donné la moitié des années qui lui restaient à vivre pour que tous sachent qu'elle avait renoncé à sa vie honteuse et était désormais l'épouse exemplaire d'un homme cultivé, fils de rabbin, un intellectuel, un peintre et un professeur.

Il lui faisait l'amour plusieurs fois de suite. Entre chaque étreinte, ils parlaient. Keila avait demandé à Bunem de ne jamais évoquer son passé à elle mais, malgré ses promesses, il le faisait quand même. Elle-même prononçait parfois des paroles qu'elle aurait voulu retenir. Mais comment nier toutes ces années passées, après tout ?

Et Bunem s'en montrait très curieux. Peu à peu, il lui extorquait le nom de tous ses anciens amants, ceux avec qui elle avait eu des liaisons et ceux qui lui prenaient ses gains. Il voulait même connaître ses péchés d'avant son arrivée à Varsovie, d'avant sa vie de prostituée. Qui avait été le premier homme, le deuxième, le troisième ? Il la forçait à se rafraîchir la mémoire. Peu à peu, ils en venaient à parler un langage plein de mots très crus qu'ils n'évitaient même plus.

Le docteur Welcher avait dans son cabinet toutes

sortes de bouteilles d'alcool. Lui-même ne devait pas y toucher mais, de temps à autre, Keila s'en versait un grand verre ou buvait directement au goulot. Elle craignait que Bunem ne le lui reproche quand il s'en apercevait, mais il se contentait de lui dire de ne pas exagérer. Il s'octroyait de temps à autre un petit whisky. En Amérique, tout le monde buvait, même les gens respectables. Les voisins de Keila achetaient du cognac, du scotch et d'autres boissons fortes. La vie était dure, tout allait très vite et il lui fallait bien à la fois se calmer et se remonter le moral de temps à autre.

Ces discussions à propos de Varsovie et du passé devinrent pour Bunem et Keila une sorte de drogue. Il n'avait pas, lui, grand-chose à raconter, n'ayant jamais couché avec une femme avant Keila, mais il lui confiait ses fantasmes d'autrefois. Il lui parlait de ce qu'il avait découvert dans des livres, des magazines, des journaux. Il évoquait en détail ses rencontres avec Solcha – il avait d'ailleurs écrit à sa mère, Mme Buchbinder, sans recevoir de réponse.

Solcha était toujours en prison à la Citadelle. Qui sait ? Peut-être même avait-elle été condamnée à mort. Ou alors se languissait-elle quelque part en Sibérie. Parfois Keila mentionnait Yarmy et se demandait s'il avait été arrêté avec Max. En ce cas, partageaient-ils une cellule quelque part, où ils pouvaient reprendre leur relation homosexuelle ?

Bunem avait envoyé une lettre à ses parents de Hambourg et une autre de New York mais, là encore, sans réponse. Seule Cirele avait écrit. Apprenant le brusque départ de Bunem pour l'Amérique, les parents de Mordecaï Zarah, son fiancé, décrétèrent les fiançailles rompues, convoquant Cirele, son père et sa mère devant un *Din Torah** et exigeant une lettre d'excuses. La malheureuse se retrouvait donc vieille fille.

Même si elle écrivait sur un mode ironique, elle ne pouvait cacher à quel point sa famille s'était inquiétée pour Bunem, la police revenant plusieurs fois à sa recherche. On racontait qu'il faudrait payer une indemnité de trois cents roubles parce qu'il n'avait pas fait son service militaire. C'était un des décrets cruels inventés par les Russes à l'égard des Juifs. Cirele ajoutait que son seul espoir était de partir à son tour pour l'Amérique, avant que ses parents la marient à un autre butor. Elle préférait travailler à la chaîne en usine ou devenir servante plutôt que retomber sous la coupe d'un bon à rien. Elle précisait aussi que, pour leur père, Bunem n'était plus son fils.

Peu après, arriva une deuxième lettre :

Mon bien cher frère, puisses-tu vivre une longue vie en bonne santé.

Je t'ai écrit il y a quelques jours mais il vient de se passer quelque chose dont je dois te faire part. Mme Buchbinder nous a écrit en polonais que tu étais fiancé à sa fille mais que tu t'es enfui avec une autre. Elle prétend t'avoir vu à la gare de Vienne avec une femme très vulgaire qui a perdu son argent dans la salle d'attente ou qu'on a volée. Tu sais, Bunem, que je ne comprends pas bien le polonais et elle a en plus une écriture si difficile à lire que j'ai sué à grosses gouttes pour parvenir à la déchiffrer. Par miracle, notre mère ne se trouvait pas à la maison quand le facteur est passé. Je ne crois pas un mot de toute cette histoire. Pourtant, je n'imagine pas que cette femme ait pu tout inventer. Jusqu'à maintenant, je n'ai pas montré cette lettre à notre mère parce que, depuis ta fuite vers l'Amérique, elle est très nerveuse et pleure dès qu'on mentionne ton nom. Elle n'a vraiment pas besoin d'entendre en plus une histoire pareille. Dans notre rue, on en raconte de belles sur toi. Et l'encaisseur chargé de collecter l'argent pour le salaire de notre père prétend qu'il y a des gens qui refusent de payer parce que les enfants du rabbin sont des hérétiques. Même tes petits frères Shlomele et Heimi sont persécutés au heder. On raconte aussi que ce ne sont pas mes ex-futurs beaux-parents qui ont rompu les fiançailles, mais nous. J'ai peur que notre père soit obligé de quitter la rue Krochmalna, mais où ira-t-il ?

Bunem, je n'en peux plus de ces ragots et de ces méchantes histoires et, moi, que vais-je devenir à Varsovie ? On dirait que Dieu a entendu mes prières en me libérant de Mordecaï Zarah et peut-être as-tu été envoyé en Amérique comme Joseph en Égypte, ainsi qu'il est dit dans le Pentateuque, afin d'y faire venir ses frères ? Je ne peux pas rester ici davantage. J'étouffe. Si tu peux me faire parvenir de l'argent pour le voyage, je lâcherai tout et fuirai cette géhenne. Notre père, qu'il reste en bonne santé, ne pense qu'à une chose : étudier toute la journée. Je me retrouve avec un trousseau dont je n'ai plus besoin et un père endetté jusque par-dessus la tête. On lui réclame de l'argent de tous les côtés et on menace même de saisir nos lits et tous les meubles. Ce n'est vraiment pas drôle.

Ta sœur dévouée, Cirele

Il y avait un post-scriptum :

Écris-moi bientôt ! J'attends avec impatience un mot de ta part. Je guette le facteur tous les jours pour recevoir ta lettre moi-même. Ce ne sera pas facile pour moi, mais je ne veux pas davantage de complications. Si tu as quelqu'un là-bas, transmets-lui mes meilleures pensées. À toi mes meilleurs vœux.

Avec ma profonde affection,

Ta sœur

3

En juillet, les parents des élèves de Bunem partirent en vacances avec leurs enfants dans les Catskills et il se retrouva sans travail jusqu'en septembre.

Le docteur Welcher ferma son appartement et alla

pour l'été en Angleterre, où il avait de la famille. Bunem et Keila se retrouvèrent privés de salaire et leur loyer seul était de douze dollars par mois. Il épluchait les petites annonces dans les journaux yiddish à la recherche d'un emploi quelconque mais, apparemment, personne n'avait besoin d'un professeur – pas plus que d'une servante, d'ailleurs. Il allait quotidiennement suivre des cours d'anglais à l'Alliance pour l'éducation. Des peintres y exposaient leurs tableaux, surtout des amateurs. L'un d'eux, avec qui il se lia, lui raconta que, de temps à autre, des riches bourgeoises des beaux quartiers venaient regarder et achetaient parfois une toile. Il pensa alors se remettre à la peinture, mais ne put se décider à dépenser les quelques dollars qui leur restaient pour acheter des tubes de couleurs et une palette. En outre, l'appartement était trop mal éclairé pour qu'on puisse y peindre.

Comme il disposait maintenant de beaucoup de temps libre, Bunem lisait chaque jour des journaux de la première à la dernière page, y compris les publicités. Il était surtout question de la Russie et du combat des libéraux et des socialistes contre le régime tsariste. De plus en plus de grèves éclataient. Des brochures imprimées illégalement circulaient. Des anarchistes jetaient parfois des bombes. À la suite de l'assassinat du Premier ministre Stolypine, des arrestations massives avaient eu lieu à travers tout le pays. Des militants venus de Russie, d'Allemagne et d'Angleterre arrivaient en Amérique pour y faire connaître le sort des classes ouvrières. Un grand nombre d'entre eux étaient juifs. Certains s'exprimaient en russe, d'autres en yiddish. Ils prédisaient une révolution imminente et, de même que les écrivains socialistes, se voulaient rassurants dans les journaux : une fois que la révolution aurait triomphé en Russie, toutes les mesures restrictives à l'égard des Juifs seraient supprimées. Il n'y aurait plus de « zone de résidence ». Les Juifs pourraient vivre à Saint-Pétersbourg, à Moscou. Les leaders juifs révolutionnaires seraient au gouvernement. De nombreux Juifs socialistes, à New York et dans toute l'Amérique, se préparaient à retourner en Russie. Certes, l'Amérique était censée être un pays libre. Le 1er mai, les gauchistes de différentes factions défilaient dans les rues en brandissant des drapeaux rouges. Ils faisaient des discours pour maudire les Rockefeller, les Morgan, les Carnegie et le président Taft, et personne ne les en empêchait. Mais l'Amérique étant un bastion du capitalisme, soulignaient certains écrivains et journalistes, les réactionnaires n'y valaient à la base pas mieux que ceux de Russie, d'Allemagne ou d'Angleterre. Après la défaite des Russes, à l'issue de la guerre russo-japonaise, la Russie s'était alliée avec les fauteurs de guerre en Angleterre et en France, intensifiant la crise dans les Balkans.

Maintenant qu'il était en Amérique, Bunem commençait à mieux comprendre Solcha. Bien que son père, Reb Menahem Mendel, ait toujours vécu une vie de privations, lui, Bunem, n'avait jamais connu la faim. La famille se débrouillait pour avoir toujours de quoi manger. Solcha parlait souvent des masses laborieuses affamées et il avait toujours mis cela sur le compte d'une rhétorique pleine d'exagération. Rue Krochmalna, les tailleurs, les cordonniers, les menuisiers, les cochers et les porteurs ne semblaient pas souffrir de la faim. Les paysans qui arrivaient de leurs villages avec des charrettes pleines de pommes de terre, de betteraves, de carottes, de poulets, d'oies, de canards, de champignons et de fromages non plus.

Oui, mais maintenant, pour la première fois, Bunem, lui, en faisait l'expérience. Leurs quelques dollars avaient fondu et un jour vint où Keila n'eut même pas de quoi préparer un petit déjeuner. Ce soir-là, tous deux ne parlèrent pas d'amour mais de suicide. La faim les empêchait de dormir.

Dans les rues plus riches – Grand Street, Delancey Street, Clinton Street –, les ménagères jetaient le pain rassis et Keila en ramassait dans les boîtes à ordures. Au marché d'Orchard Street, on pouvait parfois trouver une pomme de terre, un concombre, un radis noir, même une pomme ou une orange à moitié pourrie. Elle les rapportait chez eux. En regardant bien sur les trottoirs, elle tombait parfois sur une ou deux pièces que quelqu'un avait perdues.

Elle savait très bien que les prostituées d'Attorney Street ne manquaient de rien. Des hommes les abordaient. Le pays avait beau être en proie à une forte dépression et les boutiques connaître une « morte saison » – comme on disait en yiddish américanisé –, il y avait toujours des clients pour les filles. Keila disait souvent que, plutôt que retourner à sa vie honteuse d'autrefois, elle préférait mourir. Mais Bunem vivait dans la peur qu'un jour elle ne retombe dans les filets de la prostitution – en secret, sans le lui dire.

Un chaud soir d'été, alors qu'en sous-vêtements il recopiait des règles de grammaire anglaise, la porte s'ouvrit et Keila entra, portant un panier rempli de provisions. Elle semblait très gaie, très excitée. Elle se précipita vers Bunem, l'embrassa sur la tête et lui dit :

« Regarde tout ce que je rapporte ! »

Il hésita un long moment, puis demanda :

« Où as-tu eu tout ça ? Ça ne ressemble pas à ce que les gens jettent.

— Au marché, des choses tombent des charrettes et j'en ai simplement ramassé. »

Il réfléchit :

« Mais, Keila, c'est du vol.

— Non, Bunem, c'est tombé et…

— En ce cas, le vendeur va tôt ou tard venir le ramasser. On n'a pas le droit de prendre ça.

— Si ce n'est pas moi, ce sera quelqu'un d'autre.

— Que les autres fassent ce qu'ils veulent. Je ne mangerai pas de la nourriture volée.

— Tu mangeras quoi ? Nous n'avons plus un sou.

— Mieux vaut mendier ou se suicider. »

Le visage de Keila se crispa.

« Bunem, qu'est-ce qu'on va faire ?

— Il faut qu'on trouve un travail quelconque.

— Bunem, tu n'as rien mangé depuis hier…

— Je n'ai pas faim.

— Tu es pâle comme un mort. Tu dis toi-même qu'il n'y a aucune offre dans les petites annonces. C'est pour ça que nous sommes venus en Amérique, pour mourir de faim ? Malheur à moi ! »

Et Keila éclata en sanglots. Bunem fut frappé de constater qu'elle pleurait comme une petite fille.

« Keila, nous ne sommes pas venus en Amérique pour devenir des voleurs.

— Ils ont tous ce qu'il leur faut. Ce qu'ils jettent pourrait nourrir une ville entière. Tu n'imagines pas ce qu'on trouve dans les ordures et les rebuts des marchés, des petits pains et même des robes et des chaussures. Bunem, j'ai aussi trouvé de l'argent.

— De l'argent ?

— De la petite monnaie et deux dollars.

— Tu les as trouvés ou tu les as volés ?

— Si je voulais voler, ce serait bien plus que ça. Bunem, je suis honnête et je suis ton épouse dévouée. Des hommes me suivent, mais je leur jette un tel regard qu'ils s'en vont. Même autrefois, je ne volais jamais. Tu comprends ce que je veux dire. Des ivrognes venaient au bordel et oubliaient leur portefeuille. Parfois, il tombait tout seul de leur poche. Mais je rendais tout. Les autres filles volaient. Elles faisaient boire leur client et le dépouillaient de ses quelques roubles. Après, elles cachaient de l'argent et cela se terminait par de terribles raclées de la part de leur souteneur. Moi, je n'ai jamais fait ça. Si je mens, que je sois privée d'un véritable enterrement juif. »

Bunem n'avait jamais entendu Keila employer ce genre de formule. En dépit de ses soucis, il sourit, puis dit :

« Si tu n'as jamais volé auparavant, ne commence pas maintenant. Dieu nous viendra peut-être en aide.

— Tu m'as dit une fois qu'il n'y avait pas de Dieu.

— Mais si, mais si. Il n'est peut-être pas aussi bon que les gens veulent le croire, mais Il existe.

— Pourquoi nous punit-Il ?

— Parce que aucun de nous deux n'a appris un métier. Nous sommes, toi et moi, des parasites. »

Il s'arrêta, stupéfait par ses propres paroles.

« Et qu'est-ce que je vais faire de ces provisions ? Je ne sais même pas à qui rendre quoi. Un pain est tombé ici, un biscuit là, une pomme plus loin. Personne ne se soucie de ramasser quoi que ce soit. Si je retournais là-bas et essayais de rendre tout, on me jetterait dehors.

— Mange, toi !

— Toute seule ? Et toi, qu'est-ce que tu vas faire ?

— Donne-moi la monnaie. »

Keila lui tendit les pièces et se remit à pleurer.

« Ne pleure pas, mange.

— Je ne mangerai pas sans toi.

— Alors descends acheter du pain et un quart de lait. Si tu n'en trouves pas, achète du beurre. Les petites pièces devraient suffire.

— Mais j'ai un panier rempli de petits pains.

— Achète du pain honnête ! Laisse ton panier ici. »

Keila hésita un instant :

« Bon, comme tu veux. »

Bunem lui rendit l'argent. Elle vint poser sa tête contre son épaule :

« J'ai porté ce gros panier jusqu'ici pour toi. »

Et elle recommença à se lamenter.

4

Après avoir longuement cherché, Bunem trouva un travail qui consistait à lire les journaux, des magazines et des livres à un aveugle six heures par jour chez lui. C'était un vieil homme de quatre-vingt-six ans qui vivait avec sa fille dans la 19e Rue, près de la Quatrième Avenue. Bunem devait aller là-bas tous les jours, de dix heures du matin à quatre heures de l'après-midi, sauf le vendredi et le samedi.

Entre autres choses, le vieillard – un riche fourreur à la retraite – lui dictait ses mémoires, que ses enfants et petits-enfants voulaient plus tard faire traduire en anglais et publier à leurs frais. Bunem serait payé huit dollars par semaine. Il ne croyait pas aux miracles mais considérait qu'avoir trouvé ce travail en était un. Il avait vu la petite annonce dans un journal orthodoxe, en yiddish bien sûr, qu'il ne lisait en général pas et qu'un voisin avait jeté aux ordures.

Il datait de quatre jours et Bunem avait pensé que le poste n'était plus libre, mais il téléphona quand même et on lui demanda de venir se présenter. Il s'avéra qu'un certain nombre de candidats postulaient déjà mais aucun ne plaisait au vieux monsieur aveugle – Mr. Morris Zuckerman, ou plutôt Sugarman, comme on l'avait inscrit en Amérique. L'annonce précisait que seul quelqu'un parlant yiddish et hébreu, ayant étudié le Talmud, possédant une belle écriture et doté d'un « agréable caractère » avait ses chances.

Quand Bunem téléphona, il s'exprima en yiddish et on lui dit de ne pas quitter. Au bout d'un moment, Mr. Sugarman lui-même prit l'appareil. Il posa beaucoup de questions et finit par demander à Bunem de venir le voir.

Un autre miracle se produisit. La veille, Keila avait trouvé un travail tout près de chez eux, dans une boulangerie d'Attorney Street, consistant à faire du porte-à-porte pour vendre des petits pains différents de ceux qu'on trouvait en Amérique. Le boulanger était originaire de Varsovie. Ses pains à lui étaient tendres d'un côté et plus cuits de l'autre, avec une espèce de tortillon sur le dessus. Les compatriotes polonais se plaignaient : les pains américains, bien trop durs, leur cassaient les dents. Même frais sortis du four, ils avaient un goût de rassis, une sorte de goût « chrétien », ils étaient préparés par des Litvaks et il leur manquait la vraie saveur juive. Si Keila n'avait pas trouvé ce travail, Bunem n'aurait même pas eu de quoi payer son trajet en El, le métro aérien, jusqu'à la Troisième Avenue.

C'était la première fois qu'il voyait un intérieur aisé en Amérique, avec des tapis, un mobilier élégant, des tableaux, des domestiques. Morris Sugarman vivait avec sa fille, veuve, pourvue elle-même de petits-enfants déjà grands. Le vieux monsieur avait un bureau avec des rayonnages entiers de livres religieux, et aussi d'ouvrages en anglais, en russe, en polonais et en allemand.

Il n'était pas complètement aveugle. Il souffrait de cataracte, ce qui aurait pu être traité chirurgicalement, mais refusait, comme il le disait, « d'en passer par le couteau ». De petite taille, corpulent, la barbe blanche bien taillée, il parlait un yiddish truffé de mots anglais et de citations de la Guemara et du *Midrash**. Il se souvenait de Varsovie autrefois – de Reb Isaiahle Prager, Reb Yukele Gesundheit, Haint Selig Slominsky. Tant que ses yeux le lui avaient permis, il était resté un lecteur fidèle du *Hoftzina*, qu'il recevait maintenant avec plusieurs mois de retard.

Morris Sugarman avait été autrefois en affaires avec les plus importants millionnaires américains, traitant avec des géants de la finance tels que Vanderbilt ou ses représentants. Il dit à Bunem :

« Jeune homme, ne perdez pas courage. Quand je suis arrivé en Amérique, j'étais aussi pauvre que vous l'êtes aujourd'hui. »

Il avait déjà engagé un lecteur, mais dépourvu de bonnes manières. Il n'utilisait pas de mouchoir et crachait sur le plancher. Personne ne pouvait déchiffrer son écriture. Mrs. Wollman, la fille de Morris Sugarman, ajoutait qu'il ne savait pas se servir d'un couteau ni d'une fourchette. Bunem plut tout de suite au père et à la fille. Tout aurait été parfait s'il n'avait pas été forcé de tromper ces excellentes personnes. Il ne pouvait pas leur parler de Keila, car on lui aurait aussitôt demandé de venir présenter sa femme et Bunem ne voulait ni ne pouvait amener quelqu'un comme elle dans ce foyer aristocratique. Il mentit, prétendit qu'il vivait seul, avait laissé sa fiancée à Varsovie et la ferait bientôt venir en Amérique, dès qu'il en aurait les moyens. Impossible de dire que c'était une anarchiste, actuellement emprisonnée à la Citadelle. Dieu du ciel, sa vie prenait un tel tour qu'il se retrouvait incapable d'avouer la vérité à quiconque…

En août, une vague de chaleur s'abattit sur New York. Les hommes sortaient en bras de chemise, le col ouvert, sans cravate, et certains en sandales et pieds nus. Des enfants, eux, allaient et venaient complètement nus. Chaque jour, quelqu'un ouvrait la borne à eau des pompiers et Attorney Street, inondée, ressemblait à une rivière. Les voyous du quartier venaient se tremper et éclaboussaient les passants en poussant des cris sauvages. Bunem, lui, refusait de sortir en chemise. Il gardait même son chapeau et sa cravate. En sueur, il étanchait sa soif avec des sodas ou allait boire directement aux robinets des abreuvoirs pour les chevaux chargés des livraisons.

Keila avait tenté de déboutonner un peu sa robe pour sortir, comme le faisaient les autres femmes, mais Bunem lui interdit de découvrir la moindre partie de son corps. Quoi qu'elle ait pu être autrefois, elle devait maintenant avoir une conduite respectable. Les voisins se moquaient de Bunem quand ils le voyaient partir en veste, cravate et chapeau. Ils le prévenaient qu'il risquait une insolation. Oui mais, grâce à Dieu, lui et Keila ne souffraient plus de la faim. Il payait le loyer et il y avait toujours chez eux une carafe de limonade dans la glacière. La nuit, de temps à autre, une brise venue de l'East River ou de la mer entrait par la fenêtre ouverte.

Keila gagnait désormais quelques dollars par semaine avec la vente des petits pains et on lui en donnait gratuitement. Seul quelqu'un ayant connu les affres de la faim et la peur d'être jeté à la rue avec ses affaires pouvait apprécier vraiment le goût d'un morceau de pain et le fait d'avoir un lit où dormir. Et aussi seul quelqu'un ayant désiré depuis des années connaître les mystères du genre féminin – lui, Bunem, c'était depuis ses douze ans – goûtait pleinement le plaisir de partager chaque nuit le lit d'une femme pleine d'amour et de désir, capable de satisfaire ses moindres souhaits. Il venait toujours à elle avec une ardeur renouvelée, et elle lui révélait des secrets bien cachés. Peut-être que le corps et l'âme ne faisaient alors qu'un.

Les histoires que Keila racontait à Bunem à la fois le révoltaient et le fascinaient, suscitant en lui un mélange de fureur et de honte, plus l'envie d'en entendre d'autres. Si Spinoza et les kabbalistes avaient raison, que tout ce qui existe fait partie de Dieu, chair de sa chair, esprit de son esprit, l'abjection ne pouvait pas exister. Si toutes les émotions étaient l'union de deux modes, le corps et l'âme, alors chaque passion avait sa raison d'être, pour étrange qu'elle pût paraître. Tout ignorante qu'elle fût, Keila avait une grande expérience de la vie et une profonde connaissance des sentiments humains. Des désirs qui lui semblaient fous, délirants, et qu'il avait honte d'éprouver, avaient été ressentis par d'autres. Il y avait chez l'homme à la fois une volonté de s'élever et une autre de s'abaisser, de se vautrer dans la fange. Là d'où venait Keila, on mettait à nu non seulement le corps mais aussi l'âme – ou ce qu'on appelait ainsi. L'homme se retrouvait éternellement tiraillé entre le haut et le bas, entre l'exaltation et la déchéance, et, s'il ne résistait pas, il tombait plus bas que les Quarante-Neuf Portes de l'Impureté, et un démon lui chuchotait à l'oreille, lui promettant des délices impossibles à connaître.

Keila elle-même admettait que, même si elle s'était vautrée dans la boue et abandonnée au moindre de ses désirs, sa vie n'avait été qu'humiliation et chagrin. L'esprit du mal se contentait de faire des promesses mais n'en tenait jamais aucune.

La plus grande joie de sa vie, c'était de vivre aujourd'hui avec lui, Bunem, dans leur appartement d'Attorney Street. Mais elle ne pouvait pas être sa femme, elle restait toujours celle de Yarmy, ce qui gâchait tout. Un jour, dans la rue, quelqu'un pouvait la reconnaître et aller raconter aux voisins ce qu'elle avait été auparavant. Chaque fois qu'elle sortait, une catastrophe risquait de se produire. Et si Solcha arrivait en Amérique ? Bunem ne lui avait jamais promis qu'en ce cas il voudrait rester avec elle, Keila. Il lui répétait qu'il ne désirait pas un enfant d'elle. D'après la loi, ce serait un bâtard.

5

Pendant plusieurs semaines, Bunem et Keila jouirent d'une période de relative tranquillité. Le docteur Welcher de retour d'Angleterre, elle avait retrouvé son emploi de servante et elle continuait en plus à vendre des petits pains le soir. Chaque jour, Bunem retournait chez Mr. Morris Sugarman. Le père et la fille s'étaient attachés à lui. Non seulement ils l'invitaient maintenant à déjeuner et parfois même à dîner, mais ils commençaient à lui confier leurs problèmes et leurs secrets de famille.

Ils lui disaient également que cela n'avait aucun sens d'habiter Attorney Street et d'être obligé de venir de si loin chaque jour. Leur appartement comprenait plusieurs chambres, bien plus qu'il ne leur en fallait. Bunem pouvait très bien s'installer chez eux. On ne lui ferait payer ni loyer ni nourriture. La famille disposait d'une bonne et d'un maître d'hôtel, mais Mrs. Wollman observait la *cacherout** et cuisinait pour son père et elle-même. Ce ne serait rien de le faire pour une personne de plus. La famille avait connu plusieurs tragédies. Une fille – la plus jeune – s'était convertie pour épouser un immigrant danois, un ingénieur. Elle vivait à Boston avec son mari et Morris Sugarman l'avait reniée. Il ne voulait même pas entendre parler de ses petits-enfants chrétiens. Une autre fille avait épousé un Juif qui devait se révéler être un aventurier et un escroc, condamné à dix ans de prison. Mrs. Sugarman elle-même était morte d'un cancer, causé par tant de soucis – ou peut-être pas. Leur fils s'était enrôlé dans l'armée, ce qui ne correspondait pas à des habitudes juives, et il avait atteint un grade élevé. Mais à quoi cela servait-il qu'un jeune homme juif passe sa vie à l'armée ? Il n'avait pratiquement aucune connaissance du judaïsme. Il était en poste au Texas, près de la frontière avec le Mexique. La fille aînée, Bessie Wollman, qui vivait avec son père, veuve depuis six ans, avait une fille à Philadelphie, veuve elle-même et mère de plusieurs grands enfants.

Sa descendance ne procurait guère de plaisir à Morris Sugarman, mais c'était entièrement sa faute. Plus jeune, il consacrait trop de temps à ses affaires et pas assez à ses filles. Il ne leur avait pas donné une véritable éducation juive. Elles fréquentaient des écoles chrétiennes et grandissaient dans l'ignorance du judaïsme. Seule l'aînée, Bessie – de son vrai nom Bella Brocha –, parlait yiddish et tenait un foyer cacher.

Au plus profond de lui-même, il rejetait le blâme sur sa défunte femme, Hilda, née en Amérique et dont le père, un Juif allemand, était banquier associé à Brooklyn. Elle avait hérité de ses parents un mépris à l'égard des Juifs, spécialement ceux d'Europe de l'Est. Elle ne pardonnait pas à son mari le fait de parler anglais avec un accent. Elle n'arrêtait pas de corriger ses fautes. Morris Sugarman avoua à Bunem que, du vivant de sa femme, il n'était pas autorisé à ranger ses livres pieux sur les rayonnages des placards aux portes vitrées parce qu'elle ne voulait pas que leurs invités les voient. À la moindre occasion, elle jetait les journaux et les magazines en hébreu qu'il recevait. Elle traitait les émigrants juifs de « youpins » et autres termes antisémites. Bessie, elle, avait appris à bien parler yiddish seulement après la mort de son mari et quand elle était venue chez son père pour tenir sa maison.

Lorsque les Sugarman lui proposèrent de venir habiter chez eux, Bunem en resta d'abord sans voix. Mais il trouva vite un prétexte pour refuser : il préférait vivre dans un milieu qu'il connaissait bien plutôt que dans un quartier de Gentils. En outre, il ne voulait pas cesser d'enseigner car il ne fallait pas que les enfants juifs nés en Amérique oublient leurs racines juives.

Il s'était présenté au père et à la fille comme un Juif pieux, un idéaliste, mais il connaissait la remarque de Lincoln comme quoi on ne peut pas tromper indéfiniment les gens. Tôt ou tard, le mensonge est découvert. Autre chose : son travail était loin d'être quelque chose de sûr. À un homme de plus de quatre-vingts ans, il ne restait pas tellement d'années à vivre. Morris Sugarman ne souffrait pas seulement de cataracte, mais aussi de problèmes cardiaques. Il n'adressait, disait-il, qu'un seul vœu au Tout-Puissant : avoir le temps de finir ses mémoires.

Bientôt, d'autres complications surgirent.

Dès son arrivée en Amérique et aussitôt après avoir loué l'appartement d'Attorney Street, Bunem avait écrit à Mme Buchbinder, la mère de Solcha, rue du Houblon à Varsovie, pour lui donner sa nouvelle adresse. Mais elle n'avait pas répondu. Il comprit que les parents de Solcha ne voulaient plus rien avoir à faire avec lui.

Bunem n'avait jamais cessé de penser à Solcha mais abandonnait tout espoir de jamais entendre parler d'elle. Comment aurait-ce été possible, ceux qui purgeaient leur peine à la Citadelle n'étaient pas autorisés à écrire des lettres. Au cours d'une visite à sa fille, sa mère devait sûrement lui avoir raconté son départ pour l'Amérique avec une fille de mauvaise vie. Bunem avait perdu Solcha et il se forçait à accepter l'idée qu'il devrait désormais passer sa vie en Amérique avec Keila, la femme de Yarmy.

Mais tout ce qu'il voulait, c'était survivre, trouver son chemin du mieux qu'il pouvait dans la vie. Il n'essayait même plus de peindre, avait perdu tout désir d'écrire. « Imaginons que je suis Robinson Crusoé échoué sur une île déserte ou le capitaine

Scott » – dont la mort tragique au retour du pôle Sud remplissait alors tous les journaux.

Et puis, un matin, le facteur lui apporta une lettre de Varsovie. D'abord Bunem crut qu'elle lui était adressée par sa sœur, Cirele, mais il vit le nom au dos : Regina Buchbinder. La mère de Solcha lui écrivait en polonais.

Cher M. Bunem Tomaszower,
Votre correspondante est la mère de Solcha. J'ai reçu votre courrier de New York mais Solcha était alors si gravement malade, à l'hôpital, que je n'ai pas eu l'occasion de lui dire que vous aviez écrit. Je n'en avais d'ailleurs guère envie. J'ai vu comment et avec qui vous partiez pour l'Amérique et j'ai senti que cette histoire entre vous et ma fille était terminée et devait le rester. Mais Dieu nous est venu en aide et Solcha a guéri. Le docteur l'a envoyée dans cette région de Russie où l'air est plus frais. Elle m'inonde maintenant de lettres me demandant d'entrer en contact avec vous car il y a de l'espoir qu'elle aille bientôt tout à fait bien et qu'elle puisse partir pour l'Eldorado. Elle écrit en manifestant tant d'affection pour vous que j'ai décidé de vous donner son adresse ci-jointe. Mais je vous mets en garde : ne lui écrivez que si vos sentiments à son égard sont restés les mêmes et si vous êtes libre et non lié à cette femme. Ma conviction est que vous ne méritez nullement le grand amour que ma fille a pour vous, mais ce sont ceux qui méritent le moins

de l'être qui sont les plus aimés. Je vous envoie mes meilleures pensées et mes vœux de bonheur dans le Nouveau Monde.
Sincèrement,

Regina Buchbinder

Cette lettre disait tout. Au lieu de la faire passer devant un tribunal, les autorités avaient envoyé Solcha dans le Nord. Le village où elle résidait désormais était proche d'Arkhangelsk. Bunem avait une idée de la façon dont les exilés vivaient là-bas, dans des territoires perdus, au milieu de paysans des plus primitifs et constamment sous l'œil de la police.

Les journaux yiddish de New York publiaient souvent des récits d'hommes et de femmes qui avaient purgé leur peine de plusieurs années là-bas – ou alors étaient parvenus à s'échapper et à gagner l'Amérique. Tous disaient la même chose sur la vie dans ces régions : mieux valait être en prison. C'était moins sale, on vous donnait à manger et les prisonniers politiques pouvaient emprunter des livres à la bibliothèque, parfois même certains interdits par la censure, car on y retrouvait beaucoup de volumes confisqués chez ceux qu'on avait arrêtés.

Keila étant absente quand Bunem reçut la lettre de Pologne, il décida de ne pas lui dire un mot de ce qui était arrivé à Solcha. Pourquoi l'inquiéter inutilement ? Mais les mots de Regina Buchbinder avaient ranimé l'amour de Bunem pour la jeune fille. Il pensait maintenant sans cesse à elle. Certes, c'était bon de passer ses nuits avec Keila, mais elle ne pourrait jamais être ce qu'on appelle la compagne de toute une vie. Il ne voulait pas être vu à une réunion publique avec elle. Il ne pouvait pas l'emmener au théâtre ou à une conférence car existait toujours la possibilité de rencontrer quelqu'un l'ayant connue à Varsovie. En outre, Keila n'aurait rien compris à ce que disaient les orateurs et elle ne s'intéressait pas au théâtre classique.

Vendre des petits pains dans le quartier lui suffisait. Seulement deux choses comptaient pour elle : s'occuper de leur foyer et de lui, Bunem, son linge, sa santé, ses besoins sexuels. Il lui interdisait de boire mais, comme ils avaient désormais un peu d'argent, elle s'achetait souvent une bouteille de whisky ou même d'un alcool importé de Russie. Dès qu'elle buvait, elle devenait très animée ou carrément surexcitée. Et elle employait à nouveau le jargon de la pègre.

Parfois, elle disait n'importe quoi et appelait Bunem « Yarmy ». Dans un flot de paroles très crues, elle racontait ses aventures avec Itche l'Aveugle, Feivele la Cambriole et autres truands de la même espèce. Elle parlait souvent d'avoir des enfants avec Bunem, qui frémissait d'horreur à l'idée de fonder une famille avec Keila. Généralement, il considérait que mettre des enfants au monde était de la folie et perpétuer la race humaine une tragédie.

Il se disait que, tôt ou tard, il devrait trouver le courage de mettre fin à tout, les situations sans issue, ses réactions de révolte face aux cruelles lois de l'existence, son désir aveugle de sexe, la lutte pour la vie, la cruauté de ceux qui détiennent le pouvoir, les crimes, les faux espoirs des malheureux qui croient encore qu'on peut dominer la nature.

Oui, mais le cerveau est un dictateur. Et Bunem pensait toujours à Solcha. Il l'imaginait errant dans le froid en vêtements de coton trop minces, attendant désespérément une lettre, un mot de sa famille, un journal, un livre, sans personne avec qui parler – et se languissant de lui, Bunem.

Il n'avait pas fini de rembourser son billet et celui de Keila, et promettait déjà d'en envoyer un à Cirele. Alors qu'il n'était guère qu'un fétu de paille au gré du vent, voilà que d'autres mettaient tous leurs espoirs en lui.

Le mois d'Elul commençait et les voisines de Keila insistaient pour qu'en bonne épouse juive elle achète sa place à la synagogue pour les jours des Fêtes Austères, assiste aux différents services, aille écouter le Kol Nidre, le sermon du rabbin et le son de la corne de bélier. Certaines de ces femmes étaient capables de lire les prières en hébreu, d'autres avaient des traductions en anglais. Keila dit à Bunem qu'elle voulait en effet aller à la synagogue pour Rosh Hashanah et Yom Kippour. Elle avait même acheté une robe pour l'occasion et lui demanda de l'accompagner. Mais Bunem ne se sentait pas disposé à prier un Dieu qui restait immuablement silencieux et ne se souciait ni des péchés ni des souffrances de Ses créatures. Pourquoi, en ce cas, aller Le prier et Lui demander des faveurs ? Il tenta d'expliquer cela à Keila, mais elle protesta :

« Tout le monde prie et je veux prier aussi. Sinon, les voisines diront du mal de moi. »

Morris Sugarman et sa fille demandèrent longtemps à l'avance que Bunem vienne passer la période des fêtes avec eux. Mr. Sugarman était membre d'une synagogue fréquentée par de riches hommes d'affaires. Il proposa à Bunem de l'accompagner aux différents services, mais ce dernier dut refuser. C'est bien malgré lui qu'il lui fallait passer pour athée alors qu'il croyait à l'existence de Dieu et parfois même à Sa providence. Il ne pouvait pas entrer dans les détails avec ce vieillard à moitié aveugle qui entendait mal. Et ce n'était pas facile de prétendre croire en Dieu, tout en étant tenté de protester contre Ses silences.

Il avait écrit une longue lettre en polonais à Solcha, en l'adressant au village où elle vivait en résidence surveillée, mais ne croyait guère qu'elle lui parviendrait. Il lui disait qu'il l'aimait et rêvait de se retrouver avec elle pour toujours – omettant complètement le fait qu'il vivait avec une autre femme.

Se comportait-il correctement ? Ne trompait-il pas en même temps Solcha, Keila et lui-même ? Mais il ne pouvait tout simplement pas dire la vérité à Solcha. Ceux qui mettent au point les lois ne se soucient guère des tempêtes soulevées par les émotions humaines. Il n'y avait pour eux que ce qui était bien et ce qui était mal. Les chrétiens avaient imposé à propos de la sexualité une morale en complet désaccord avec la nature humaine. Lui, Bunem, avait besoin à la fois de Solcha et de Keila mais, malgré ses idées révolutionnaires et d'avant-garde sur la liberté, Solcha ne l'aurait pas compris – Keila peut-être davantage.

Les grandes fêtes arrivèrent. Keila avait acheté sa place dans une synagogue où une femme lisait à voix haute les prières pour les illettrées. Mais Bunem resta chez lui. À East Broadway, il y avait une bibliothèque avec des livres en anglais, bien sûr, mais aussi en yiddish, en hébreu, en russe, en polonais et en allemand. Il y prit une carte. Il lisait rarement des ouvrages de philosophie. Les théories des philosophes ne lui paraissaient pas plus sages que les interprétations des rabbins.

Il dévorait les récits de voyage, les biographies et, à l'occasion, des textes de vulgarisation de physique, de chimie, de biologie et même d'astronomie. Il trouva une traduction des travaux de Flammarion, l'astronome français qui, à la fin de sa vie, s'était intéressé aux sciences occultes.

La couche d'ozone, censée protéger des rayons électromagnétiques, avait pratiquement disparu. On découvrait de nouvelles galaxies. L'univers était plus vaste qu'on ne le pensait, plus rempli de surprises. Les publications scientifiques citaient des noms que Bunem ne connaissait pas. La nature apparaissait de jour en jour plus merveilleuse, plus mystérieuse. Les atomes n'étaient plus les plus petites particules composant la matière. Des recherches se multipliaient sur l'hystérie, sur le sexe et sur les perversions sexuelles.

Bunem lisait tout ce qui lui tombait sous la main. Il notait au passage les mots anglais qu'il ne connaissait pas encore. Pour bien comprendre les textes scientifiques, il lui manquait les connaissances nécessaires en ce que Kant appelait le « langage de la nature » – à savoir les mathématiques. Il acheta des livres d'algèbre et de géométrie et essaya d'étudier ce qu'on connaissait déjà depuis des centaines, des milliers d'années. Bunem découvrait Euclide et Archimède.

IX

1

Alors que Keila rentrait de chez le docteur Welcher, pendant les sept jours de Souccoth, elle entendit quelqu'un l'appeler par son nom, au moment où elle arrivait devant la porte de son immeuble. Elle se mit à trembler. Et qui était-ce sinon Max, le copain de Yarmy. Il portait un costume à carreaux, un chapeau melon et des souliers blancs. D'une main, il s'appuyait sur une canne à pommeau d'argent et de l'autre tenait une cigarette qu'il venait d'ôter d'entre ses lèvres. Le col empesé de sa chemise était noué d'une cravate avec une épingle ornée d'une perle piquée dans le nœud.

La peur laissa Keila sans voix. Max lui dit alors d'un ton ironique :

« Il semble que, si on attend assez longtemps, tout finit par arriver. »

Elle esquissa un mouvement comme pour s'enfuir, mais réalisa vite qu'elle n'avait nulle part où aller. Max était exactement au pied de chez elle. Il avait donc apparemment découvert son adresse. Elle balbutia :

« Qu'est-ce que tu veux ? J'ai un mari.

— Un mari, vraiment ? Je croyais que c'était Yarmy ton mari », rétorqua Max, dont les paroles cinglaient comme des balles.

Le visage de Keila se crispa :

« Pourquoi me pourchasses-tu ? On est en Amérique, pas à Varsovie.

— Qu'on soit en Amérique, ça je le sais, répliqua Max avec insolence. Tu croyais pouvoir t'enfuir au pays de Christophe Colomb et que personne ne t'y retrouverait jamais ? Mais moi, j'ai des espions partout. Donc tu t'es tirée avec un fils de rabbin, hein ? Tu es quoi, maintenant, une rebbetzin ?

— Max, c'est lui que j'aime, pas Yarmy. S'il veut divorcer, je veux bien. C'est tout ce que je lui accorderai.

— Divorcer, vraiment ? C'est quoi, un divorce ? Un bout de papier. C'est toi que Yarmy veut, pas un divorce.

— Ce qu'il veut m'est égal.

— Tu dois jouer ici à la respectable matrone, à l'âme pure, dit Max, changeant de ton. On découvrira bien un jour ce que tu es vraiment et dans quoi tu t'es vautrée. Si c'est un fils de rabbin et un érudit, pourquoi s'est-il enfui avec une putain qui, en plus, est mariée à un autre ? C'est donc un saint de pacotille, lui aussi.

— Il m'aime et je l'aime, répondit Keila. J'ai assez souffert, toutes ces années. Va-t'en et laisse-moi.

— Oui, je m'en irai, ne t'inquiète pas pour ça. Mais n'en rajoute pas. Je n'avais pas peur de la police de Varsovie et je crains encore moins celle de New York. Réponds quand je te parle. Ton crétin de copain est à la maison ?

— Je ne sais pas. J'arrive tout juste de chez le docteur.

— Tu es malade ?

— Non, je travaille chez lui.

— Tu fais quoi, chez ce docteur, tu administres des lavements ?

— Je fais le ménage une partie de la journée.

— Une partie de la journée, hein ? Et le reste du temps, tu fais quoi ? Tu récites les psaumes ?

— Je vends des petits pains et je m'occupe de mon intérieur.

— Eh bien, tu es montée en grade au pays pavé d'or. Ah, ah, ah ! Ça fait plus d'une heure que je t'attends et j'ai vu que, juste en face, il y a un bordel, une maison de passe, comme on dit ici. Tu y fais des petits extras ?

— Max, va-t'en.

— Et si je ne m'en vais pas, tu fais quoi ? Tu me mets du sel sur la queue ? Écoute-moi bien, Keila, je ne veux pas discuter affaires ici – même si c'est comme une copie de la rue Krochmalna. J'irai droit au but. Tu es partie en nous ridiculisant, Yarmy et moi. C'est à cause de toi qu'il s'est mis à boire. Il était dans un tel état qu'il voulait se supprimer. Tu as cru que, si tu t'enfuyais en Amérique, tu nous échapperais à tous les deux. Mais comme on dit : "Une femme et ses souvenirs, on ne les perd jamais." Pourquoi t'es-tu embarquée dans cette histoire avec un fils de rabbin, un mollasson pareil ? Il a une sœur, Cirele, qui a tout raconté à quelqu'un qui en a parlé partout. Plus ce micmac avec une anarchiste, une fille bouclée à la Citadelle ou je ne sais où. Je suis allé voir cette Cirele, elle m'a tout déballé. Yarmy est ici.

— Quoi ? Où ?

— Ici, à New York. Il est tombé malade par ta faute. Tu ne le reconnaîtras plus quand tu le verras. N'oublie pas que c'est encore ton mari.

— Ce n'est plus mon mari. C'est un homosexuel qui n'a pas besoin d'une femme.

— Si, si, il en a besoin. On ne peut pas rester ici, avec cette chaleur. On est à Souccoth et il fait aussi chaud qu'à *Shavouot**. Viens avec moi, on va aller manger un morceau et boire un coup.

— Où ça ? Bunem m'attend.

— Keila, tu vas venir avec moi. Je ne vais pas t'enlever. Viens dans une taverne. Ici, on appelle ça un saloon.

— Je dois prévenir Bunem.

— Non ! »

Ils restèrent un moment immobiles tous les deux. Puis Keila demanda :

« Tu me garderas là-bas combien de temps ?

— Ne tremble pas comme ça. Je ne te toucherai

pas. Si tu ne me joues pas un de tes sales tours, je te raccompagnerai ensuite chez toi.

— Des gens nous regardent.

— Allez, viens. »

Max jeta son cigare et fourra sa main dans une poche. Il dit :

« Itche l'Aveugle t'envoie son bon souvenir.

— Il sait que je suis ici ?

— Tout le monde le sait. »

Keila jeta un regard vers sa fenêtre. Elle dit :

« Max, tu n'obtiendras rien de moi par la force. Si tu veux me tuer, fais-le maintenant. Plutôt que revenir à ce genre de vie, je préfère mille fois la mort.

— Je ne vais pas te tuer. Notre relation, c'est celle d'un frère et d'une sœur. Tu es devenue plus jolie en Amérique. Plus jeune aussi. On dirait que ça te convient de laver par terre. Allez, bouge-toi ! »

2

Ils allèrent jusqu'à une taverne de Delancey Street. Elle ressemblait à celle d'Eliezer, 6 rue Krochmalna – tout en étant différente. Assis sur de hauts tabourets devant le bar, des hommes buvaient de la bière et du whisky. Ils parlaient tous en même temps, comme s'ils s'adressaient au mur couvert d'étagères où s'alignaient des bouteilles de différentes sortes de boissons alcoolisées. Leurs étiquettes rappelaient à Keila celles qu'on voit dans les pharmacies. Sur les tables recouvertes de nappes rouges, il y avait des bols de pois chiches, de haricots grillés, de choucroute et de cornichons, des corbeilles de petits pains et des œufs durs écalés.

Des femmes vêtues de façon voyante allaient et venaient dans la salle et Keila comprit tout de suite qu'elles appartenaient à son ancienne profession. Elles avaient les yeux soulignés au mascara et du rouge aux joues. Ces prostituées venaient aguicher les clients comme autant de mouches envahissantes. Quand elles virent Max entrer avec quelqu'un de sexe féminin, elles lui adressèrent des clins d'œil appuyés et des sourires entendus.

Max fit signe à Keila de s'asseoir puis, au bout d'un instant, s'installa comme il le faisait toujours à l'extrême bord d'une chaise. Il alluma une cigarette.

Keila restait silencieuse. Elle avait été autrefois une prostituée qu'on emmenait dans des bars mais, cette fois, tout, les odeurs, les voix d'ivrognes des clients, les filles qui allaient d'une table à l'autre, suscitait en elle un tel dégoût qu'elle avait du mal à ne pas vomir.

Max choisit un œuf, d'un geste large, et mordit dedans. Il lui dit :

« Mange. Ici, on mange gratuitement.

— Gratuitement ?

— Oh, je vois que tu n'as encore rien appris. Oui, c'est gratuit. On est à New York, pas à Varsovie. »

Un serveur s'approcha et il commanda en anglais des boissons pour eux deux, sans même demander à Keila ce qu'elle voulait. Après quoi il l'interrogea :

« Comment as-tu fait pour rencontrer ce crétin, le fils du rabbin ?

— Max, je l'ai rencontré, c'est tout, et il m'a sortie de la fange. Je n'y retournerai pas vivante.

— La fange, hein ? Voilà que tu te mets à parler comme une intellectuelle. C'est sûrement une expression à lui. Écoute-moi bien... »

Et là, Max changea de ton :

« Yarmy est ici et ton mari, c'est lui. Même chez les saints, un mari a des droits sur sa femme. Ton jeune idiot est peut-être un savant, un rat de bibliothèque, mais je ne suis pas un imbécile moi-même. Il est dit dans les livres sacrés qu'un mari peut faire à son épouse la même chose qu'à un morceau de viande acheté chez le boucher. Ici, en Amérique, les femmes se donnent de grands airs. Chaque pute se prend pour une grande dame, mais ça ne vaut pas un pet de lapin. Quand on vit dans le péché avec un homme, on risque bien d'aller au trou. Je connais les gens qu'il faut pour ça. Je vais t'emmener auprès de Yarmy. Il voulait m'accompagner et te flanquer la raclée que tu mérites, mais j'ai dit non. Je ne veux pas de scandale. Il est déjà prêt à te taper dessus mais moi, je veux que tout se passe en douceur.

— Max, je ne retournerai pas avec Yarmy. Ce n'est même pas la peine d'en parler. S'il veut m'accorder le divorce...

— Keila, si tu ne viens pas de ton plein gré, j'emploierai la force.

— Tu peux me tuer tout de suite. Mais mon mari,

c'est Bunem, et je suis sa femme devant Dieu et les hommes.

— Devant les hommes peut-être, mais pas devant Dieu. Dieu sait que tu es mariée à Yarmy.

— Je ne vivrai plus avec lui. Tu peux me tuer sur place. Je n'ai pas peur de mourir.

— Tiens, tiens, amoureuse, hein ? Keila, réfléchis. Je sais aussi bien que toi ce que c'est que l'amour. Mais on doit se servir de sa tête aussi, pas uniquement de son cœur. Ton Bunem ne restera pas longtemps avec toi. Il a une fiancée qui, un jour ou l'autre, va débarquer ici. Il va te garder tant que ça l'arrangera mais, dès que l'autre arrivera, il te laissera tomber. Je ne m'appelle pas Max si je ne suis pas en train de te dire la pure vérité. J'ai fait mon enquête. J'ai même parlé avec la mère de cette fille. Elle sait parfaitement ce que tu es et tout le reste. Où iras-tu quand il te fichera dehors ? Yarmy veut être ton mari, pas ton souteneur. Sache que nous ne sommes ici que pour quelques semaines. Après, nous irons au Brésil et en Argentine. Et nous ne sommes pas arrivés les poches vides. Si Yarmy n'avait pas la tête à l'envers à cause de toi, il pourrait avoir la plus jolie des femmes et commencer une nouvelle vie. Mais c'est toi qu'il veut. À nous trois, on serait les rois du monde. J'ai vu l'endroit où tu habites. Un taudis. Alors que nous, nous sommes descendus dans un grand hôtel sur Times Square. Si tu arrêtes de te conduire comme une idiote, tu auras la belle vie.

— Non, Max, non.

— C’est ton dernier mot ?

— Mon dernier mot. Même si je dois mourir demain.

— Je pourrais te régler ton compte ici même. Mais je ne veux pas, comme on dit, que le sang coule. Yarmy te fera une petite visite, et il est fou de rage. À sa place, je t’oublierais. Mais dans l’état où il est, il peut couper des têtes.

— Je n’ai qu’une seule tête et il peut la couper s’il veut.

— Bien, bien, il fera ce qu’il voudra. Je ne suis que son émissaire. Bois donc.

— Je ne veux pas boire.

— Une vraie sainte. Sarah numéro deux. Au moins, mange quelque chose.

— Je ne veux pas manger non plus.

— Un œuf, c’est cacher. À moins qu’il y ait une tache de sang. Dans le blanc, pas dans le jaune.

— Je ne veux rien manger.

— Non, c’est non. Tu as la tête dure. Est-ce que ton amoureux sait au moins qui tu es et dans quelle boue tu t’es vautrée ?

— Il sait tout.

— Si ce n’est pas vrai, j’aurai une petite conversation avec lui et lui dirai la vérité.

— Laisse Bunem tranquille. Il crache sur des gens comme toi.

— Comme toi peut-être, mais pas comme moi.

— Je te dis de le laisser tranquille.

— Je ferai ce que je voudrai et pas ce que tu me

diras. Je ne suis, comme on dit, que le coursier. Yarmy a ton adresse et je ne suis pas responsable de ce qu'il peut faire. S'il veut se venger et autres bêtises de ce genre, c'est son problème. Nous te donnons la chance d'être heureuse, de voyager, d'être vêtue comme une princesse, de boire du champagne et de mener la belle vie. Yarmy est fou de toi et je ne te déteste pas exactement non plus. On pourrait faire des étincelles, tous les trois. Si Yarmy s'en prend à toi, ne viens pas pleurer auprès de moi. Je peux vous laisser tomber tous les deux et partir de mon côté. Espèce de folle ! »

Et Max fit claquer son pouce et son majeur avec le bruit d'un coup de pistolet.

« Max, c'est entre lui et moi. Ne t'en mêle pas.

— Non. Qu'est-ce qu'il a donc, ton Bunem ? C'est un tel foudre de guerre au lit ?

— C'est une vraie personne.

— Quand tu te prends une balle dans le crâne, tu n'es plus rien.

— Max, sors d'ici !

— Ici, ce n'est pas chez toi. Si tu veux partir, pars. Tu regretteras ce que tu es en train de faire, mais à ce moment-là je serai déjà à Rio ou à Buenos Aires. New York n'est pour moi qu'une étape. Nous emmenons avec nous deux beautés, jeunes et jolies, aussi douces que des pêches à la crème. Mon idée au départ était de garder cette marchandise pour nous et tu aurais été la madame. Mais étant donné que tu es devenue une sainte, on placera les filles ailleurs et je trouverai quelqu'un d'autre. Les femmes continuent à se jeter sur moi. Ce qu'elles peuvent bien me trouver, je ne l'ai jamais compris.

— Quelles femmes ? Des créatures de ton espèce ?

— De toutes sortes d'espèces. Je n'ai même pas à essayer de les convaincre. Elles n'ont qu'une envie, quitter leur ville de province et même Varsovie. Nicolaïka, notre petit tsar de toutes les Russies, s'est acoquiné avec un paysan, Raspoutine, qui lui donne plein de conseils et, par-dessus le marché, couche avec la tsarine. Peut-être même avec lui aussi. La Russie est dans un beau pétrin. Il va y avoir un soulèvement là-bas, et celui de 1905 ne sera qu'une plaisanterie à côté. Le sang coulera à flots. Nos Juifs fricotent avec les Gentils mais, quand il s'agira de frapper les premiers coups, ils seront les premières victimes. Ton héros ne lit pas les journaux ?

— Il les lit et il sait tout. Il lit aussi de très gros livres.

— Et qu'est-ce qu'ils savent, les livres ? Ce qui arrive, c'est le contraire de ce qu'ils annoncent. Les écrivains ont une tête, mais pas d'yeux. Ils foncent dans le fossé comme un cheval aveugle. Bon, je vais boire un coup. »

Max se servit un verre à ras bord, en avala la moitié et mangea un œuf.

« Ici, la nourriture est gratuite, mais les pois grillés sont si salés et si poivrés qu'avec un œuf par-dessus ça te donne soif. C'est comme ça qu'on te fait dépenser de l'argent pour boire. Voilà l'Amérique. On sait t'y faire cracher des dollars. Chacun ne peut compter que sur lui-même. Chacun veut rouler quelqu'un et ça se termine par tout le monde roulant tout le monde. Quand les rois ne peuvent plus tromper personne avec leurs fausses promesses, ils déclenchent une guerre et envoient leurs soldats pour qu'on obéisse à leurs ordres. Seuls les idiots vont au casse-pipe, mais Dieu a créé beaucoup d'idiots. Pas vrai ?

— Max, je dois rentrer.

— Vas-y et bon voyage... »

3

Keila ne savait pas comment aller de Delancey Street à Attorney Street, et elle dut demander son chemin plusieurs fois. Le bruit de la circulation était tel qu'elle ne comprenait pas bien ce qu'on lui disait. Des vendeurs de journaux brandissaient la presse yiddish en hurlant quelque chose. Des gens s'attroupaient pour discuter à voix très haute. Keila crut entendre le mot « grève ». « Oh, voilà que ce genre de trouble arrive ici aussi », se dit-elle.

Elle s'arrêta un instant pour réfléchir. Yarmy se trouvait à New York. Il connaissait son adresse. Aujourd'hui ou demain, il était capable de surgir, revolver au poing. « Dieu du ciel, faites qu'il ne s'en prenne pas à Bunem ! » Elle leva les yeux : « Faites que je paye pour lui ! Que je sois la seule punie et qu'il soit épargné jusqu'à son dernier doigt ! »

La peur la faisait frissonner. Devait-elle raconter à Bunem ce qui venait de se passer ? Il risquait, Dieu nous en préserve, de tomber malade de peur ! Il pouvait aussi s'enfuir et la laisser toute seule. « Dieu miséricordieux, que ses mains se racornissent ! jura-t-elle en pensant à Yarmy. Si ce qu'il veut, c'est briser ma vie, qu'il souffre de toutes les plaies d'Égypte, et ce voleur, cet assassin, ce pervers de Max le Boiteux aussi ! » Mentalement, elle promit de donner quatre-vingts *cents* à une œuvre charitable si Dieu épargnait Bunem.

Aussi brûlante que sa passion pour Bunem, elle sentait monter en elle sa haine envers Yarmy. « Comment est-ce possible ? se demanda-t-elle. Je l'aimais tant autrefois. »

Elle regarda le pont de Brooklyn, récemment construit et dont ses voisines d'Attorney Street parlaient comme d'un miracle. On avait creusé des trous dans le roc pour le fixer et des trains passaient là. On édifiait des immeubles de vingt étages et plus. Oui, mais cette cité opulente ne manquait ni de mendiants ni d'infirmes qui tendaient la main dans les rues. Le long d'Attorney Street, des prostituées se donnaient pour un quart de dollar et parfois moins. Elle, Keila, était contente quand la vente des petits pains lui rapportait cinquante *cents* – et pour cela, elle devait en vendre vraiment beaucoup.

En Amérique, les Juifs n'avaient pas oublié Dieu. Sur les toits, les balcons et même parfois dans les escaliers de secours, on apercevait çà et là une soucca – si petite, si fragile qu'en comparaison celles de la rue Krochmalna faisaient figure de palais. Ici, on n'utilisait pas des branches de sapin, comme à Varsovie, mais des espèces de matériaux de construction. Et on n'entendait nulle part des chants religieux s'en échapper. On aurait plutôt dit que ceux qui allaient s'y installer célébraient les repas de fête en silence. Dans d'autres rues, d'un quartier plus éloigné, de jeunes Irlandais jetaient des pierres sur les souccoth et même sur les portes des synagogues où les Juifs priaient. Si un vieil homme barbu passait, ils se mettaient à crier « youpin ! » ou « hé, les papillotes ! », et plus d'une fois se jetaient sur lui pour lui couper la barbe. Chaque rue avait son gang. Des jeunes Gentils et même des jeunes Juifs se battaient à coups de bâton ou de bouts de tuyau. Certains avec des couteaux et des revolvers. Des voisines racontaient à Keila que les gens de Tammany Hall, la mairie, qui contrôlaient toute la ville de New York, s'acoquinaient avec des gangsters et des racketteurs, qui extorquaient de l'argent, en échange d'une protection, aux patrons de bordel, aux marchands ambulants et à pratiquement tous les commerçants. Si la somme due chaque semaine n'était pas versée, ils arrosaient les marchandises d'essence. Ils pouvaient très bien aussi flanquer un coup de couteau à quelqu'un et les flics jouaient les ignorants puisqu'ils étaient tous payés pour ça. Même les juges touchaient des pots-de-vin. Et quand il y avait des élections, ceux désignés par

Tammany Hall achetaient les votes contre une petite pièce ou une chope de bière.

Bunem s'était plaint devant Keila :

« C'est partout pareil. Les plus forts font ce qu'ils veulent. Toutes les lois et tous les tribunaux n'existent que pour rendre service aux criminels. »

Keila voyait maintenant tout clairement. Max avait parlé avec l'arrogance de celui qui n'a peur de rien. Même les voleurs et les racketteurs de la rue Krochmalna n'avaient pas autant d'audace que ceux de New York.

Quand elle arriva chez elle, elle trouva Bunem en train de lire. Comme d'habitude, il notait des mots anglais sur des fiches qu'il rangeait ensuite dans des boîtes à cigares. Il en avait déjà une demi-douzaine. Il commençait à parler un peu anglais, mais pas celui que Keila entendait dans Attorney Street. Il prononçait les mots autrement. Quand elle essayait d'en répéter devant lui, Bunem corrigeait ses erreurs. Il suivait des cours dans un centre éducatif destiné aux jeunes comme lui, à qui on enseignait un anglais plus grammatical, comme il l'expliquait à Keila, celui qu'on utilisait dans les livres.

« Pourquoi rentres-tu si tard aujourd'hui ? » demanda-t-il.

Elle fut incapable de répondre. Une boule se formait dans sa gorge et l'empêchait de parler. Puis d'un seul coup elle déclara :

« Bunem, nous sommes perdus ! Nous devons fuir !

— Que s'est-il passé ? »

Elle essaya de dire quelque chose, mais c'est un cri qui s'échappa de sa gorge. Son visage brûlant s'inonda de larmes. Elle s'étouffait sur chaque mot. Peu à peu, Bunem finit par comprendre : Yarmy était à New York, le vrai mari de Keila. Il avait toujours eu, au fond de lui, l'idée que cela pourrait arriver un jour, tout en traitant une telle idée comme un des fantasmes qui venaient lui tourner dans la tête la nuit. Mais il arrive que, parfois, les fantasmes deviennent des réalités en un temps record.

Quand il entendit que Max avait prévenu Keila que Yarmy s'était mis à boire et possédait un revolver, une terreur silencieuse s'empara de lui.

Keila demanda :

« Que pouvons-nous faire ? Allons nous cacher quelque part !

— Mais où ? Nous avons à peine de quoi subsister un jour de plus.

— Tu m'as raconté une fois qu'il y a quelque part un village où travaillent des fermiers juifs.

— Tu veux dire une sorte de communauté ? Oh, mais ça n'existe plus, ça n'a pas marché. Et puis je n'y aurais pas eu ma place. Ils voulaient tous là-bas rendre le monde meilleur. Mais ils ont fini par se bagarrer entre eux. Il y a eu un article là-dessus dans un journal.

— Alors, qu'est-ce qu'on va devenir ?

— D'abord, arrête de pleurer. Ça ne sert à rien.

— C'est moi qui t'ai entraîné dans cette boue. Alors je sais ce qui me reste à faire.

— Vraiment ? Dis-le-moi.

— Non, je ne te le dirai pas. Je vais te quitter. Quand il viendra, explique-lui que je suis partie. Je ne veux pas que tu risques ta vie à cause de moi. Tu m'as amenée en Amérique, cela suffit. J'irai où mes pieds me conduiront. Personne ne saura où j'ai disparu. Un jour, bientôt, ta Solcha va arriver et elle sera une bonne épouse pour toi. Elle a de l'éducation. Personne n'est à sa recherche. Je suis comme une chienne après qui tous les chiens courent.

— Mais où iras-tu ? Qu'est-ce qui t'arrive ?

— Où, je ne sais pas. Je ne veux qu'une chose : que tu te souviennes de moi avec tendresse. Je vais prendre mes affaires et partir.

— Tu ne feras rien de tel ! Ça ne résoudrait rien. Si, quand il arrive, il découvre que tu es partie, il croira que je te cache quelque part et exigera de savoir où, et alors il...

— Qu'est-ce que je peux faire ? Bunem, tu m'as dit que le vieux monsieur pour qui tu travailles et sa fille veulent que tu viennes habiter chez eux. Vas-y. Je me débrouillerai.

— Il est capable de te faire du mal.

— Je l'attendrai un couteau à la main. J'en ai vu un tout à l'heure dans la charrette d'un marchand ambulant. Il doit y être encore. Si Yarmy arrive prêt à employer la force, j'en ferai autant. Je ne suis pas une petite effarouchée. Je le frapperai droit à la gorge !

— Oh, Keila !

— Va tout de suite chez ces gens.

— Ils se demanderont pourquoi je débarque chez eux tout à coup.

— Qu'ils se le demandent. Je n'attendrai pas que Yarmy commence à me jouer un de ses sales tours. Bunem, j'ai déjà vécu ce genre de scène. Une fois, un mac s'est introduit dans ma chambre en pleine nuit et a voulu abuser de moi. Je me méfiais de lui et j'avais caché un gros bâton sous mon oreiller. Avant qu'il puisse seulement ouvrir la bouche, je lui ai flanqué un bon coup. Il a reculé aussitôt, tout couvert de sang. À partir de là, il m'a fichu la paix. Bunem, où as-tu caché le whisky ? Il faut vraiment que je boive.

— Pas maintenant. Il ne va pas venir tout de suite. Et je ne peux pas arriver chez le vieux monsieur sans prévenir. Je dois attendre jusqu'à demain matin.

— Il est parfaitement capable de surgir d'une minute à l'autre. Bon, comme tu veux. Je vais aller acheter ce couteau que j'ai vu dans Attorney Street. Il y avait aussi un marteau. Je vais prendre les deux et je reviens.

— Ne fais rien que tu regretteras après.

— C'est lui qui aura des regrets. Pas moi. Passe-moi la bouteille. »

Bunem hésita un peu, puis la lui tendit. Elle but bruyamment au goulot. Il la regarda tristement, avec en même temps un mélange de surprise et d'envie de rire. Il oubliait parfois, pendant des jours et même des semaines, qu'il vivait avec une femme sortie de la pègre. Elle se comportait de façon si respectable, tranquille, soumise, en parfaite épouse. Puis, d'un seul coup, une sorte de sauvagerie s'éveillait en elle. Dès qu'elle touchait à l'alcool, son visage changeait, devenait tout rouge. Elle dévisagea Bunem de ses grands yeux verts, d'un air à la fois résolu et joyeusement combatif. Elle vida la bouteille, puis la jeta comme l'aurait fait un paysan à la taverne. Elle atterrit sur le lit.

« Attends-moi, dit-elle. Je reviens tout de suite. Mets le verrou et ne laisse entrer personne. »

Et Bunem l'entendit descendre l'escalier en courant. Il verrouilla la porte et, au bout d'un moment, reprit son livre. Il tomba sur un mot en anglais qu'il ne connaissait pas et chercha dans le dictionnaire ce qu'il signifiait. Il le nota avec son sens sur un bout de papier qu'il rangea dans une boîte à cigares. En dépit de l'angoisse qui l'étreignait, il s'émerveilla de la richesse et de la précision de la langue anglaise. Quant à lui, Bunem, il était déjà perdu, dans ce monde-ci et dans l'autre.

4

Le jour passa. Yarmy n'était pas venu. Keila avait posé le couteau et le marteau sur la table. Bien qu'il eût résolu depuis longtemps de ne solliciter aucune faveur du Tout-Puissant, Bunem pria quand même silencieusement Dieu, roi de l'Univers, de le laisser survivre à cette nuit-là sans qu'un scandale éclate et sans que Keila se livre à une action violente. Elle fit sa toilette comme d'habitude et se brossa les cheveux avant de se coucher. Il essaya pour sa part de lire à la lueur de la lampe à pétrole, mais les mots dansaient devant ses yeux et il posa son livre. Il vivait avec une putain. Un maquereau, doublé d'un assassin en puissance, projetait de venir le trouver, revolver au poing. Était-il possible de tomber plus bas ? Keila éteignit et vint le rejoindre au lit. Il sentit aussitôt l'odeur de l'alcool. Le whisky l'avait échauffée et elle se jeta sur lui avec une passion d'ivrogne. Son visage était brûlant contre le sien. Elle se colla à ses lèvres, puis rugit passionnément :

« Mon seigneur ! Mon unique seigneur ! Je veux mourir pour toi ! Je suis prête à tuer pour toi, à faire couler le sang, à aller moisir en prison ! Je suis à toi, à toi, à toi ! Aucun homme n'aura plus jamais le droit de toucher mon corps ! Prends-moi ! Prends-moi ! Mets-moi en pièces ! »

Elle criait si fort que Bunem lui plaqua une main sur la bouche. On aurait pu l'entendre jusque dans la rue. Les voisins risquaient d'arriver en courant. Elle était dans un tel état d'excitation que le jargon des bordels lui revenait, avec toutes sortes d'expressions comme il n'en avait jamais entendu. En proie lui-même à un violent désir, suscité par celui de Keila, il eut néanmoins le temps de se dire que non seulement l'anglais mais aussi le yiddish étaient des langues incroyablement riches. Quand, ses sens satisfaits, elle s'endormit d'un profond sommeil, elle ronfla un peu.

Depuis que Bunem s'était émancipé de son milieu familial, il entendait ses nouveaux amis traiter le yiddish de toutes sortes de noms, un jargon, de l'argot, une sous-langue. Pour les sionistes, c'était le langage de la Diaspora. Ils proclamaient que, dès que le rêve de Herzl se réaliserait, les Juifs le rejetteraient comme marqué au sceau du ghetto, ils parleraient tous l'hébreu. Herzl, pour sa part, proposait que la langue officielle de la Palestine soit l'allemand. Pour les Juifs, partiellement ou totalement assimilés, ainsi que pour les Gentils de nationalité polonaise, le yiddish n'était que le charabia d'une tribu à demi civilisée.

Même Peretz, que Bunem était allé entendre plusieurs fois au Théâtre polonais – c'est là qu'il avait appris à mieux connaître Solcha –, se plaignait dans un de ses poèmes que le yiddish manquât de goût et le comparait à de la guimauve. Il se dit brusquement que le yiddish et Keila connaissaient le même sort : à la fois on leur crachait dessus et on les désirait. On les accusait d'être vulgaires. Mais n'avait-on pas dit cela, plusieurs siècles auparavant, de l'italien, du français, de l'anglais, du russe, de l'allemand ? La noblesse polonaise ne crachait-elle pas sur le polonais, élevant ses enfants à ne parler que le français ?

Bunem pensa qu'il allait avoir besoin de davantage de boîtes de cigares pour y collectionner des mots rares en yiddish, ainsi que des expressions et des phrases entières. Keila pourrait être une excellente source d'inspiration en ce sens.

La fatigue l'envahissait mais le sommeil ne venait pas. Dès qu'il s'assoupissait un peu, il se réveillait presque aussitôt en sursaut. Aller s'installer chez les Sugarman ? Laisser Keila se tirer d'affaire seule ? Une fille comme elle était capable de tuer. Ou Yarmy pouvait tirer sur elle avant.

Bunem se souvint soudain que cela faisait deux ans qu'il avait rencontré Keila, à quelques jours près. Elle avait surgi dans le bureau de son père, la veille de Souccoth. Où en serait-il aujourd'hui s'il ne s'était pas trouvé chez lui cet après-midi-là ? Il peindrait ou dessinerait dans l'atelier de Klietchko, il devrait s'asseoir avec son père dans la soucca, l'accompagner à la maison de prière de Sochaczew. Tant de choses s'étaient passées depuis deux ans, toute une éternité.

L'aube se levait déjà quand il finit par s'endormir. Il se leva tard. Keila était déjà partie à son travail chez le docteur Welcher, laissant des petits pains frais sur la table et une cafetière sur le fourneau à gaz. Il avait dormi d'un sommeil lourd, au point de ne même pas lui avoir dit au revoir.

On frappa à la porte. Était-ce Yarmy ? Bunem vit, posés bien en évidence, le couteau et le marteau, mais il se sentit incapable d'aller ouvrir ainsi armé. Et s'il n'ouvrait pas ? On frappa plus fort. Il demanda : « Qui est là ? » Une voix d'homme répondit, mais il ne comprit pas ce qu'on lui disait.

« Bon, eh bien, advienne que pourra. De toute façon, je suis perdu. »

Il ouvrit, et ce n'était pas Yarmy qu'il vit devant lui,

mais un coursier, un Gentil, qui lui tendit ce qui ressemblait à une lettre – en fait, un télégramme. Il l'ouvrit et lut : « Je vais mieux. Je vais bientôt te rejoindre. Très affectueusement, Stasha. » C'est-à-dire Solcha.

C'était envoyé d'Arkhangelsk, donc elle avait réussi à s'échapper et à se procurer un faux passeport. Bunem voulut donner un pourboire au garçon, mais celui-ci était déjà parti.

Sur le coup, il ne sut pas s'il devait se réjouir de cette nouvelle ou déplorer la perspective d'entraîner bientôt Solcha dans les complications de sa vie à lui. Il prit toutefois très vite une décision : ne pas en dire un mot à Keila. Au cours des mois qui venaient de s'écouler, il semblait s'être accoutumé à accepter bien des tours et détours qui l'auraient choqué autrefois, étant donné sa nature profonde.

Il réalisa qu'il avait faim, mangea les petits pains et but le café. Comment Solcha avait-elle réussi à s'enfuir, se demanda-t-il. Les anarchistes devaient sûrement l'avoir aidée. Il y en avait partout, bien cachés, de même que des socialistes. Pas une semaine ne s'écoulait sans que la presse yiddish raconte l'évasion de prison ou de l'exil sibérien et l'arrivée en Amérique de tels ou tels réfugiés – parmi lesquels de nombreux Juifs. Ils prononçaient des discours dans des grandes salles et attiraient toujours un large public. Chaque fois, dans l'article qui en rendait compte, on disait qu'il n'y avait pas eu de place pour tout le monde et que beaucoup de gens avaient dû rester dehors.

Lui, Bunem, avait déjà assisté à ce genre de réunions ou de conférences. Les orateurs donnaient les dernières nouvelles de Russie : le peuple s'agitait, demandait plus de liberté, d'égalité. Les paysans voulaient être mieux nourris, mieux logés, mieux vêtus. Certains réclamaient le droit à l'éducation pour leurs enfants. De plus en plus de jeunes, garçons et filles, allaient « parler aux gens », essayaient de leur expliquer que la Constitution et la douma que leur avait allouées le tsar ne servaient qu'à tromper les paysans et les ouvriers. Seule une révolte armée pourrait déboucher sur des lendemains meilleurs.

Il arrivait que des socialistes allemands interviennent dans ces meetings, et parfois des américains, pour souligner qu'en dépit de la pilule dorée qu'Oncle Sam jetait aux classes laborieuses l'Amérique, au fond, n'était pas tellement différente de la Russie et d'autres puissances impérialistes. Tôt ou tard, ici ou là, il faudrait déclencher la lutte pour un avenir plus prometteur. Ce genre de discours était toujours accueilli avec enthousiasme. Ceux qui s'exprimaient en yiddish insistaient sur le fait que les capitalistes ne s'intéressaient qu'à une chose : maintenir les Juifs à l'écart et les laisser se nourrir de rêves sionistes et de souvenirs religieux du passé. La révolution mettrait un terme aux divisions entre les races, les religions, les classes, le statut des uns et des autres. Chacun appartiendrait alors à une seule et même humanité unie.

Après avoir mangé, il partit chez les Sugarman.

La litanie « Hochana », la chantait-on le lendemain ou le surlendemain ? Ici, en Amérique, il oubliait les dates des grandes fêtes. Excepté à Kippour et à Rosh Hashanah, les gens n'assistaient guère aux services religieux. Presque tous les immigrants travaillaient pendant le shabbat et les boutiques restaient pour la plupart ouvertes. En grandissant, les enfants oubliaient complètement tout ce qui touchait à la tradition juive.

Bunem, en chemin, n'avait toujours pas décidé s'il allait dire aux Sugarman qu'il s'installait chez eux, au moins pour la période de fête, ou s'il prenait le risque d'une confrontation avec Yarmy. Le vieux monsieur et sa fille, veuve et déjà âgée elle-même, habitaient un grand appartement avec seulement leurs domestiques, et il craignait qu'ensuite ils ne le laissent plus repartir.

Il ne voulait pas non plus, ni ne pouvait rompre complètement avec Keila, même s'il ne savait absolument pas quoi faire d'elle quand Solcha serait là. Il pensa à une solution, puis à une autre, sans rien décider. Depuis longtemps, il comprenait que le plus difficile pour lui – et peut-être pour tout le monde – c'était de prendre une résolution et de s'y tenir. Dans sa vie, il en avait déjà pris, mais sans jamais en respecter aucune.

« Eh bien, se dit-il, il arrivera bien quelque chose. » Le temps et les circonstances avaient leur propre logique. Toute la philosophie de Hegel était fondée sur cette idée.

5

S'il ne pouvait pas abandonner Keila en allant vivre chez Morris Sugarman, il avait au moins promis à ce dernier de l'accompagner aux processions du huitième jour de Souccoth et de partager le repas de fête avec lui. À la synagogue que fréquentait le vieux monsieur, on ne célébrait plus le deuxième jour. Bunem finit par trouver un compromis : il resterait la nuit à l'appartement avec Keila mais s'arrangerait pour ne pas y être dans la journée. Si Yarmy finissait par surgir, ce ne serait probablement pas en pleine nuit.

Bunem souhaitait reprendre, après les fêtes, un poste d'enseignant, cette fois au sein de la Société pour la culture roumaine. Il pourrait ainsi, pendant son temps libre, fréquenter la bibliothèque d'East Broadway ou celle de l'Alliance pour l'éducation. Au fond de lui-même, il se traitait de poltron, mais il n'avait tout simplement pas la force d'envisager de se battre avec un misérable mac armé d'un couteau.

En outre, depuis qu'elle avait revu Max, Keila s'était mise à boire. Elle commençait dès le matin. Devenue étrangement bavarde, elle n'arrêtait pas de répéter qu'elle saurait très bien se débrouiller seule avec Yarmy, et même avec Yarmy et Max ensemble, en ne demandant qu'une chose à Bunem : rester loin de leur appartement et ne pas essayer de l'aider. Elle disait sans arrêt qu'elle ne craignait personne et se tirerait d'affaire sans l'aide de qui que ce soit.

La synagogue fréquentée par Morris Sugarman se trouvait dans un beau quartier habité surtout par des Gentils. En l'honneur de Souccoth, il portait un habit neuf et un chapeau haut de forme. Il fit le trajet en voiture, avec sa fille et Bunem. Celui-ci avait mis son meilleur costume et une chemise propre, mais se sentit assez misérable à côté des jeunes de l'assistance. À Varsovie, il passait pour être grand, mais ici, dans cette synagogue qui faisait paraître celle de la rue Tlomacka très petite et très modeste, il se retrouvait entouré de garçons et même de filles de plus haute taille que lui. Tous priaient dans des livres en anglais, semblables à ceux des chrétiens dans leurs églises. Bunem eut soudain l'impression que son costume devenait un caftan et qu'il lui poussait brusquement des papillotes, comme par magie. On le regardait un peu bizarrement. Plusieurs femmes lui sourirent.

Il avait déjà lu des ouvrages en anglais, en notant soigneusement les mots nouveaux. Mais il ne comprenait rien quand on s'adressait à lui dans cette langue et craignait que quelqu'un ne vienne lui parler. Un homme pourvu d'un gros ventre s'approcha de Morris Sugarman, le salua et lui tendit une main où brillait une bague ornée d'un diamant. Il lui souhaita une bonne fête et le vieux monsieur lui présenta Bunem en allemand – en fait, une sorte de judéo-allemand. Il s'avéra qu'il s'agissait du président de la synagogue. En entendant que Bunem était le fils d'un rabbin de Pologne à qui Mr. Sugarman dictait ses mémoires, son large visage s'illumina d'un sourire et ses yeux marron exprimèrent un mélange d'amabilité et de ruse. Il s'exclama, dans le même judéo-allemand :

« Comme c'est merveilleux ! Étudiez-vous le Talmud ? Oh, cela nous fait acquérir une telle sagesse ! Quel dommage que mes parents ne m'aient pas permis de le faire... Mon honorable père était un commerçant et il m'a élevé pour avoir surtout du sens pratique, ah, ah, ah ! »

Le fait de prier en anglais, avec des femmes dans l'assistance au milieu des hommes, la présence d'un orgue, d'un chœur mixte, de vitraux colorés, tout cela évoquait à Bunem une église – de même que les énormes bouquets de fleurs de chaque côté de l'Arche sainte. Cette synagogue était aussi éloignée de la maison de prière de Sochaczew que New York de Varsovie. Le hazzan portait une calotte à six pointes et une sorte de tunique ressemblant au surplis d'un prêtre. C'était aussi lui qui dirigeait le chœur. Bon, mais où était-il écrit que Dieu aimait mieux la pauvre synagogue polonaise que ce temple libéral américain ?

Et quel rapport Bunem entretenait-il encore avec Dieu ? Il ne respectait plus aucune loi ni aucun des dix commandements. Quelqu'un comme lui n'était guère en position de critiquer quiconque.

Il feuilleta le livre de prières que quelqu'un lui avait remis et essaya de comprendre le sens des mots en les traduisant mentalement en yiddish et en hébreu. Il jeta aussi un coup d'œil aux jeunes femmes qui chantaient dans le chœur. On aurait dit des chrétiennes, avec leurs cheveux blonds et leurs petits nez retroussés. Leurs voix exprimaient un mélange d'assurance, d'orgueil et d'audace. Elles ne louaient pas le Seigneur mais mettaient en avant leur beauté et leur éclatante bonne santé qui attiraient les hommes. Il y avait dans l'air une odeur d'encens. Dieu permettait cela – et restait silencieux. Il se rappelait ce que son père disait : si un Juif est obligé de choisir entre pénétrer dans une église ou dans une synagogue de ce genre-là, mieux vaut l'église. Mais cela n'était-il pas décidé au ciel ? Dans la famille de Bunem, des jeunes s'étaient assimilés et d'autres, même, convertis. Un descendant de Rabbi Akiba avait été consul à Varsovie…

Dans la voiture, en rentrant, Morris Sugarman expliqua que, pendant de nombreuses années, les Juifs allemands avaient regardé de haut les immigrants juifs venus de Russie et d'autres pays d'Europe de l'Est. Mais cela semblait se calmer un peu. Depuis 1905, les Juifs russes et polonais arrivaient par dizaines et centaines de milliers, envahissant New York, Chicago, Detroit, Philadelphie et autres grandes villes. Ils construisaient maintenant leurs synagogues et créaient peu à peu une culture qui leur était propre, un mélange de yiddishisme, de socialisme, de sionisme et Dieu sait quoi d'autre. Ils étaient les plus nombreux dans les réunions professionnelles. Les Juifs allemands, en moins grand nombre, mais presque tous devenus riches, s'assimilaient souvent complètement et vivaient comme des Gentils. Les autres ne pouvaient pas ignorer tout à fait les « Ost-Juden », comme on les appelait, et s'en rapprochaient.

Il commençait à être tard quand Morris Sugarman et sa fille Bessie se mirent à table pour le repas de fête. La cuisinière chrétienne avait préparé du poisson, des sortes de *kreplach** assez peu juifs, des légumes et une soupe au chou comme celle qu'on servait en Pologne. Mais cela ne ressemblait pas du tout au dîner auquel Bunem était habitué ce soir-là. Son père rentrait un petit peu ivre de la maison de prière de Sochaczew. Au moins un hassid sur trois portait un toast, avec du vin ou de l'hydromel. À la maison, les femmes avaient préparé quantité de strudels, de tartes, de crêpes et d'énormes marmites de chou aux pommes et aux raisins. Dans les foyers aisés, on dansait jusque sur les tables.

Le jour de Simchat Torah, les femmes se mêlaient un peu aux hommes. Les hassidim s'enivraient et se mettaient à dire des choses qu'on aurait trouvées obscènes le reste de l'année. Reb Menahem Mendel leur rappelait chaque fois que la fête était censée être une célébration de la Torah plutôt qu'une excuse pour trop boire et, Dieu nous en préserve, ne plus respecter la Loi. Mais même lui devait détourner son regard quand les Juifs se soûlaient. Et les plus pieux d'entre eux, en particulier ceux de la cour du rabbi de Kotzk, ne perdaient pas une occasion de dire que le hassidisme mettait l'accent sur la joie dans la pratique religieuse et que la tristesse était une forme d'idolâtrie.

Chez Morris Sugarman, tout se passa en silence. Il s'assit au bout d'une longue table et Bessie à l'autre. Père et fille ne se parlaient pas, car lui n'entendait pas bien. La cuisinière apporta les plats sans rien dire. La pièce était tellement silencieuse qu'on entendait le tic-tac de la vieille pendule accrochée au mur, une antiquité venue d'Allemagne. Tout était d'excellente qualité – la nourriture, la vaisselle, l'argenterie, la belle nappe. Morris Sugarman possédait même des couverts en or dont il se servait ce jour-là en l'honneur de la fête.

Il se versa un petit verre de sherry et en proposa à Bunem, en lui tendant la carafe en cristal. Il y avait tout, dans cette demeure, la foi en Dieu, le respect du judaïsme, la croyance en la venue du Messie, tout sauf la joie. À la synagogue de Sochaczew, la vieillesse n'était pas considérée comme un malheur, au contraire. Les vieux hassidim se souvenaient de Reb Mendele, le rabbi de Kotzk, et louaient sa sagesse. Certains se rappelaient même Rabbi Bunem Przyscher – dont Bunem portait le nom. Les jeunes se considéraient privilégiés de pouvoir échanger quelques mots avec eux.

Ici, en Amérique, les gens avaient peur de la vieillesse. Dans les journaux, les publicités ne s'adressaient qu'aux jeunes. Les vieux avaient déjà utilisé leur part de ce monde-ci et le monde à venir ne valait rien, commercialement parlant.

Morris Sugarman parlait à Bunem, mais surtout à propos des mémoires qu'il lui dictait, et donc de choses lui étant arrivées : ses voyages en Europe et en Amérique, ses rencontres avec des millionnaires, toutes sortes de politiciens et de gens célèbres, les querelles entre New York et Washington, les nouvelles lignes de chemin de fer et les premiers gratte-ciel. C'était intéressant, mais ne vous élevait guère l'esprit. Au contraire. Ce que Morris Sugarman voulait essentiellement dire, c'est que le temps efface tout et que n'importe quelle tentative humaine n'est rien d'autre que vanité des vanités.

Le soir était tombé. Le vieil homme se mit à bâiller et des larmes de fatigue embuèrent ses yeux vitreux. Bunem annonça qu'il devait rentrer chez lui mais Bessie s'exclama :

« Vous ne ferez rien de tel. Vous dormirez ici. Je vous ai déjà préparé un lit et même sorti un pyjama. Vous n'allez pas rentrer en métro jusque dans l'East Side à une heure pareille. Après tout, vous n'avez ni femme ni enfants qui vous attendent. »

X

1

Plusieurs semaines s'écoulèrent et Yarmy ne s'était toujours pas montré. Keila supposa qu'il était parti avec Max à Buenos Aires ou dans un de ces autres pays dont elle ne savait pas prononcer le nom que d'ailleurs elle avait oublié.

Peu après Souccoth, il commença à faire froid, mais le propriétaire ne se pressait pas d'allumer le chauffage. Un après-midi, alors que Keila s'affairait en cuisine et que Bunem était parti donner des cours aux enfants à la Société pour la culture roumaine, la porte s'ouvrit et Yarmy entra. Keila avait oublié de mettre le verrou. Le couteau et le marteau étaient rangés dans un tiroir.

Elle eut du mal à le reconnaître. Il avait vieilli, était hirsute, mal habillé. Il portait une sorte de veste américaine et une chemise à col ouvert, sans faux col ni cravate. Il n'avait pas de chapeau et ses cheveux étaient parsemés de mèches grises. Keila poussa un cri et esquissa le geste d'ouvrir le tiroir où elle gardait ses armes, mais n'en fit rien. Yarmy n'avait pas l'air de quelqu'un venu pour la poignarder ou lui tirer dessus. Il sentait l'alcool. Il se mit à parler en bégayant, d'une voix changée :

« On dirait que tu ne me reconnais pas, hein ?

— Si, je te reconnais. Comme je reconnaîtrais une fausse pièce. Qu'est-ce que tu veux ? Pourquoi es-tu venu ? »

Yarmy vacilla :

« Tu es ma femme et je suis ton mari.

— Tu n'es rien du tout. Tu voulais me donner à Max, ce pervers. Tu es ce que tu as toujours été, un voleur, un bon à rien, un nul. Yarmy, entre nous, tout est fini. Je veux vivre ma vie. Tu peux vivre la tienne. Ce qui a existé autrefois est mort et enterré.

— Keila, tu es *ma* femme, et pas celle de ce crétin de la maison d'étude. Il existe un contrat entre nous.

— Il n'y a rien. Tu disais toi-même qu'un contrat de mariage, ce n'est qu'un bout de papier, pas plus.

— Oui, mais ce genre de bout de papier peut avoir beaucoup d'importance. Et je t'avais donné une bague. Celle de ma mère.

— Il y a longtemps que je l'ai jetée. »

Ils restèrent silencieux un moment. Yarmy lançait des regards en coin à Keila, d'un air perplexe, comme s'il se demandait : « Comment l'amour peut-il se transformer en une telle haine ? »

Keila, elle, semblait stupéfaite de ce qu'elle venait de dire. « Pourquoi lui en vouloir autant ? se demandait-elle. Est-ce sa faute si maintenant j'en aime un autre ? Il a l'air épuisé, malade. »

Elle dit alors :

« Yarmy, je n'ai rien contre toi. Tu es ce que tu es et ce que tu resteras toujours. Mais laisse-moi tranquille. Bunem, pour moi, est comme un mari, un frère, tout. Où est Max ? Toujours à New York ?

— Max est au Brésil.

— Pourquoi n'es-tu pas parti avec lui ? Je lui avais dit qu'entre toi et moi tout était fini.

— Keila, je ne peux pas continuer à vivre sans toi. »

Et Yarmy vacilla encore plus, comme s'il allait tomber. Un instant, il redevint le Yarmy d'autrefois. Il la dévisageait avec dans le regard l'ironie du plus fort à qui tente de s'opposer le plus faible. Il examina ses mains. Aussitôt Keila braqua ses yeux sur le tiroir où elle avait caché ses armes. Elle éprouvait de la pitié pour lui mais se sentait quand même prête à le poignarder ou à lui ouvrir le crâne en deux s'il essayait de la prendre de force. Son odeur de whisky l'enivrait un peu, tout en suscitant en elle un dégoût comme elle n'en avait jamais ressenti, même avec des clients complètement ivres. Elle faillit vomir, un mauvais goût lui envahit la bouche. Yarmy se mit à parler d'un ton mi-autoritaire et mi-plaintif, comme un mari à qui sa femme veut résister.

« Keila, mais tu ne vois pas que je suis malade ? »

Elle hésita un instant :

« Qu'est-ce que tu as ?

— J'ai mal partout. C'est la tête, le cœur, les jambes. J'ai du mal à tenir debout. Laisse-moi m'asseoir. »

Elle ressentit comme un coup au cœur :

« Bon, assieds-toi. »

Et elle lui approcha une chaise.

« Je suis venu jusqu'ici à pied, déclara-t-il, s'adressant moitié à elle, moitié à lui-même. Je viens du Bowery. C'est aussi loin que de Muranow à la rue Krochmalna.

— Pourquoi n'as-tu pas pris le... Comment ça s'appelle déjà ?

— Je n'ai pas un sou.

— Max ne t'a rien laissé ?

— Max m'a laissé une fortune, mais j'ai tout dépensé. »

Keila s'indigna, avec la colère d'une véritable épouse :

« Dépensé, vraiment ! Et à quoi ? À jouer aux cartes ?

— Aux cartes, aux courses. J'ai bu aussi. Sans toi, je ne suis plus rien.

— Misère de misère ! Qu'est-ce que je peux faire pour toi ? Pourquoi n'es-tu pas parti avec Max ?

— Je voulais être là où tu étais. Donne-moi un verre de thé. Et j'ai faim.

— Oui, bon. Mais je veux que tu comprennes que, pour toi, je suis morte. Imagine que je suis couchée six pieds sous terre.

— Non, je ne peux pas. Mille fois je me suis juré

de ne pas venir te voir. Mais j'étais attiré comme par un aimant.

— Attends, je vais te servir quelque chose. »

Elle lui tendit un petit pain, puis en beurra un autre et ajouta un morceau de fromage. Puis elle mit la bouilloire à chauffer. Tout en s'affairant, elle le maudissait et elle-même aussi : « Fils de pute, bon à rien, fléau, il aurait mieux valu que je ne voie pas le jour ! Que je crève dans le ventre de ma mère ! C'est bien ma maudite chance ! Qu'est-ce que je vais faire, maintenant ? Chercher une corde et me pendre. »

Tout en mâchonnant, Yarmy lui dit :

« Je sais tout. Cette femme – comment s'appelle-t-elle déjà –, la mère de sa fiancée, a tout raconté à Cirele, sa sœur, et quand Max est venu la voir elle a craché le morceau. Lui a même donné l'adresse de ton type. Cette fiancée fait partie d'un groupe de ces soi-disant "camarades". Elle a été jetée à la Citadelle et aurait dû être pendue, mais ses parents ont payé un avocat. Il paraît qu'on l'a expédiée en Sibérie ou le diable sait où. Puisqu'il avait déjà une fiancée, pourquoi est-il venu se jeter à tes pieds ? À la fois un prof et un mac, hein ? Son père, ce saint Juif, a observé le deuil comme s'il était mort. Pour ces gens-là, l'Amérique, c'est pire qu'une conversion. Il ne va pas traîner longtemps avec toi. Attends un peu que sa fiancée soit libérée et il te fichera à la porte. Et qu'est-ce qu'il te restera ici ? Ça ne sera pas mieux que ça ne l'était rue Krochmalna. Ce sera pire. Avec moi, tu n'avais pas besoin de travailler comme bonne chez des gens. Tu étais maîtresse chez toi. Je te baisais les pieds. Tu faisais tes propres courses. Tu n'avais pas à porter le panier d'une patronne.

— Je ne porte le panier de personne. Le thé est prêt.

— Tu n'avais pas besoin de vendre des petits pains dans la rue. Je sais tout, absolument tout. Max m'a tout raconté. Ton héros, quand il n'aura plus besoin de toi, il te jettera comme un vieux chiffon. En te collant un bâtard dans le ventre, en plus.

— Ferme-la ou je te flanque dehors ! cria Keila. Je l'aime et il m'aime. Il a de l'éducation, il écrit, il étudie et, toi, tu n'es qu'une épave, un ivrogne, un minable. Tu n'as même pas le droit de prononcer son nom avec ta misérable langue.

— C'est une bonne affaire, hein ? Un vrai prince, hein ? Et en quoi est-ce un vrai trésor pour toi ? Il n'oubliera jamais d'où tu viens. Pour lui, tu n'es qu'une pute. Max m'a dit qu'il ne t'emmène jamais nulle part.

— Et qu'est-ce que Max en sait ?

— Tu le lui as dit toi-même.

— Je ne lui ai rien dit du tout. Que sa langue enfle ! Dès que je l'ai vu, ce soir-là au Théâtre yiddish, j'ai pensé qu'il était l'Ange de la Mort. Il est venu le jour de Kippour et s'est jeté sur moi comme une furie et tu sais ce qui s'est passé. C'est toi qui l'as envoyé.

— Non, je ne l'ai pas envoyé.

— Si, espèce de porc, sale pervers ! Tu l'as reconnu toi-même. Puissiez-vous brûler en enfer tous les deux. Après, je n'ai plus jamais été la même Keila. J'ai vu à quel point je m'enfonçais dans la boue. J'ai couru à la maison de prière et j'ai commencé à demander pardon devant la sainte Torah. Mes pieds m'ont ensuite conduite tout droit chez ce saint rabbin et Bunem se trouvait là. C'était la volonté de Dieu. À l'instant où je l'ai vu, j'ai compris ce que signifie aimer.

— Tu l'aimes et lui se moque pas mal de toi.

— Il m'aime, il m'aime. Il me traite en égale. Il m'apprend l'anglais. Quand nous sommes au lit, il me parle de choses sérieuses, le soleil, la lune, les étoiles, des événements d'il y a longtemps.

— Tu as besoin de cela comme un chien d'une cinquième patte.

— Tiens, voilà ton thé. Bois-le et fiche le camp d'ici.

— Keila, ne me jette pas dehors... »

2

Yarmy demanda à Keila de lui servir un peu de whisky et, après avoir d'abord protesté, elle posa une bouteille devant lui. Au bout d'un moment, elle but quelques gorgées elle-même. Il avait promis de se contenter d'un seul verre, mais il lui en fallut trois. Il devint alors très bavard et parla de la taverne des voleurs du 6 rue Krochmalna, où se retrouvaient Itche l'Aveugle, leurs copains d'autrefois, et Eliezer, le patron. Keila commença par dire qu'elle ne voulait plus rien savoir de cet endroit-là et de la pègre qui le fréquentait. Mais les paroles de Yarmy éveillaient en elle une grande nostalgie. Ici, à New York, elle ne connaissait personne, à part quelques voisins et le docteur Welcher, le vieux célibataire, qui ne lui disait pratiquement jamais rien. Là-bas, on parlait d'elle, on se souvenait d'elle, on l'enviait d'être revenue dans le droit chemin et de vivre honorablement avec un fils de rabbin. Yarmy affirma que tout le quartier en discutait. Les prostituées étaient fières qu'elle ait réussi à se libérer de sa vie honteuse.

Et tout de suite après, il se mit à raconter ses voyages avec Max. C'était un peu confus, au début, mais elle fut vite curieuse d'en savoir plus. Ils étaient allés à Lublin, à Zamosc, à Krasnostow, à Izbitze et à Piask, le fief des voleurs. Dans une de ces villes, Max avait retrouvé par hasard une épouse qui depuis bien des années était considérée comme une femme abandonnée par son mari. Il lui avait aussitôt accordé le divorce, pour réparer le tort causé autrefois. Et il fit la connaissance de ses enfants, quittés quand ils étaient encore bébés et qui voyaient maintenant leur père pour la première fois.

Yarmy poursuivit :

« Keila, avec tout ce que j'ai vécu, on pourrait faire un livre. J'ai déjà rencontré pas mal de voyous, mais comme Max, jamais. En plus, il est fou. Il s'est fourré dans de si sales histoires qu'il aurait mérité d'être pendu pas une fois, mais au moins cent. Or il arrive à se sortir de tout. S'il veut, il peut discuter comme un vrai avocat, citer des extraits de textes de loi et le diable sait quoi encore. À un Russe, il parle comme s'il était russe lui-même et à un Allemand comme s'il était allemand. Plusieurs femmes qu'il avait abandonnées se sont jetées sur lui en hurlant, comme si elles allaient lui arracher les yeux. L'une brandissait même un bâton. Mais avant d'avoir le temps de dire quoi que ce soit, voilà qu'elles se mettaient à l'embrasser et qu'il leur promettait la lune et les étoiles. Il pourrait convaincre une pierre de commettre un péché, aussi sûr que je m'appelle Yarmy. Un jour il prétend qu'il est complètement fauché et voilà qu'il arrive avec un portefeuille bien gonflé. C'est un véritable sorcier, que le diable l'emporte. Peut-être possède-t-il une machine qui imprime des billets de banque ? Deux fois, on a voulu le flanquer au trou, mais il a failli faire perdre leur tête aux policiers, et voilà qu'ils se sont mis à lui présenter des excuses et à le traiter comme un général. Il possède au moins dix passeports et se souvient de tous les noms qui y figurent, celui d'un Juif, puis d'un Gentil, après d'un Russe. Dans le train, il brandissait le genre de passe qui permet de voyager sans payer. Avec tout ça, j'aurais dû me sentir au septième ciel, mais je ne pouvais pas cesser de penser à toi. J'étais obligé de boire, sinon j'aurais perdu l'esprit. Max est tout à la fois un homosexuel et pas un homosexuel. Il aime les garçons et aussi les filles. À Izbitze, voilà que surgit une de ses tantes, sourde comme un pot, à moitié folle, une espèce de sorcière. D'abord elle le bénit, après elle l'accable d'injures abominables. Elle sautillait autour de lui en hurlant comme un démon et en sifflant comme un serpent. Elle devait avoir plus de quatre-vingt-dix ans, peut-être même cent ans. Le visage couvert de pustules, fripé comme une feuille de chou. Elle crachait tel un chat attaqué par un chien. Un de ses crachats m'a atteint à la joue, brûlant comme du feu. On était un vendredi et elle s'est plantée devant son fourneau pour préparer des crêpes. Pourquoi avait-elle besoin d'en faire autant étant donné qu'il ne lui restait plus une seule dent ? Elle a voulu que j'en goûte une, mais j'ai eu peur qu'elle m'empoisonne. Elle a plongé les doigts directement dans la braise. Comment peut-on faire ça ? On aurait dit la Baba Yokhne, la sorcière dans certaines pièces de théâtre. Elle voulait qu'on reste pour shabbat mais un traîneau nous attendait. Max lui a donné quelques groschen et elle a couru derrière en nous jetant une grosse branche.

— Peut-être qu'elle était réellement folle, dit Keila.

— Je ne sais pas, je n'en sais rien. Parfois je pense qu'il est une espèce de sorcier – ou alors un véritable idiot. Partout où on allait, il envoyait des télégrammes. À Varsovie, à l'étranger, partout. Dès qu'il entrait dans un bureau de poste, on se précipitait pour le servir. Il n'a pas besoin de manger. Un jour on s'est attablés dans une auberge et il a commandé un repas d'au moins dix plats – mais n'en a goûté que quelques miettes. Rien de ce qu'on lui servait ne lui convenait. La serveuse, une garce à la langue bien pendue, lui a demandé : "Vous voulez quoi, la lune et les étoiles ?" Et il a répondu : "Si vous me donnez votre pucelage, je le prendrai." Elle a tellement ri que j'ai cru qu'elle allait éclater, puis a ajouté : "Mon pucelage sera pour celui qui me conduira sous le dais nuptial." Dans cette auberge, nous devions partager une chambre mais, au beau milieu de la nuit, voilà qu'il me dit : "Tu vas aller dans la pièce à côté." Je me doutais qu'il attendait quelqu'un. Plus tard encore, j'ai entendu marcher doucement. Je jette un regard et je vois la fille de tout à l'heure, pieds nus et en peignoir. Elle m'a fait un clin d'œil et a posé un doigt sur sa bouche pour me signifier "chut".

— Qu'est-ce qu'elles peuvent bien lui trouver ? demanda Keila.

— Quelque chose qu'il doit avoir. Il mourait d'envie que j'aille dans son lit mais je lui ai dit : "Sans Keila, je ne suis plus bon à rien !"

— Yarmy, j'appartiens maintenant à Bunem. Je veux mener une vie honnête.

— Honnête, hein ? À Wysoka, j'ai discuté avec un Juif pieux qui connaît les livres saints et il m'a dit que, tant que je ne t'accorde pas le divorce, chaque minute que tu passes avec ce crétin constitue le pire des péchés – du genre qui fait qu'on reste dans la géhenne pour toujours. Ce sont ses propres mots.

En outre, une femme juive respectable doit aller au bain rituel, sinon elle est toujours impure.

— J'irai au bain rituel quand Bunem me dira d'y aller.

— Et comme il ne te le demande pas, cela veut dire qu'il ne vaut pas mieux que moi. Max voulait faire de toi une madame, une patronne. Tu te serais vautrée dans les diamants. Étant donné que tu es déjà impure, de toute façon, pourquoi ne pas au moins profiter un peu de l'existence ? Avec nous, tu aurais la belle vie, alors qu'ici tu es habillée comme une pauvresse. Allez, portons un toast.

— Non, Yarmy. Va-t'en.

— Je vais partir et je ne reviendrai jamais. Max m'a donné son adresse. Et toi, tu resteras toute seule, la femme adultère. Sans divorce, tu es à moi, et la pécheresse c'est toi.

— Pécher ne me fait pas peur. Il n'y a pas de Dieu. Il existe maintenant des machines qui volent au-dessus des nuages et, là-haut, il n'y a pas de Dieu. Seulement de l'air. Yarmy, va-t'en.

— Keila, ça ne va pas être si facile pour toi. »

Il esquissa le geste de se lever. Au même instant, la porte s'ouvrit et Bunem entra. Keila n'avait pas entendu ses pas dans l'escalier. Le soir tombait déjà.

Bunem portait une sacoche que Keila avait achetée pour lui à un marchand ambulant d'Orchard Street, et deux livres empruntés à la bibliothèque d'East Broadway. Il s'immobilisa sur le seuil et dévisagea Keila et son visiteur. Il comprit tout de suite que c'était Yarmy. Sur la table, il y avait une bouteille d'alcool que Keila avait apparemment achetée en cachette, plus quelques petits pains.

Un sourire ironique se dessina sur le visage de Yarmy :

« Alors, c'est lui ton héros ?

— Yarmy, va-t'en.

— Et si je reste, qu'est-ce que tu feras ? Tu me mettras du sel sur la queue ? Tu es ma femme, et là où tu vis, c'est chez moi. Qu'il aille au diable, lui. Il m'a volé ma femme. Je ne lui ai pas volé la sienne. »

Bunem eut envie de dire que c'était chez lui étant donné qu'il payait le loyer, mais les mots restaient bloqués dans sa gorge. Il se sentait empli à la fois de rage et de peur. « Elle festoie déjà avec lui, pensait-il. Elle lui a acheté du whisky. » Un sentiment de dégoût l'envahissait, envers lui-même et les deux autres. Il s'entendit déclarer :

« Si vous êtes ici chez vous, vous pouvez y rester avec elle. Je m'en vais.

— Bunem, ne pars pas ! Qu'est-ce qui te prend ? » s'exclama Keila.

Elle se précipita pour prendre dans le tiroir le couteau qu'elle y gardait en prévision de cette rencontre.

« Yarmy, va-t'en ! hurla-t-elle. Sinon, le sang va couler !

— Vas-y, tue-moi ! »

Et Yarmy s'avança vers elle.

« Je m'en vais ! » cria Bunem et il se précipita dehors.

De l'escalier, il entendait les clameurs de Keila, mêlées à celles de Yarmy. Il se sentit soudain paralysé de peur. Il avait des étincelles devant les yeux, puis des flammèches, et soudain il se crut temporairement aveugle. Il eut l'impression d'avoir les jambes en coton et de sentir le sol se soulever sous ses pieds. « C'est un tremblement de terre, ou quoi ? » se demanda-t-il.

La rue était pleine de passants et de gens debout ou assis sur les marches devant leur porte. Il ne voyait pas vraiment les visages, seulement des images floues. « Eh bien, se dit-il, c'est la fin, vraiment la fin. » Il avait la bouche sèche et se sentait étouffer. Au bout d'un moment, il recommença à marcher normalement. « Ils sont capables de me dénoncer à la police. On me mettra en prison et, ensuite, on m'expulsera... »

Après avoir parcouru une certaine distance, il réalisa qu'il retournait d'où il était venu et approchait déjà de la 14e Rue. Il se dirigeait vers la 19e Rue, où habitait Morris Sugarman.

3

Une fois arrivé à Union Square, Bunem fit demi-tour et repartit en sens inverse. Il ne pouvait se résoudre à laisser Keila seule avec ce voyou. Il repensait à ses cris tandis qu'il dévalait l'escalier. Mais que devait-il faire ? Même si ce sale type ne la tuait pas ce jour-là, il était capable de le faire une autre fois. Bunem avait lu quelque part qu'en Amérique tout le monde avait le droit de porter une arme. On pouvait entrer dans un magasin et acheter un fusil ou un pistolet. Mais était-il capable, lui, de se promener armé ? De s'en prendre à quelqu'un dont la vie n'était qu'un champ de ruines ?

« Je dois sortir de ce piège », se dit-il.

Il attendait maintenant avec impatience l'arrivée de Solcha – tout en reconnaissant que sa présence ne ferait que compliquer sa propre situation. « Je vais me suicider et mettre fin à tout ce gâchis… »

Il commençait à pleuvoir et un vent froid s'était mis à souffler. Bunem approchait du quartier juif. On sentait des odeurs de viande, de moutarde, de gâteaux. En dépit du mauvais temps, les vendeurs de rue brandissaient des journaux en yiddish et en anglais. On entendait ici et là de la musique s'échapper des restaurants, des chansons en yiddish, en russe ou en hongrois entonnées par des musiciens professionnels ou des habitués. De temps à autre, une prostituée décochait un clin d'œil à un éventuel client. Cela ressemblait à Varsovie – tout en étant différent. Là-bas, Bunem pouvait classer les gens d'après leur aspect, leur façon de s'habiller, chaque rue possédait son caractère propre. Il s'imaginait capable de deviner, simplement en regardant par les fenêtres, quelles sortes de familles vivaient là, quelles étaient les occupations de chacun, leurs habitudes et même leurs pensées. Mais à New York, tout semblait hostile, étranger. C'était comme si chacun ne se trouvait là que temporairement, comme si la ville entière n'était qu'une gare de triage où les gens s'arrêtaient un peu, avant de partir ailleurs. Mais pour aller où ? Au Japon ? En Chine ? Sur une autre planète ? « Ce n'est que le fruit de mon imagination », se dit-il. Il se souvint d'un passage de la Guemara où il est dit que le monde ressemble à un mariage où l'on va danser sa petite danse, avant de rentrer chez soi. Mais où était « chez soi » ? Dans la tombe ?

Bunem marchait toujours, ayant peine à contenir son désespoir. « Et si je retournais tout de suite à Varsovie ? Si je rassemblais quelques économies et partais en terre d'Israël, comme les membres du *Bilu*[1] ? Peut-être que l'âme juive est ainsi faite qu'elle doit toujours se sentir en exil parmi les Gentils. »

Il ne pouvait rien décider avant l'arrivée de Solcha. Il savait très bien qu'elle se moquait des sionistes, les considérant comme des visionnaires et des réactionnaires. Il fut soudain envahi par une terrible nostalgie du foyer de ses parents. Comment allaient son père, sa mère, Cirele, ses petits frères Shlomele et Heimi ? Il était difficile d'imaginer que, là-bas, rien n'avait changé. Son père étudiait-il toujours la Guemara, avec les commentaires de Rachi ? Sa mère lisait-elle toujours *Les Devoirs du cœur* ? Les garçons fréquentaient-ils toujours le heder ? Et Cirele

1. Mouvement sioniste né dans la Russie tsariste en 1882.

dévorait-elle toujours le même roman-feuilleton parti pour durer des années ?

Bunem arriva au niveau d'Attorney Street et s'arrêta devant son immeuble. Il leva les yeux vers les fenêtres de son appartement. Elles n'étaient pas éclairées.

Yarmy l'avait-il tuée ? se demanda-t-il, soudain paralysé par la peur. Il n'osait même pas monter jusqu'au quatrième étage. Soudain, il se souvint qu'il n'avait pas la clé sur lui. Il l'avait laissée à l'intérieur. Peut-être se trouvaient-ils là tous les deux, endormis après avoir couché ensemble ? Peut-être Yarmy s'était-il suicidé après avoir poignardé Keila ?

Bunem réfléchit longuement, puis décida de prendre l'escalier. Une fois devant la porte, il frappa mais personne ne répondit. Il insista et appela :

« Keila ! Keila ! »

« Elle doit être étendue par terre, morte », se dit-il. Et il était bien possible qu'on l'accuse, lui, de l'avoir tuée.

Il alla frapper en face, chez les voisins, un couple âgé, sans enfants. En vain. Peut-être était-il au théâtre, sur la Deuxième Avenue.

Il revint taper à sa propre porte, mais toujours pas de réponse. Fallait-il qu'il aille tout raconter à la police ? Il aurait dû alors le faire tout de suite. Maintenant, c'était trop tard, beaucoup trop tard. La peur lui tordait le ventre. Il redescendit l'escalier. Dehors, il ne pleuvait plus et un vent froid soufflait. Devait-il aller tout de suite chez les Sugarman ?

Une voix intérieure lui murmurait : « C'est le moment de te suicider et de mettre fin à cet esclavage, à cette aventure dégradante qu'on appelle la vie. »

Il n'éprouvait plus d'affection que pour son père, sa mère, Cirele et Keila – si elle était encore en vie. Et Solcha, alors ? Que se passerait-il si elle arrivait en Amérique et découvrait qu'il était mort ?

Il longea un parc, ou un square, planté de quelques arbres et déboucha sur une rue où, dans la journée, se tenait un marché. Les étals où les marchandises étaient disposées, vides à cette heure tardive, restaient en place. Sur le trottoir en face, s'alignaient les charrettes qu'utilisaient les grossistes pour fournir en fruits et en légumes les détaillants et les marchands ambulants. Bunem avait entendu dire que des clochards – ici, on disait des vagabonds – venaient y dormir. « Et si je me glissais dans l'une d'entre elles ? » se demanda-t-il. Mais il savait aussi que la police pourchassait ces malheureux.

Bien qu'on eût nettoyé la rue en fin de journée, cela sentait encore l'oignon, l'ail et le crottin de cheval. Dans l'encadrement des fenêtres éclairées des immeubles, tous équipés d'escaliers de secours, on apercevait des silhouettes d'hommes et de femmes. Bunem ne savait plus s'il se dirigeait vers le sud ou le nord de la ville. Il marchait le long des rues mal éclairées et finit par arriver à l'East River. Des bateaux, des remorqueurs, des péniches étaient à l'ancre. Dans le ciel surplombant le fleuve, des étoiles brillaient çà et là entre les nuages. De la fumée s'élevait des cheminées. Tout lui semblait étrangement familier, cette terre, cette eau, ce lieu où errait cette minuscule créature, douée d'une étincelle d'âme, qui s'appelait Bunem Tomaszower, perdue, apeurée, affamée, sans toit.

Finalement, il décida de repartir en direction d'Attorney Street, où il se retrouva comme plus tôt devant des fenêtres obscures et une porte fermée. Keila s'était-elle enfuie avec Yarmy ? Ou l'avait-il forcée à le suivre ? Il était trop tard pour aller chez les Sugarman et il faisait trop froid pour dormir dans la rue.

Il entendit soudain des pas dans l'escalier. Ses voisins âgés rentraient. Bunem s'excusa et leur expliqua ce qui lui était arrivé. Au début, ils ne le comprirent pas. Ils vivaient en Amérique depuis longtemps alors que lui parlait encore avec un fort accent polonais.

Au bout d'un moment, la vieille dame commença à saisir ce qui se passait. Il y avait bien un concierge dans l'immeuble mais, à cette heure-ci, il devait être parti se soûler dans un bar quelconque. Après avoir discuté un long moment, elle finit par suggérer :

« Peut-être que notre clé entrera dans votre serrure. Essayons.

— Mais elle ne pourra jamais entrer dans une autre que la nôtre, protesta son mari d'une voix fâchée.

— Ça ne coûte rien d'essayer », répliqua-t-elle.

Elle ouvrit d'abord sa porte à elle. Puis, dans la

demi-obscurité, le vieux monsieur s'affaira sur la serrure de Bunem. Il ronchonnait en même temps contre ces nouveaux venus qui n'apportaient que des ennuis.

« Eh bien, qu'est-ce que j'avais dit ? gronda-t-il, au bout d'un moment. Une clé ne convient qu'à une seule porte ! »

Au même instant, celle de Bunem s'ouvrit en grinçant. La vieille dame s'exclama :

« Tu vois !

— Qu'est-ce que je vois ? J'ai cassé sa serrure ou elle l'était déjà. Bon, eh bien, bonsoir. »

Bunem voulut leur demander des allumettes, mais ils s'étaient déjà enfermés chez eux. Immobile, dans le noir, il tremblait de peur à l'idée de ce qu'il risquait de découvrir quand ses yeux se seraient accoutumés à l'obscurité : un instant, il imagina même voir un corps étendu sur le sol. Il faillit s'enfuir, mais se retint. Peu à peu, il discerna mieux les choses. Non, il n'y avait pas de cadavre par terre. Il alla dans la cuisine et chercha à tâtons la boîte d'allumettes que Keila rangeait à côté du fourneau à gaz, mais ne la trouva pas.

« Partie avec Yarmy, marmonnait-il. Si c'est possible, alors je ne comprends rien à l'être humain. Tous ses beaux discours sur l'amour et le reste n'étaient que des mensonges. »

Il finit par mettre la main sur les allumettes, alluma le gaz et découvrit une bouteille d'alcool sur la table.

« Ainsi, elle s'est enivrée avant de s'enfuir avec lui, se dit-il. C'est peut-être mieux. Le destin a voulu que j'arrive jusqu'en Amérique. Dieu merci, ce n'est pas son sale argent qui a payé mon voyage. »

Et Bunem réfléchit qu'il se tournait toujours vers Dieu quand il avait des ennuis.

Il ne lui restait plus qu'à se déshabiller et à se coucher. Il n'avait plus l'habitude de dormir seul. Cela avait été un plaisir sans cesse renouvelé, une fois au lit, de regarder Keila faire sa toilette, se coiffer et se préparer à venir le retrouver. Elle s'était acheté une chemise de nuit noire très légère, ornée de dentelles. Avant même de toucher sa peau toujours chaude, il sentait le désir l'envahir. Elle avait toujours des histoires à lui raconter, d'autrefois, de maintenant, à propos des patients du docteur Welcher, chez qui elle travaillait, ou du commis de la boulangerie dont elle vendait les petits pains. Tous les hommes la désiraient, lui promettaient des jouissances divines. Des garçons juifs la suivaient dans la rue, des Gentils aussi. Et maintenant, lui, Bunem, était seul dans son lit.

« Je vais aller m'installer chez les Sugarman, décida-t-il. Je ne peux pas rester ici plus longtemps. »

Mais il y était pourtant bien obligé, car c'est à cette adresse-là que Solcha viendrait le rejoindre.

Il tenta de trouver le sommeil mais, dès qu'il parvenait à s'assoupir, il se réveillait en sursaut, tout tremblant. « Comment est-ce possible de mentir à ce point ? » se demandait-il encore et encore. Si le mensonge a un tel pouvoir, peut-être était-il parfois la vérité ? Cette idée le stupéfia. Peut-être que la puissance de l'idolâtrie en découlait ? Il se souvint d'une phrase dans les Psaumes : « Désemparé, je disais : tous les hommes sont des menteurs. » Oui, oui, même en ce temps-là, quelqu'un en était arrivé à cette conclusion. Mais ne s'agissant que de l'homme. Les animaux ignoraient le mensonge. La nature était totalement honnête.

4

Quelle incroyable nuit ! Bunem se tournait et se retournait dans son lit comme s'il souffrait de brûlures. Il s'endormait, se réveillait presque aussitôt. Il n'avait pas dîné, mais c'est la soif qui le torturait. Il buvait directement au robinet, puis allait aux toilettes sur le palier. Il refusait de l'admettre mais, d'une certaine manière, il désirait que cette garce, cette traînée qui s'était si bien moquée de lui revienne.

« S'il en est ainsi, alors je suis moi-même un mensonge », se dit-il.

Il n'arrêtait pas de ruminer tout ce qui lui était arrivé au cours des deux années écoulées et ne parvenait pas à y croire vraiment. On aurait dit une histoire tirée d'un livre. Il s'était éloigné de Dieu pour tomber aussitôt dans les abysses, jusqu'aux Quarante-Neuf Portes de l'Impureté. Apparemment, un seul pas séparait Dieu de Satan. Bon, mais pouvait-il, lui, Bunem, se tourner à nouveau vers Dieu ? Mais alors, quel Dieu ? Celui des Écritures, celui du Choulchan Arukh ou celui de Spinoza ?

À l'aube, il commença à se demander si Keila ne pouvait finalement pas être innocente. Peut-être que Yarmy l'avait entraînée de force. Il se souvint du couteau qu'elle gardait dans un tiroir au cas où Yarmy essaierait d'abuser d'elle. Il se leva, alluma et ouvrit le tiroir. Le marteau y était, mais pas le couteau.

« Je dois prévenir la police ! Y aller tout de suite ! » décida-t-il. Il se mit à chercher partout des traces de sang et des indices de lutte. Mais il n'y avait rien. En outre, elle avait offert à boire à Yarmy. Deux verres en témoignaient, posés à côté de la bouteille achetée par Keila.

Mais il eut peur que la police ne se retourne contre lui, l'accuse aussitôt d'on ne sait quoi. Les Gentils restaient des Gentils, même en Amérique. Il se rappelait la formule comme quoi tout jugement comporte sa part de cruauté. Les policiers, les juges, les avocats étaient tous du côté des criminels, pas des victimes. Le système judiciaire en entier s'articulait de façon à leur accorder tous les privilèges et à eux seuls.

Et qu'est-ce qu'il allait pouvoir dire aux voisins ? Au docteur Welcher et au boulanger s'ils venaient demander des nouvelles de Keila ?

Au fond de lui, il gardait l'espoir qu'elle allait

revenir, même s'il était décidé à la renvoyer tout de suite et pour toujours. Mais les jours passaient et rien ne changeait. Il commença à faire froid et, une nuit, il neigea jusqu'au lendemain matin. C'était une neige différente de celle de Varsovie, plus fine, sèche comme du sel. Tout le long d'Attorney Street, elle formait de gros tas grisâtres. Elle restait sur les toits, sur les escaliers de secours.

Depuis le départ de Keila, Bunem ne prenait plus ses repas chez lui. Il avait trouvé un café bon marché où il allait pour son petit déjeuner. Chaque matin désormais, en plus du journal yiddish, il en achetait un en anglais, et cela le surprit de voir la chute de neige annoncée en gros titre sur la première page. Était-ce quelque chose de tellement surprenant à New York ?

Dans la presse américaine, il y avait des pages entières annonçant des fêtes de fiançailles, les voyages à l'étranger de couples fortunés et reproduisant les sermons de certains prêtres et, à l'occasion, de rabbins. On publiait les photos de grands criminels accompagnées de notices souvent très élogieuses. Dans les rubriques nécrologiques, on décrivait avec force détails la profession de chaque défunt, assortie de ce qu'il gagnait tous les ans. On accordait beaucoup de place à différents sports, en particulier les courses de chevaux. Le cinéma, une sorte de théâtre en photos animées, se développait beaucoup.

Dans la presse yiddish, il était sans arrêt question de révolution, de grèves, de polémiques sans fin, alors que, dans celle de langue anglaise, prévalait surtout une sorte de calme pour ainsi dire dominical. Dans le quartier où vivait Bunem, des missionnaires distribuaient dans la rue des brochures sur Jésus. Les membres de l'Armée du Salut chantaient des hymnes. Les journaux étaient pleins de publicités vantant des aliments pour chiens, pour chats et même pour perroquets, ainsi que des produits destinés aux femmes pour s'épiler les jambes.

Bunem avait souvent l'impression que l'Amérique n'était pas seulement un autre continent, mais bien une autre planète. Il avait lu des articles sur des esprits ayant envahi une maison, des médiums faisant tourner des tables et des cadavres se matérialisant et venant raconter leurs expériences dans l'autre monde.

À New York, existaient des quartiers noirs, juifs, allemands ou italiens. À Varsovie, Bunem n'avait jamais entendu parler de l'Irlande, mais ici les policiers, les pompiers, les fonctionnaires de la mairie étaient tous irlandais. En Amérique, vivaient des Indiens, des Mexicains, des Chinois, des Esquimaux. Chaque quartier avait ses politiciens qui accordaient leurs faveurs à ceux qui votaient pour eux. Des gangsters, des truands, des *mafiosi* contrôlaient des entreprises entières. Des athées, des anarchistes, des représentants de diverses sectes religieuses faisaient des discours dans les rues le dimanche. Des suffragettes manifestaient en demandant l'égalité pour les femmes.

« Oh, je ne comprendrai jamais ce pays, se disait Bunem, on a ici une autre façon de penser. »

Des semaines encore passèrent et il n'avait toujours aucune nouvelle de Keila. Pas plus que de Solcha, d'ailleurs. Se retrouvait-elle en prison à nouveau ? Ou était-elle tombée amoureuse de quelqu'un d'autre ?

Un jour, quand Bunem arriva chez Morris Sugarman, sa fille l'informa que son père n'allait pas bien. Il avait soudain eu beaucoup de fièvre et devait rester couché. Le docteur interdisait qu'il continue à dicter ses mémoires et à recevoir des visites. Il lui fallait un repos absolu au lit. Bessie semblait très soucieuse. Elle demanda à Bunem de venir prendre des nouvelles dans quelques jours ou de téléphoner.

Il avait souvent entendu dire à quel point une profonde solitude peut être accablante, mais ne savait pas encore combien c'était douloureux. Il se comparait à ces cadavres errant dans le Monde du Chaos dont on parlait dans certains livres. Il vivait désormais sans espoir, sans but, au milieu d'étrangers qu'il ne connaissait et ne comprenait pas et avec qui il ne pouvait ni ne voulait avoir de contacts. À l'âge de vingt et un ans, il se réfugiait dans le passé, comme porteur d'une barbe déjà grisonnante.

À cause de tempêtes en mer, le courrier d'Europe n'arrivait pas et il n'avait plus reçu de lettre de Cirele. Les enfants à qui il enseignait le Pentateuque ne venaient plus aux cours à cause des chutes de neige et du verglas. Dans la presse yiddish, on annonçait que beaucoup d'usines fermaient et que, dans d'autres, on payait si mal les ouvriers pour trop d'heures de travail que des grèves éclataient.

Les pauvres fouillaient les boîtes à ordures à la recherche de quelque chose à manger. Des épidémies se déclaraient. Du funérarium d'East Broadway partaient sans cesse des cortèges funèbres. Des femmes riches organisaient des bals et des fêtes de charité afin de lever de l'argent pour les pauvres, mais cela ne suffisait pas. Des Juifs fortunés de New York, les Schiff et les Warburg, essayaient bien d'aider les immigrants venant d'Europe de l'Est, mais de tels mécènes n'étaient pas assez nombreux et il y avait tant de chômeurs que cela ne servait pas à grand-chose.

Le baron de Hirsch avait essayé d'installer des Juifs au Canada, mais il y faisait trop froid et le correspondant d'un journal yiddish écrivait que le sol là-bas était trop marécageux et que les fermiers juifs s'enfuyaient de ces villages pour aller à Winnipeg ou, s'ils en avaient les moyens, à Toronto, Montréal ou Québec. Les nouvelles venant des « colonies » d'Argentine, toujours à l'initiative du baron de Hirsch, n'étaient pas meilleures. Et, en Palestine, les colons souffraient aussi de graves privations. Là-bas, on manquait même d'eau.

5

Keila n'était toujours pas revenue et, bien que Bunem fût toujours décidé à prévenir la police, il n'en faisait rien. Il ne prenait pas non plus de nouvelles de Morris Sugarman. Il savait trop bien ce qui peut arriver quand un vieillard souffre d'une inflammation pulmonaire.

Il était aux prises à la fois à de la peur et à une sorte de passivité, de paresse qu'il ne comprenait pas bien. Il se retrouvait comme spirituellement paralysé. Il ne s'était pas attendu à un hiver aussi froid. Son appartement n'avait finalement pas de chauffage. Un de ses voisins lui dit un jour que l'immeuble était condamné et devait être démoli. On ignorait où se trouvait la propriétaire, une veuve âgée. Les locataires ne pouvaient rien faire d'autre que la maudire. Certains choisirent de déménager. Et, dès qu'un appartement était vide, les voyous du quartier venaient en briser les vitres.

La nuit, Bunem dormait avec son manteau. Keila avait laissé derrière elle plusieurs vestes et un gilet qu'il entortillait autour de ses pieds. Il craignait d'avoir une bronchite mais, jusque-là, toussotait juste un peu. Son nez coulait, il avait mal à la tête, mais pas de fièvre.

Il continuait à donner des cours aux gamins de l'école roumaine. Certains ne venaient plus, mais il restait ceux préparant leur bar-mitzvah auxquels il apprenait à réciter les bénédictions et à lire la *paracha** de la semaine.

Les gosses bâillaient et jouaient aux cartes en douce sous la table. Pourquoi se seraient-ils souciés d'un temple construit trois mille ans auparavant et en ruine depuis plus de deux mille ans ? Comment pourraient-ils s'intéresser aux sombres prophéties concernant l'Égypte ou la tour de Babel, ainsi qu'aux châtiments infligés aux Israélites ? Aucun d'entre eux n'avait la moindre intention de mettre des phylactères ni d'obéir à aucune des lois de la Torah. Ils ne pensaient qu'au football et au base-ball. Certains fréquentaient en douce les théâtres de vaudeville du Bowery.

Dieu merci, la bibliothèque était chauffée et Bunem y passait de longues heures. Il lisait surtout des livres scientifiques, des manuels de physique, de biologie, d'astronomie et d'histoire, de zoologie aussi, ainsi que des récits de voyage. Il feuilletait Platon, Aristote, Spinoza, Kant, Schopenhauer. Il y avait là des traductions de Leibniz et de Descartes, ainsi que des premières éditions de Hume, Locke et Hobbes dont quelqu'un avait fait don quelque temps avant.

Bunem pouvait désormais lire Malthus dans le texte original. Ce penseur disait l'amère vérité au sujet du monde et de la vie. À la base, il y avait les guerres, les épidémies, les famines, les massacres. Gengis Khan, Khmelnitski, Napoléon et Bismarck avaient aidé Dieu à préserver un équilibre biologique de la race humaine. Les tyrans et les dirigeants les plus cruels avaient, tels les tigres et les lions, une importante mission à remplir sur Terre. Darwin le confirmait entièrement dans ses nombreuses études très détaillées.

Le commandement « Tu ne tueras point » avait été promulgué par un Juif, pas par le créateur des loups affamés et des moutons mangés. Tous les commentaires sur les bases de la morale n'étaient rien d'autre que cela, des commentaires, puisque ces bases n'existaient pas et d'ailleurs ne pouvaient pas exister. S'il en était ainsi, pourquoi lui, Bunem, errait-il dans cette jungle où l'on tuait et dévorait sous peine d'être tué et dévoré ? Que pouvait-il espérer ? Quel sens avaient ses quêtes, ses questionnements ?

Keila était retournée auprès de son souteneur. Solcha viendrait probablement en Amérique et continuerait sa lutte pour la justice, la liberté, l'égalité et autres objectifs impossibles à atteindre. Elle voudrait très probablement un enfant de lui, pour prolonger les souffrances de la vie sur terre.

Mais il n'avait, lui, aucun désir de procréer de nouvelles générations, que ce soit de loups ou d'agneaux. Que les voleurs et les assassins s'entre-tuent, en massacrant au passage ces fous qui croyaient dur comme fer à tous les slogans creux, à toutes les fausses grandes théories.

Bon, mais alors qui était le Dieu, quelle était la nature qui avait mis tout cela en place ? Quelles forces maintenaient cet ordre-là ? De quelle nature étaient les rayonnements émis par le radium ? Après quoi couraient toutes ces étoiles, ces galaxies, ces nébuleuses ? Comment fonctionnait son cerveau à lui, Bunem ?

Et voilà ce qui arriva.

Ce jour-là, le froid n'était pas trop rigoureux. Le matin, une petite neige était tombée, pour fondre rapidement. Plus tard, les nuages se dispersèrent et le soleil brilla, faisant scintiller les rues fraîchement lavées – le soleil dont Bunem avait oublié jusqu'à l'existence. À force de lire tout le temps, il voyait parfois des éclairs. Et à rester assis trop longtemps, il avait les jambes engourdies. Dans la soirée, il sortit faire un tour. Il marchait sans but, en regardant au passage les noms des rues et des boutiques en anglais. Çà et là, il y en avait en yiddish, mal orthographiés.

Soudain, il vit Keila. Il était tellement plongé dans ses pensées que, pendant une seconde, il ne réalisa pas ce qui lui arrivait. Elle était debout, un panier rempli de petits pains posé à côté d'elle, dans lequel une femme faisait son choix. Il finit par comprendre ce que ses yeux voyaient. Mais était-ce une hallucination ? Son cœur fit un bond dans sa poitrine.

Il resta un moment immobile, hagard. Il avait fini par se persuader qu'elle était retombée dans la prostitution. Elle avait changé. Elle portait des vêtements qu'il ne connaissait pas, mais c'était bien elle.

« À moins que je ne rêve », se dit-il encore.

La cliente devait apparemment être trop difficile car Keila perdit patience et lui arracha un pain des mains. Bunem eut envie de rire mais, en même temps, ses yeux ruisselaient de larmes. Dieu du ciel, cela faisait si longtemps qu'il n'avait pas pleuré. Cela ne lui ressemblait généralement pas de gémir sur son sort. Il saisit son mouchoir et s'épongea le visage.

Puis il s'approcha d'un pas hésitant et demanda d'une voix étouffée :

« C'est combien le petit pain ? »

Keila le regarda et, dans une espèce de cri, s'exclama :

« Bunem ! »

Elle frappa dans ses mains et sa figure se crispa bizarrement. Outre son angoisse, Bunem se sentit submergé de honte parce que des passants s'étaient arrêtés pour voir ce qui se passait. Il s'entendit dire à mi-voix :

« Ne fais pas de scandale. Allons quelque part.

— Ma mère ! Ma mère ! Ma mère ! »

Ils étaient en plein New York mais la voix de Keila venait droit de la rue Krochmalna, de même que l'odeur des petits pains. Le soir tombait mais il ne faisait pas encore nuit. Un crépuscule bleuté enveloppait tout. Des chariots, des charrettes, de temps en temps une automobile, passaient dans la neige fondue de la chaussée. Les lampadaires s'allumaient les uns après les autres. Dans ce quartier-là, les boutiques vendaient des rouleaux de tissu, de laine ou de coton, des vêtements d'occasion, des chaussures, de l'épicerie aussi. L'odeur du crottin de cheval se mêlait à celle de l'essence. Au-dessus des toits plats enneigés le ciel était jaunâtre. On entendait quelque part le bruit d'une machine. Quelqu'un jouait une mélodie sur une sorte d'orgue de Barbarie. Un passant tirait sur la laisse de son chien qui voulait renifler la crotte d'un de ses congénères.

Keila empoigna son panier et se mit à courir, Bunem se précipitant derrière elle. Au coin de la rue, un homme faisait griller des marrons sur des braises fumantes. Dans une boucherie, un employé découpait des os avec une scie comme on n'en voyait pas à Varsovie. Là-bas, on faisait ça avec un couperet. Dans l'échoppe d'un barbier, un homme, protégé d'un drap blanc dans un fauteuil incliné, se faisait raser. Un gamin en tablier blanc balayait les poils et les mèches avec un balai de paille. Arrivée devant la porte d'une taverne ou d'un bar, Keila s'arrêta et dit : « Entrons ici ! »

Elle ouvrit et il la suivit dans une salle où on jouait de la musique et où les clients parlaient à tue-tête – des voix avinées dans l'ensemble. Quelqu'un tapait sur un piano. Des serveurs couraient partout, portant de grosses chopes de bière. Des hommes et des femmes, tous corpulents et parlant allemand, étaient attablés devant des plats d'énormes saucisses blanches recouvertes de moutarde et chantaient. Des grands chiens attendaient à côté d'eux qu'on leur jette quelque chose à manger.

Aux murs étaient accrochés des têtes de cerf, des portraits d'empereur, des paysages de montagnes, des scènes de chasse. Un serveur s'approcha et dit à Keila en mauvais anglais que l'endroit était interdit aux marchands ambulants. Elle lui répondit en yiddish : « Je suis venue ici pour boire, pas pour vendre. » Et elle désigna Bunem du doigt.

Après un instant d'hésitation, le serveur les

conduisit dans un coin de la salle, à une table couverte d'une nappe rouge. Un cigare à moitié fumé était posé dans un cendrier.

Bunem demanda d'une voix étranglée :

« Qu'est-ce qui s'est passé ? Où étais-tu ? »

Keila resta longtemps silencieuse. À leur place, il faisait si sombre qu'il distinguait mal son visage. On entendait, venant d'une salle voisine, ou peut-être de plusieurs autres, un mélange de cris et de chants, les voix de basse des hommes et celles suraiguës des femmes. Ces gens célébraient une fête allemande, assortie d'un banquet. Finalement, il entendit Keila dire :

« Bunem, je suis souillée.

— Qu'est-ce que tu veux dire ?

— Il s'est jeté sur moi et m'a violée. Tu n'aurais pas dû partir et me laisser seule avec lui. »

Bunem baissa la tête :

« Tu étais en train de boire de l'alcool avec lui.

— Il m'a obligée à trop boire, puis s'est jeté sur moi comme une bête sauvage. Je suis devenue – comment dit-on – impure.

— Tu es partie avec lui, non ?

— Je ne pouvais plus rester avec toi. Je t'avais juré qu'aucun autre homme ne me toucherait jamais plus.

— Tu vis avec lui ?

— Il est à l'hôpital. Il a reçu un coup de couteau.

— De qui ?

— D'un autre mac. C'est comme ça qu'on les appelle ici.

— Tu es retombée dans tes vieilles habitudes ?

— C'est ce qu'il voulait.

— Pourquoi es-tu retournée avec lui ?

— Bunem, tout est fini. Ma mère avait coutume de dire qu'on ne fait pas du neuf avec du vieux.

— Tu as couché avec lui, hein ?

— Non. Oui.

— Avec d'autres aussi ?

— Non.

— Eh bien…

— Bunem, je ne suis pas une personne, dit Keila.

— Qu'est-ce que tu es ?

— Une pute, une fille de mauvaise vie, une rien du tout. Et je suis enceinte. »

Bunem resta longtemps sans rien dire :

« Comment le sais-tu ?

— Je n'ai plus mes règles. »

Il avait la gorge tellement sèche que les mots avaient du mal à sortir :

« Il est de lui, hein ?

— De lui ou de toi. J'étais déjà en retard avant. »

6

Keila avala d'un trait le verre d'alcool que le serveur avait posé devant elle. Au bout d'un moment, elle but aussi celui que Bunem avait commandé. Elle reprit :

« Bunem, je ne devrais pas boire. Quand je bois, je

deviens une vraie bête sauvage. J'oublie tout. J'avais caché une bouteille chez nous et j'allais avaler une gorgée de temps en temps en secret. Mais quand il est venu et a commencé à me parler de Varsovie, de ceci, de cela, d'Itche l'Aveugle et de tous les autres, de la taverne des voleurs, cela m'a rendue si nostalgique que j'ai sorti ma bouteille.

— Tu as couché avec d'autres hommes, hein ?

— Non, seulement avec lui. J'avais tellement bu que je ne tenais plus sur mes jambes. C'est exactement ce qu'il attendait. J'ai attrapé mon couteau mais il me l'a pris. Il m'a jetée par terre et a fait de moi ce qu'il voulait. Quand j'ai réalisé que j'étais désormais souillée, je suis partie avec lui. Il m'a emmenée comme une vache qu'on conduit à l'abattoir.

— Il a voulu que tu couches avec d'autres ?

— Il a essayé mais, ça, je ne pouvais pas. Il a voulu faire affaire avec une autre fille, mais elle appartenait à un autre mac, celui qui lui a donné un coup de couteau.

— Tu as raison. Tu n'es pas un être humain.

— Bunem, je mourrai bientôt. »

Bunem se raidit.

« Vraiment ? Tu es malade ?

— Non, mais je n'ai plus envie de vivre. Je ne veux pas avoir cet enfant. Quelqu'un comme moi n'a pas le droit de devenir mère. Je ne veux pas mettre au monde un bâtard. Je pensais à toi. À chaque minute je pensais à toi. Mais je me disais : “Keila, laisse-le tranquille.” Solcha est arrivée ?

— Non, non.

— Elle t'écrit ?

— Je n'ai aucune nouvelle.

— Elle viendra. Autrefois j'aurais voulu être sa servante, porter son panier au marché, mais ici, dans ce pays, tout est si bizarre. Je sors dans la rue et ce n'est pas une rue. Je vais à la taverne et ce n'est pas une taverne. Je n'arrive pas à apprendre cet anglais-là. Les gens n'articulent pas, ils bougent leurs lèvres comme des poissons. Le whisky, ce n'est pas vraiment de l'alcool. Ça n'a pas de force. Je vais et je viens comme dans un rêve. La nourriture n'a aucun goût. Je ne veux pas être enterrée ici. Leurs enterrements ne ressemblent pas à des enterrements. Si j'avais de l'argent, je repartirais pour Varsovie et je m'achèterais une place au cimetière là-bas. Même si c'est de l'autre côté de la clôture. Mieux vaut être de l'autre côté de la clôture là-bas qu'au premier rang ici. Ici, il n'y a pas de Dieu.

— S'Il existe, Il doit y être aussi.

— Non. Ici, il y a aussi un autre ciel. Les Juifs ne sont plus des Juifs. Même les Gentils ne sont pas des Gentils. Tout est si étrange, comme dans un livre de contes. Parfois, la nuit, je me réveille et je ne peux plus respirer. Yarmy est devenu un ivrogne. Il se lève le matin et me dit : "Keila, je vais me rincer la bouche." Il se verse un verre de whisky à ras bord et boit. Il ne parle même plus, il pousse des espèces de cris, comme un singe. Il prononce les mots à l'envers. Il y a longtemps que j'aurais mis fin à tous mes malheurs si je ne refusais pas que mes os pourrissent ici. Je veux mettre assez d'argent de côté pour payer mon billet de retour au pays. C'est pour ça que je vends des petits pains dans la rue. Chaque jour me paraît aussi long qu'une année. Je vais le voir à l'hôpital et il est couché avec des bandages de la tête aux pieds. Il ne lui reste qu'un œil pour voir. Il est dans une très grande pièce, on dirait un hall de gare ou un entrepôt, pleine de lits, et tout le monde gémit ou crie. Il y a un type qui fait tellement de bruit à lui tout seul qu'on n'entend pas ce que les malades disent. On les emmène pour les opérer. Après on leur met des tubes partout, jusque dans le nez. C'est pire qu'à l'infirmerie de Szwienty. Je suis allée là-bas une fois rendre visite à une prostituée dont la chair se décomposait. Une infirmière lui a donné un petit pain et, quand elle a mordu dedans, deux de ses dents y sont restées. Bunem, je n'arrive pas à croire que je suis vraiment assise ici avec toi. Comment as-tu fini par me retrouver ?

— J'étais juste en train de marcher et, soudain, je t'ai vue.

— Ce doit être la volonté de Dieu. Je voulais tout le temps aller chez toi, mais je ne connaissais pas le chemin. J'ai oublié le nom de la rue. J'ai passé des nuits à essayer de m'en souvenir. Ma tête a failli éclater. Je demandais à Yarmy, mais il ne voulait pas me le dire. C'est la vérité vraie.

— Attorney Street.

— Ma mère, oh ma mère ! Écris-le-moi. Si je

montre ce bout de papier, on m'indiquera le chemin. Je voulais venir te dire au revoir avant d'en finir ou de partir. À Varsovie, je n'oubliais jamais le nom d'une rue. Oh, je ne m'en souviens déjà plus. Tu me le redis ?

— Attorney Street.

— Je n'arrive pas à le dire, même si ma vie en dépend. Des noms comme celui-là m'entrent par une oreille et sortent par l'autre. Écris-le-moi.

— Je n'ai ni papier ni crayon sur moi.

— En sortant d'ici, nous irons acheter un crayon et un carnet, et tu noteras tout. Où doit-on aller pour acheter un billet pour Varsovie ?

— Il y a des endroits ici qui s'appellent des agences de voyages.

— Ah ? Et où sont-ils ? Ici, il faut savoir lire. Si tu ne sais pas, tu n'es bon à rien. Toutes les rues se ressemblent. J'ai appris comment aller de chez moi à la boulangerie et retour. Je me donne des repères : là, il y a un abreuvoir pour les chevaux, ensuite une grille et, derrière, les voitures de pompiers. Il y a aussi une espèce de grand poteau le long duquel ils se laissent glisser quand il y a un incendie. Oh, tout est si différent ici ! Depuis que je t'ai quitté, tout se mélange dans ma tête. J'ai même oublié ton nom de famille. Je me rappelle seulement ton prénom, Bunem.

— Tomaszower.

— Oh, ma mère, comment ai-je pu l'oublier ? J'avais même un oncle à Tomaszow, oncle Getzel. J'ai tout oublié. Quand Yarmy est arrivé, il m'a rappelé certains noms. Ici, je suis comme dans un brouillard. Dans mon lit, j'ai l'impression de me mettre à tournoyer. C'est peut-être une maladie. Peut-être que je deviens folle. Oui, je suis folle.

— Non, Keila.

— Alors quoi ?

— Désemparée.

— Ah ? Je n'arrive pas non plus à m'y retrouver avec les pièces. Quand je rends la monnaie, le client me dit que ce n'est pas assez. Parfois, si c'est quelqu'un d'honnête, il me rend quelque chose parce que je lui ai trop donné. J'ai voulu demander mon chemin à des gens, mais comment, dans une aussi grande ville, auraient-ils su où habite un nommé Bunem. Oh, c'est presque drôle ! Cela ressemble à l'histoire d'Hershele Ostropoler. Non, c'était Joseph Noodle. Il marchait dans la rue et avait oublié son nom et son adresse. On me l'a lue quand j'étais petite. Yarmy peut être soûl comme Loth, mais il se rappelle tout. C'est parce que, moi, j'ai peur et que je regrette tellement Varsovie. Là-bas, j'étais une femme. Ici, je suis redevenue une enfant. Comment est-ce possible ?

— Tout est possible.

— Tu as lu des livres, tu sais tout mais, moi, je ne sais rien. À Varsovie, je connaissais le moindre caillou. Ici, tant que j'étais avec toi, j'arrivais à me débrouiller. Mais quand Yarmy m'a entraînée avec lui, tout m'est sorti de la tête. Je serais incapable de retrouver le chemin de l'hôpital s'il n'y avait dans mon immeuble une voisine dont le mari est là-bas depuis deux mois. Il est paralysé et bientôt on l'emmènera là où aucun docteur ne peut vous aider, ni aucun médicament. Elle m'y conduit et je reviens aussi avec elle. Les gens, là-bas, crient et pleurent chacun dans sa langue. L'un en anglais, un autre en italien, un autre en russe, en polonais. Il y a aussi eu un Chinois. Ici, les Chinois n'ont pas de natte. Ils sont jaunes et encore plus jaunes quand ils sont malades. Ils ont les yeux fendus. Quand sa femme vient le voir, ils parlent dans leur langue, on dirait qu'ils éternuent. Comment ils arrivent à se comprendre, c'est un vrai miracle. Bunem, tu m'as promis une fois que, si je mourais, tu dirais le *kaddish** pour moi.

— Je ne vivrai plus longtemps non plus.

— Et pourquoi ? Solcha va bientôt arriver et tu recommenceras à vivre.

— Non, Keila.

— Pourquoi ?

— Oh, rien n'a de sens.

— Qu'est-ce que tu veux faire ?

— Mourir avec toi. »

7

Ils restèrent assis en silence, écoutant le bruit fait par les Allemands autour de leurs longues tables. Keila demanda :

« Bunem, pourquoi dis-tu cela ? Tu es jeune. Tu es au tout début de ta vie.

— Keila, je suis fatigué de tout.

— Que vas-tu faire ?

— Mettre fin à tout.

— Bunem, je veux que tu me tues d'abord.

— Oui, peut-être.

— Oh, les petits pains ! Si je reste ici trop longtemps, ils vont rassir et personne ne voudra plus m'en acheter ! s'exclama Keila. Appelle le serveur. Il fait déjà nuit dehors. »

Elle voulut payer mais Bunem se hâta de sortir quelques pièces d'une de ses poches. Le serveur ne dissimula pas son mépris à l'égard de ces deux jeunes qui parlaient yiddish. Il ne remercia même pas pour le pourboire. Keila se leva, prit son panier, Bunem la suivit.

Dehors, une neige humide tombait. Les lourds flocons fondaient à peine avaient-ils touché les pavés. Des tourbillons d'air tiède se mêlaient aux bouffées d'air glacé le long des rues étroites, portant des odeurs d'océan et de poisson.

Bunem tenta de lire le nom des rues, mais il avait comme un brouillard devant les yeux. Il demanda à Keila où elle habitait et elle bégaya en très mauvais anglais un nom qui lui sembla double. Elle ajouta :

« Je vais rester un moment par ici, pour essayer de vendre mes derniers petits pains. Ce sera ma punition. Qu'est-ce que tu veux que je fasse d'autre ?

— Viens chez moi.

— Je dois aller voir Yarmy demain à l'hôpital. Si je ne viens pas, il va se ronger. J'ai peur qu'il perde l'œil qui lui reste.

— Comment s'appelle cet hôpital ?

— Oh, je l'ai su, mais je l'ai déjà oublié. C'est un hôpital juif. Attends, j'ai quelque part un bout de papier où un policier m'a écrit le nom. La police veut que je sois témoin. Les gens de l'hôpital m'ont donné une espèce de carte, mais tout est en anglais. Ici, si on ne sait pas lire, c'est pire que si on était mort.

— Je vais lire ça pour toi, mais pas dans la rue.

— Tu sauras me ramener chez moi ? J'ai l'adresse, c'est la gardienne de l'immeuble qui me l'a donnée. Il va falloir qu'on mange les petits pains nous-mêmes. »

À peine Keila avait-elle dit ces mots qu'une femme s'approcha et lui en acheta plusieurs. D'autres clients suivirent. Elle posa son panier sur le trottoir. Bunem s'éloigna de quelques pas.

« Bon, puisque de toute façon je vais mourir, quelle différence cela fait-il qu'on nous voie ensemble ? » se dit-il, pour justifier ce que la situation avait de comique. Il n'était pas habitué à boire et quelques gouttes d'alcool avaient suffi à lui faire tourner la tête, comme s'il était ivre.

Il ne savait pas lui-même comment rejoindre Attorney Street. Il arrêta un passant qui tenait un journal yiddish à la main. Celui-ci lui demanda :

« Un nouvel arrivant, hein ? Tout juste débarqué du bateau ? Tournez à droite, puis à gauche dans Grand Street, après…

— Après, je saurai, merci.

— Vous venez d'où ? De Pologne ?

— Oui, de Pologne.

— Les Rousskis y persécutent toujours les Juifs ?

— Oui, toujours.

— Ici, il n'y a pas d'antisémites. Ici, on est tous égaux. Si le Président dit des bêtises, on lui demande d'aller au diable et on met quelqu'un d'autre à sa place. Ici, un Juif peut marcher la tête haute.

— Oui, peut-être.

— C'est votre femme ?

— Oui.

— Où en avez-vous déniché une aussi jolie ? Au pays ?

— Oui.

— C'est elle qui gagne l'argent du ménage, hein ? Je vais lui acheter quelques petits pains. »

La neige tombait maintenant plus fine, plus serrée. Keila avait recommencé à marcher et des gens l'arrêtaient pour lui acheter ses derniers pains. Bunem eut l'impression qu'il y avait du désir non dissimulé dans le regard des hommes sur elle. En dépit de tous ses malheurs, elle n'avait rien perdu de sa beauté. Sa chevelure rousse, ses yeux verts et sa peau si blanche composaient une éblouissante palette de couleurs. Elle lui parla d'une voix forte, pour couvrir le bruit du vent :

« Qu'est-ce que tu dis de ça ? On s'arrache ma marchandise. Mon panier ne pèse plus rien. Des jours comme celui-ci, les gens ont faim. Entre nous, mes clients sont tous sans travail et n'ont pas de quoi payer. On appelle ça la morte saison, par ici. Souvent, je donne un petit pain pour rien. Ma vie est gâchée à jamais. Cette malchance qui ne me quitte pas m'a suivie jusqu'en Amérique. Ça n'en finit pas. J'ai voulu être gentille avec Yarmy pour que, peut-être, il m'accorde le divorce. Mais il est resté aussi méchant qu'avant. Quand il m'a arraché le couteau des mains, j'ai cru que ma dernière heure était arrivée. S'il m'avait poignardée, avec la volonté de Dieu, cela aurait été mieux pour moi. Il ne voudra jamais divorcer. Il n'arrête pas de répéter à quel point il m'aime. C'est quoi, ce genre d'amour ? Il voulait me remettre sur le trottoir, au milieu des ivrognes et des clochards. Un mac, c'est tout ce qu'il est. Un porc. Si, avec la volonté de Dieu, l'autre type l'avait liquidé, je serais enfin libre. Bunem, je ne veux pas aller avec toi. Je suis souillée, impure.

— S'il t'a violée, tu n'es pas impure. En outre, tu es légalement sa femme.

— Quoi ? Toi, tu sais tout, et moi je ne sais rien. Je ne veux pas avoir son enfant. Si c'est un bâtard, j'aime mieux faire une fausse couche. »

Ils venaient d'arriver dans Attorney Street.

Keila dit :

« Ce n'était pas tellement loin, finalement. Si mon destin est de vivre encore quelques années, j'aimerais apprendre à lire. Mais il est déjà trop tard, trop tard. »

Ils montèrent l'escalier et elle ajouta :

« Mon panier est presque vide. Il ne reste que trois petits pains. »

Bunem ouvrit la porte et une bouffée d'air glacial les frappa au visage. Keila resta un instant sans bouger, à contempler l'appartement :

« On se croirait dans une glacière. Oh, je pensais ne jamais revenir ici, Bunem !

— Ferme la porte. Les voisins n'ont pas besoin de tout entendre.

— C'est pire ici qu'au 8 rue Krochmalna.

— Oui, il fait froid.

— Attends, je vais allumer le gaz. »

Bunem avait décidé de ne plus jamais la toucher, mais il fut submergé par une passion sauvage et il l'attira tout de suite vers le lit. Elle dit :

« Lâche-moi. Je suis impure.

— Non. Je t'aime. »

XI

1

Après Pourim, un télégramme de Solcha arriva disant qu'elle se trouvait à Hambourg et allait prendre le bateau. Sur les docks, Bunem rencontra le grand-oncle de la jeune fille, Sam Buchbinder, émigré en Amérique il y avait environ quarante ans, frère cadet de son grand-père qui n'était, lui, plus de ce monde. Leur père, l'arrière-grand-père de Solcha, Reb Ezekiel, s'était marié sur le tard avec une fille de dix-huit ans qui lui avait donné ce fils, Shmuel Feivel, devenu Sam à New York. Ayant refusé d'étudier la Torah, et d'abord charpentier à Varsovie, il s'était lancé ici dans le commerce des meubles. Il en vendait dans sa boutique, mais s'occupait aussi de réparer et remettre en état des vieilles tables, des vieux fauteuils, des armoires, des dressoirs, des lits et même des pianos.

En Pologne, il avait épousé une militante du parti socialiste, le Prolétariat, dont les Russes pendaient facilement les membres. Issue d'une riche famille,

Tamara avait dû s'enfuir. À l'époque, ce n'était pas fréquent, quand on venait d'un foyer hassidique, surtout une fille, de frayer avec les socialistes. De son vrai nom, elle s'appelait Reitsa Temerl. À New York, elle avait donné trois filles à Sam, avant de mourir de complications de la grippe ou peut-être d'une infection pulmonaire. Les filles étaient aujourd'hui toutes mariées, avec des enfants.

Sam Buchbinder raconta tout cela à Bunem pendant qu'ils attendaient l'arrivée du bateau. Le père de Solcha, Jacob, en réalité Youkele, étudiait encore au heder au départ de son grand-oncle. Ce dernier venait d'apprendre l'existence de Solcha quelques semaines plus tôt, n'ayant plus jamais correspondu avec sa famille restée en Pologne. Il s'avéra qu'il possédait une maison tout près de chez Morris Sugarman, et même qu'il connaissait sa fille, Bessie. Il avait cédé ses affaires à l'aîné de ses gendres – un autre était ingénieur et le dernier dentiste. N'ayant pas souhaité se remarier après la mort de sa femme, il vivait depuis vingt ans avec sa bonne, une Gentil nommée Patricia, fille d'un pauvre fermier du New Jersey.

Malgré cela, il continuait à lire la presse yiddish et à assister à quelques réunions de la communauté, par exemple les bals masqués de charité, au profit de différentes causes. Il était aussi en contact avec les milieux anarchistes de New York.

De petite taille, Sam Buchbinder avait l'air encore jeune pour quelqu'un approchant les soixante-dix ans. Quoique retraité, il s'occupait encore, à l'occasion, de réparer de vieux meubles pour de riches clients. Il dit à Bunem avoir travaillé chez des millionnaires, les plus importants d'Amérique. Il ne le faisait pas tant pour l'argent que parce qu'il adorait son métier, qui exigeait beaucoup de patience et une parfaite connaissance des différentes sortes de bois et de vernis. Il avait même été invité une fois à la Maison Blanche. Il gardait toujours sur lui un paquet de lettres de félicitations de ses riches clients et de leurs femmes.

Il confia à Bunem être complètement athée. Même s'il fréquentait les milieux radicaux et soutenait financièrement leurs causes, il ne croyait pas qu'on pût aider les pauvres, ni que la liberté et l'égalité pussent devenir des réalités un jour. Il ajouta :

« Je connais les gens, je les connais bien. C'est l'envie qui est la cause de tous les malheurs. Si vous les laissez faire, ils s'arracheront mutuellement les yeux. Comment dit-on, déjà, j'ai oublié…

— À peu près "l'un voudrait avaler l'autre vivant", cita Bunem.

— Oh, vous vous en souvenez, c'est dans les Saintes Écritures. Ici, en Amérique, nous avons déjà tout oublié. Nous n'avons ni le temps ni la patience d'étudier. Je vous l'ai dit, je donne quelques dollars aux associations juives. Je les fréquente. Il y a un Gentil, dans l'une d'elles, qui a appris le yiddish et il le sait mieux que nous. Je reçois leur journal toutes les semaines. Leur chef, Kropotkine, vit à Londres. Un brillant cerveau, mais il fait des affaires sans consulter le patron, comme on dit. Les gens importants qui font appel à moi pour réparer leurs meubles m'invitent parfois à déjeuner, et même à rester pour la nuit. Ils me parlent comme si j'étais l'un d'entre eux. Ils disent que c'est Jésus qui a trouvé les réponses mais que nous, les Juifs, sommes trop obstinés. Je leur réponds franchement : personne n'a trouvé aucune réponse. Ni Moïse, ni Jésus, ni – comment s'appelle-t-il déjà ? – Karl Marx. Quelle sorte de fille est-elle, cette Solcha ?

— Une fille de la même sorte que vous.

— Que moi ?

— Elle aussi veut un monde meilleur.

— Elle peut le vouloir, ça n'ira pas plus loin. Tous ces petits jeunes qui débarquent ici n'ont d'abord que de belles paroles à la bouche. Mais en Amérique, le dieu, c'est le dollar. Et ils changent vite de discours. Au bout de trois mois, ils se mettent à courir après le satané billet vert avec encore plus d'ardeur que ceux arrivés depuis longtemps. Ils oublient leurs prétentions. Dès qu'ils ont mis leurs pattes sur une somme suffisante, ils filent s'installer dans les beaux quartiers, au milieu des Gentils et des Juifs allemands. Leurs enfants deviennent de vrais Gentils en grandissant. Et voilà comment la roue tourne. Comment gagnez-vous votre vie ici ? »

Bunem le lui dit.

« Et vous croyez que vous allez faire vivre votre femme avec ça ? À New York, un professeur d'hébreu est encore plus mal loti qu'en Pologne. Travailler en usine ne vaut pas mieux. Vous vous échinez pendant vingt ans et, à la fin, on vous flanque dehors en vous disant d'aller vous faire voir. Si vous voulez réussir, il faut vous lancer dans les affaires. Avoir votre propre boîte, même toute petite. Après, vous la faites grandir, tandis que, si vous travaillez pour les autres, vous resterez pauvre. Comment les riches sont-ils devenus ce qu'ils sont aujourd'hui ? Ils ont chacun pris leur balluchon et sont devenus colporteurs. Et ils ont vite doublé leur mise. Pas loin d'ici, il y a une rue qu'on surnomme le marché aux cochons. Ceux qui cherchent du travail vont traîner par là. Un tailleur apporte sa machine à coudre, un menuisier sa scie, un carreleur son mètre. Des agents passent et embarquent les jeunots en usine. Tant qu'il y a du travail, ils arrivent à gagner quelques dollars, en s'échinant jour et nuit. Leurs femmes prennent des locataires. Ceux qui habitent loin dorment sur place. Quand l'activité ralentit, ils n'ont même plus de quoi se payer un morceau de pain. Il y a bien eu des syndicats qui voulaient améliorer les choses, mais ils n'ont servi à rien. Un ouvrier ici restera toujours pauvre. C'est pour ça que je vous dis : lancez-vous dans les affaires.

— Quelles sortes d'affaires ?

— Devenez d'abord colporteur. Bien sûr, il y en a souvent plus que de clients. Mais tôt ou tard, ils gagnent bien leur vie. À Staten Island, il y a encore des opportunités. Ou alors, allez dans le New Jersey, ou ailleurs. Et n'ayez jamais honte de rien. La première chose à faire, quand vous arrivez en Amérique, c'est mettre de côté toute espèce de sentiment de honte. Ah, les passagers commencent à débarquer… »

2

Bunem avait prévu d'emmener Solcha dans son appartement d'Attorney Street, mais Sam Buchbinder protesta que ce n'était pas convenable pour deux fiancés d'habiter ensemble. Il loua une voiture et conduisit Bunem et Solcha chez lui.

Solcha avait tout à fait l'allure de quelqu'un rescapé de Sibérie, emmitouflée dans un épais manteau à col en peau de mouton, en bottes et bonnet. Elle sembla à Bunem plus petite que dans son souvenir. Et elle avait vieilli.

Elle portait une grosse valise, contenant, comme on s'en aperçut plus tard, de quoi la faire réexpédier aussitôt en Russie si les douaniers l'avaient ouverte. Il s'agissait de livres de Proudhon, de Bakounine, de Kropotkine et de Stirner, plus toutes sortes de pamphlets en russe, en polonais et en allemand.

À peine assise dans la voiture, elle commença à critiquer l'Amérique. Elle avait voyagé en deuxième classe. Sa mère, venue de Varsovie pour lui dire au revoir, s'était chargée de toutes les dépenses. Outre la valise, elle apportait des cartons remplis de vêtements et de babioles diverses.

Le parcours était long entre le quai où avait accosté

le paquebot venu de Hambourg et la 20e Rue, au coin de Madison Avenue, où habitait Sam Buchbinder. Solcha parla sans arrêt, racontant tel ou tel épisode de sa vie et prêchant la cause de l'anarchisme.

Dans les villages du nord de la Russie où on l'avait exilée, aucun paysan ne savait lire ni écrire. Ils avaient tous des poux. Des hordes de punaises nichées dans les toits de chaume de leurs masures les attaquaient la nuit. Il y avait tellement de cafards au sol et derrière les poêles que personne n'essayait plus de les exterminer. Après chaque attentat, chaque tentative de soulèvement, des milliers, des dizaines de milliers d'innocents étaient arrêtés. Les prisons débordaient. Il n'y avait plus assez de policiers pour escorter ceux envoyés en exil et on les remplaçait par des vieux armés de gros bâtons.

Solcha rappela rageusement que des marxistes avaient voulu mettre en place une nouvelle forme d'esclavage en Russie. Elle citait des noms que Bunem ne connaissait pas. Elle maudit l'Amérique d'avoir fait pendre plusieurs anarchistes à Chicago, quelques années auparavant, les déclarant martyrs de la liberté.

Sam suggéra que, comme Bunem et elle étaient fiancés, le mieux serait qu'ils se marient le plus vite possible, mais elle rétorqua :

« Qu'appelez-vous "se marier", mon oncle ? Qu'un rabbin – un parasite – récite une bénédiction ? Je ne crois pas en ce genre de choses. Je n'ai besoin ni de bénédiction ni de rabbin.

— Tu veux quoi, alors ? L'amour libre ?

— Oui, l'amour libre. Ma conception de l'amour, c'est celui où mari et femme sont francs l'un avec l'autre et acceptent d'être chacun responsable des enfants qu'ils mettent au monde.

— Ici, si vous n'êtes pas mariés, vous ne pouvez pas avoir d'acte de naissance pour les bébés.

— Nous n'avons pas besoin de ce genre de document. Nous crachons dessus ! »

Sam Buchbinder occupait toute une maison, dont chaque pièce était tellement remplie de meubles, de livres, de vieux journaux et d'objets qu'on pouvait à peine y bouger. Sa bonne, Patricia, aussi petite que lui, était maigre comme une tuberculeuse. Elle essaya de parler à Solcha en anglais, mais celle-ci ne la comprenait pas - pas plus que Bunem parce qu'elle avalait ses mots. Elle se plaignit que la maison était trop encombrée pour qu'elle y fasse le ménage. Il y avait des tapis empilés les uns sur les autres. Dès qu'elle essayait d'épousseter quelque chose, Sam Buchbinder hurlait qu'elle allait tout casser. Rien ne devait changer de place. S'il n'y avait pas de punaises, comme en Sibérie, les cafards ne manquaient pas, dont aucun insecticide ne pouvait venir à bout.

Bizarrement, la cuisine, qui était pourtant son domaine, était également tout aussi encombrée de casseroles, de marmites, d'assiettes en porcelaine, d'argenterie et d'ustensiles comme Bunem n'en avait jamais vu. Il y avait un énorme réfrigérateur et des placards remplis de boîtes de conserve, de bocaux, de récipients divers et de bouteilles. Un samovar semblait n'avoir jamais été utilisé. Cela sentait le fromage, la viande séchée et différentes épices, cannelle, gingembre et autres. Il y faisait aussi chaud qu'en plein été. La maison avait le chauffage central.

Solcha déclara :

« Surproduire est un des effets du capitalisme. Dans une société libre, on ne produirait que ce dont on a besoin. Les travailleurs utiliseraient leur temps libre à s'enrichir intellectuellement. »

Patricia servit au jeune couple quelque chose à manger – un repas froid à base de conserves.

Au bout d'un moment, Bunem et Solcha sortirent faire un tour le long de Madison Avenue. À lui, cela rappelait la rue Marshalkowska, en plus riche et plus élégant, avec beaucoup de voitures à cheval et d'automobiles. Bien qu'on fût encore en hiver, de nombreux passants portaient déjà des vêtements printaniers. Certaines femmes arboraient des chapeaux ornés de fleurs, de cerises ou de raisins artificiels.

Cela klaxonnait de tous les côtés. Les boutiques étaient remplies de clients. Un immeuble sur trois était occupé par une banque. Bunem ne connaissait pas encore ce quartier. Les gens jetaient des regards curieux et non dépourvus de mépris à Solcha et à son bizarre accoutrement. Elle déclara :

« Tout cela n'est qu'exploitation et vol. Les Rockefeller, les Morgan, les Carnegie, les Astor sont simplement des voleurs et des bandits. Que les masses laborieuses se ressaisissent et ils seront tous exterminés comme des rats.

— Tu peux peut-être arrêter de parler politique une minute, suggéra Bunem.

— La justice n'est pas la politique. »

Peu à peu, elle commença à lui demander comment il s'en sortait à New York. Soudain, elle s'arrêta :

« Oh, j'oubliais le plus important. Qui est cette personne avec qui tu es parti ? Maman m'en a parlé à me donner des maux de tête. Mon professeur t'avait vu avec une femme bizarre à la gare de Vienne. Elle venait de perdre son argent ou je ne sais quoi. Je n'avais jamais imaginé que tu aies des rapports avec d'autres filles. »

Bunem ne répondit pas tout de suite.

« Allons quelque part où nous pourrons nous asseoir.

— Où ? Je ne vois pas de pâtisserie par ici. Attends, il me semble avoir remarqué un parc ou un square tout à l'heure. »

Ils revinrent sur leurs pas, jusqu'à une sorte de petit jardin ouvert sur l'avenue. Il n'y avait pas de feuilles aux arbres à cause de l'hiver, mais le soleil brillait et les bancs semblaient secs. Une vieille femme jetait à des pigeons des miettes qu'elle sortait d'un sac en papier. Un vieil homme promenait son chien en laisse. Celui-ci voulait s'arrêter mais son maître le tirait d'un geste coléreux. Un jeune homme en veston d'été et chapeau melon passait accompagné d'une jeune fille en jaquette à col de fourrure et chapeau à plumes. Elle tenait à la main un sac orné de franges argentées.

Bunem et Solcha allèrent s'asseoir sur un banc et elle déclara :

« Tu ne me dis que ce que tu as envie de me dire. »

Elle parlait tantôt en yiddish, tantôt en polonais, avec de temps en temps un mot en russe.

Bunem commença :

« J'ai décidé de tout te dire. Toute la vérité.

— Qui est-ce ?

— Une ancienne prostituée. »

Solcha jeta un regard derrière son épaule, comme si elle soupçonnait que quelqu'un puisse écouter.

« Tu fréquentes ce genre de femmes ? »

Il entreprit de lui raconter l'histoire depuis le début. Comment Keila était venue chez son père, la veille de Souccoth, pour faire pénitence. Comment lui, Bunem, l'avait conduite jusqu'à l'appartement de Shmerl le Tailleur. Comment celui-ci avait jeté Keila dehors et comment il l'avait emmenée à l'atelier. Il parla aussi de Yarmy et de Max.

Solcha restait silencieuse. Le soleil brillait et elle ôta son bonnet. Le vent lui ébouriffa les cheveux. De temps à autre, elle lui jetait un regard en coin, comme si elle ne pouvait pas croire que c'était le Bunem qu'elle connaissait qui parlait. Il ne s'agissait pas d'une histoire, mais d'une confession.

Au bout d'un moment, elle cessa de le regarder. Elle baissa la tête et sembla contempler ses bottes russes. Puis elle dit :

« Tant de choses nous sont arrivées à tous les deux que cela ressemble à un long rêve.

— Solcha, c'est la réalité.

— Oui, oui. Elle pourrait t'avoir infecté avec une horrible maladie. On dit que Nietzsche en est mort.

— Oui.

— Tu n'es pas malade ?

— J'espère que non.

— Tu as vu un docteur ?

— Un docteur nous a examinés tous les deux à Hambourg. Je n'avais aucun symptôme.

— À quoi ressemblent les symptômes ? Bon, ça n'a pas d'importance. Tu es amoureux d'elle ?

— Qu'est-ce que l'amour ? Le simple concept n'est pas clair pour moi.

— Ah ? Autrefois, il l'était. Tu me disais que tu m'aimais.

— Oui, mais je ne sais plus très bien maintenant ce que cela veut dire.

— Si toi tu ne le sais pas, comment moi puis-je le savoir ? Eh bien, on dirait que tout est fini entre nous. Qu'est-ce que tu envisages de faire ? Continuer à enseigner à des enfants qui ne veulent rien apprendre jusqu'à la fin de ta vie ?

— Je n'ai pas de projets. Attends, tu ne sais pas encore tout. »

Et Bunem entreprit de lui raconter l'arrivée de Yarmy à New York et lui apprit la grossesse de Keila.

Solcha sembla se recroqueviller sur place.

« Bunem, je n'aurais jamais cru que quelqu'un puisse tomber si bas si vite.

— Il suffit de commencer.

— Tu plaisantes ? J'ai entendu dire que ta sœur se préparait à venir ici. Qu'est-ce qu'elle va dire de tout ça ? Ma mère m'a laissé entendre que même tes parents pensaient à partir.

— À ce moment-là, tout sera déjà fini.

— Qu'est-ce que tu veux dire ? En ce qui me concerne, il ne me reste plus qu'à travailler pour notre cause. Mais, d'abord, il faut que je trouve un emploi. Pendant la traversée, je faisais sans arrêt toutes sortes de projets, mais je n'aurais jamais imaginé que cela se terminerait ainsi. Tu ne veux plus peindre ?

— Je ne veux plus rien du tout.

— J'espère que c'est la dernière fois que nous nous voyons. »

3

Les Juifs pieux d'Attorney Street faisaient confectionner leurs matzoth par un boulanger dont c'était la grande spécialité. Les moins observants achetaient les leurs toutes faites. Un rabbin annonçait dans la presse juive qu'il en vendait à base de blé récolté et moulu dans les règles. Le vin spécial de Pessah était vendu partout, même dans les boutiques tenues par des Gentils.

La veille de la fête, Attorney Street commença à s'emplir d'odeurs de raifort, d'herbes amères et de l'arôme du *haroset** que seul un nez juif peut identifier. Le directeur de l'école roumaine où enseignait Bunem l'invita pour le seder, mais ce dernier s'excusa en disant qu'il était déjà convié ailleurs.

Il n'assista à aucun office et il n'y avait rien évoquant Pessah chez lui, à part des matzoth, étant donné que, dans le quartier, aucun boulanger ne vendait plus de pain pendant la période de fête. Lui qui avait été élevé dans le respect le plus strict de la foi juive, qui connaissait toutes ses lois et ses coutumes, voilà qu'il rejetait tout – le Choulchan Arukh et même les Dix Commandements. Il croyait encore en Dieu, mais un Dieu complètement caché, qui ne se révélait jamais à quiconque et dont personne ne savait ni ce qu'Il était ni ce qu'Il voulait.

D'après cette conception propre à Bunem, ce Dieu était une sorte de savant et de technicien universel, mais totalement amoral. Ni les tourments ni les injustices dont souffrait l'humanité ne Le concernaient. L'homme était vraiment fait à l'image de Dieu : il ne se souciait pas du tout des malheurs et des peines de ses concitoyens. Même de grands écrivains comme Goethe, Pouchkine et Mickiewicz glorifiaient des « assassins » comme Napoléon – que Hegel, son contemporain, considérait comme un demi-dieu, l'inspiration de son époque. Les poètes écrivaient des odes à la gloire de différents révolutionnaires et même de chefs de gang. Quant aux animaux, l'homme n'éprouvait pour eux pas la moindre pitié.

Dans les autres appartements, on célébrait le seder. Attablés avec femme et enfants, les Juifs récitaient et cantillaient la *haggada**. Ils mangeaient des matzoth, goûtaient aux herbes amères, buvaient les quatre coupes de vin. Ils énuméraient les dix plaies d'Égypte et les faveurs que Dieu avait accordées au peuple d'Israël depuis cette époque jusqu'à aujourd'hui.

Mais la nuit du seder, Bunem, lui, lisait un livre sur les insectes. De temps à autre, il allait regarder un mot dans le dictionnaire, qu'il notait ensuite sur une carte avant de la ranger dans une de ses boîtes. La zoologie, la biologie et d'autres disciplines en « -ologie » réfutaient tout ce que prêchait la haggada.

Il entendit des pas dans l'escalier. Keila venait lui rendre visite. Depuis le jour où Yarmy l'avait violée, elle ne travaillait plus chez le docteur Welcher. C'était vrai qu'elle ne connaissait pas le chemin pour East Broadway. Pour elle qui allait à pied, c'était trop loin de chez Yarmy.

Ensuite, après avoir revu Bunem, elle était revenue plusieurs fois chez lui, mais restait rarement y dormir. Yarmy faisait des scènes si elle s'absentait toute la nuit.

Plus tard, son ventre avait commencé à enfler et elle en avait aussi honte que d'avoir des poux. Elle portait un enfant sans savoir qui en était le père. Même pour quelqu'un comme elle, c'était un déshonneur trop lourd à supporter.

Elle se glissait chez Bunem quand il faisait déjà nuit et repartait quand les voisins dormaient et que la rue était déserte. Elle courait jusqu'à Grand Street et, de là, continuait jusqu'à l'adresse de Yarmy, entre

Rivington Street et Stanton Street. Tout comme Bunem, Yarmy habitait un immeuble condamné à être démoli.

Cette fois, elle arriva chargée de paquets. Dans la cave, chez elle, elle avait préparé les plats de Pessah pour Bunem : du *gefilte fish*, la carpe farcie, et des *kneidl*, les boulettes de matza. Elle avait même acheté une bouteille de vin.

Contrairement à Bunem, elle ne pouvait pas se détacher complètement des coutumes juives. Elle répétait souvent que, si bas qu'elle fût tombée, elle restait une fille juive, pas une Gentil. Elle souhaita à Bunem une bonne fête et disposa les plats sur la table. Elle portait une robe, achetée dans une boutique d'Attorney Street, qui dissimulait son ventre. Elle s'était munie aussi d'une haggada pour que Bunem puisse réciter quelques mots juifs – mais il secoua négativement la tête. Elle servit le poisson, puis les boulettes froides.

Elle avait trouvé un emploi temporaire de servante chez un vieux célibataire, dans Chrystie Street, un Gentil qui était infirmier dans un hôpital où il prenait soin des cadavres. Il aida Keila à y réserver un lit quand le temps d'accoucher serait venu pour elle. Il lui proposa aussi de la mettre en contact avec une association qui s'occuperait de faire adopter l'enfant. Mais Keila répondit qu'elle élèverait le sien elle-même.

Après le repas, Bunem se déshabilla rapidement et se mit au lit. Comme d'habitude, elle fit sa toilette et se peigna avant de le rejoindre mais, quand elle fut près de lui, il se détourna face au mur. Il s'endormit sans lui dire un mot. Au bout d'un long moment, elle s'assoupit à son tour. Mais, au milieu de la nuit, elle entreprit de réveiller Bunem. Il ouvrit les yeux :

« Qu'y a-t-il ?

— Bunem, je n'ai plus envie de vivre, dit-elle.

— Moi non plus, mais toi tu portes un enfant, après tout.

— Je ne veux pas de cet enfant. Tu m'avais promis que, si tu te suicidais, tu le ferais avec moi.

— Bon, si tu veux.

— Bunem, je suis prête.

— Bien, bien.

— Alors quand ?

— Je ne veux pas faire ça ici. Ma sœur, Cirele, connaît cette adresse et je ne veux pas qu'elle sache ce que j'ai fait.

— Où, alors ? Quand ? »

Bunem ne répondit pas. Bizarrement, l'idée de la mort le réconfortait. Il étreignit Keila et elle se serra contre lui. Sa peau était chaude. Ils s'embrassèrent longuement, en silence. Tous deux sentaient le désir revivre en eux. Keila dit :

« Bunem, tu avais promis que, si nous étions d'accord pour faire ça ensemble, nous irions d'abord passer trois jours quelque part tous les deux. Ce serait notre façon à nous de dire adieu au monde.

— J'ai vraiment dit ça ?

— Ce sont tes propres paroles.

— Où irons-nous ? Je n'ai plus un sou.

— Moi j'ai quelques dollars. Tu parlais d'aller au bord de la mer et d'en finir là-bas.

— Bon, nous verrons. Je veux m'en aller de telle façon que personne ne saura où j'ai disparu.

— Personne ne saura rien, dit Keila. Dans cette vie, nous sommes déjà perdus. Nous le serons sûrement aussi après notre mort.

— Et Yarmy ?

— Il ne m'intéresse plus. »

Ils restèrent blottis l'un contre l'autre, comme à l'écoute de leurs désespoirs respectifs. Bunem se souvint d'un passage du Livre des Proverbes. Des milliers d'années auparavant, le roi Salomon, ou quiconque ayant écrit à sa place, annonçait que, pour ceux qui cèdent à la passion, « leurs chemins tortueux les conduisent chez les Ombres ».

Il pensa à Cirele. Elle arriverait en Amérique et ne le trouverait pas. Sa mère ne saurait jamais où ses ossements avaient disparu. Et pour qui allait-il faire le sacrifice de sa vie ? Pour une putain que n'importe qui pouvait avoir moyennant dix kopecks. « Peut-être n'est-il pas trop tard pour que je m'enfuie loin d'elle et reparte de zéro ? » se demanda-t-il. Il attendit, espérant une réponse, mais il n'en vint aucune. Son envie de vivre s'était évanouie, soufflée comme la flamme d'une chandelle.

Il pensa aussi à Solcha. Quelle affreuse fin pour elle ! Elle s'était hâtée de venir le rejoindre, après avoir traversé toute la Sibérie, et dès son arrivée ils s'étaient séparés. Était-elle restée chez son grand-oncle ? Ou les anarchistes de New York l'avaient-ils accueillie parmi eux ? Pensait-elle réellement qu'on pouvait changer la nature humaine grâce à quelques préceptes rédigés par tel ou tel théoricien ?

Un long moment, son cerveau cessa de fonctionner. Il n'était ni endormi ni éveillé. Plus tard, il se remit à réfléchir. « Pourquoi Keila veut-elle mourir ? se demanda-t-il. Pourquoi ne peut-elle pas attendre la naissance de son enfant, puis l'abandonner ou le confier à une institution quelconque ? Pourquoi ne retournerait-elle pas auprès de Yarmy ou un autre homme de son espèce ? » Était-elle tellement amoureuse de lui ? L'avait-il hypnotisée ?

Comme si elle avait lu dans ses pensées, Keila lui demanda :

« Peut-être que tout n'est pas perdu ? Peut-être que nous pouvons encore nous enfuir quelque part ?

— Où ? répliqua-t-il. Nous nous sommes déjà enfuis une fois.

— Nous pouvons aller là où Yarmy ne nous retrouvera jamais. Max est probablement en prison. Yarmy est à moitié aveugle. Il ne voit plus assez bien pour se lancer à notre recherche. Nous nous installerons quelque part en disant que nous sommes mari et femme. La tombe peut nous attendre encore un peu.

— Toi, Keila, tu n'as pas besoin de mourir. Il vaut mieux que tu retournes auprès de Yarmy. Moi, je n'ai plus la force de courir.

— Sans toi, je ne peux plus vivre. »

Il voulut lui répondre, mais avait perdu tout désir de discuter. Il ne dit rien et elle ne posa plus de questions. Au bout d'un moment, il comprit qu'elle s'était endormie.

« C'est comme ça que les gens se suicident ? » se demanda-t-il. Il entendait parler de suicide depuis son enfance. Il y en avait même rue Krochmalna. Une fois, un fabricant de corsets s'était empoisonné parce que sa fiancée avait rompu leurs fiançailles. Une autre fois, une fille s'était jetée du quatrième étage parce que son amoureux avait décidé de partir en Amérique sans lui dire au revoir. Cela arrivait aussi qu'une prostituée se tue. On citait tous les jours des cas de suicide dans les journaux. Bunem se souvenait aussi de suicides à deux. Il avait toujours pensé que, dans ces cas-là, tout devait avoir été prévu des semaines à l'avance.

Et voilà qu'ils étaient l'un et l'autre désireux de se suicider, mais sans être complètement décidés, ni lui ni elle. Keila suggérait même qu'ils s'enfuient ensemble. Mais où pourrait-il bien l'emmener ? Quelle sorte de vie aurait-il avec elle si l'enfant s'avérait être celui de Yarmy ? Et si finalement il existait un Dieu qui punissait les âmes de ceux qui attentaient à leur propre vie ? Qu'est-ce que l'homme, si petit, savait de Dieu, de Ses plans, de Sa conduite ?

Bunem s'assoupit. Quand il se réveilla, le jour se levait déjà. Il n'avait plus envie ni de vivre ni de mourir. Cet amour de soi, cette force égoïste dont chaque homme a besoin pour continuer cette lutte qu'est la vie, il les avait perdus. Une apathie inconnue jusque-là s'emparait de lui, comme si, d'un seul coup, il voyait l'inutilité de tout effort, l'absurdité de la lutte d'un corps qui doit de toute façon finir dans une tombe.

Il n'éprouvait plus aucun désir pour Keila, étendue à côté de lui. Était-ce cela le nirvana dont parlent les sages de l'Inde – ou alors les prémices de la mort ?

Keila s'éveilla :

« Bunem !

— Oui.

— Tu ne dors pas ?

— Si. Non.

— Bunem, qu'est-ce que tu veux faire ?

— Tu le sais.

— Bunem, je veux vivre encore ! »

Elle dit cela d'un ton obstiné.

« Si tu veux vivre, alors vis !

— Avec toi, Bunem. Seulement avec toi !

— Je n'ai plus rien à faire ici.

— Tu as beaucoup de choses à faire. Tu es jeune et, Dieu nous en préserve, tu n'es pas malade. Pourquoi causerais-tu une peine pareille à moi, à tes parents, à ta sœur Cirele, à tes petits frères ? Ta mère ne le supporterait pas, Dieu nous en préserve. »

Bunem réfléchit. Les paroles de Keila lui étaient incompréhensibles, comme prononcées dans une langue étrangère. Il devait faire un effort pour en saisir le sens.

« Keila, nous devons nous séparer.

— Pourquoi, Bunem, pourquoi ? Je suis sûre que c'est ton enfant. »

À nouveau, il dut faire un effort. Les concepts de « à moi » et « à toi » perdaient leur sens. Simultanément, en lui, tout se mélangea pour devenir une sensation comme il n'en avait jamais connu jusque-là. Toutes ses peurs, toutes ses angoisses disparaissaient. L'idée lui vint que c'était probablement ce qu'éprouvait un bébé dans le ventre de sa mère. « La mort ? Qu'est-ce que la mort ? » se demanda-t-il. Et il se fournit lui-même la réponse : « Une illusion. Un mensonge. »

Keila dit :

« Viens avec moi, Bunem. Imagine que tu es aveugle et que je suis ton guide. Je veillerai à tous tes besoins. Tu pourras lire tes livres et ne rien faire d'autre. Avec toi, je mènerai une vie honnête. Aucun autre homme ne me touchera plus, même du bout de son petit doigt. Je ne vivrai que pour toi. »

Il aurait voulu répondre que, pour lui, ce n'était plus possible, mais il se sentait trop las, trop passif pour discuter davantage. Il se contenta donc de dire :

« Oui. Oui.

— Bunem, je vais aller parler à Yarmy. Pour la dernière fois. Je lui dirai que je le quitte. J'arriverai peut-être à le convaincre de divorcer. Sinon, ce n'est pas une telle tragédie. Tu n'es pas pieux à ce point-là. Ce que tu as fait jusqu'à maintenant, tu peux le faire encore.

— Oui, oui.

— Tu as l'air fatigué. Reste au lit. Je reviendrai plus tard. Pour moi, une nouvelle vie commence. Je ne vivrai plus que pour toi, pour toi seul.

— Oui.

— Tu seras heureux avec moi. »

Bunem sourit. Il aurait voulu demander comment, mais ne le fit pas. Keila se leva. Elle commença à faire sa toilette, à s'habiller, à se peigner. Elle lui tendit une demi-matza, mais il dit :

« Je n'ai pas faim.

— Plus tard, je te ferai des boulettes et des crêpes. Attends-moi. Ne t'en va nulle part ! »

Elle prononça ces mots comme une menace. Elle finit de s'habiller avec énergie. De temps à autre, elle le regardait de ses yeux verts, avec une expression à la fois de tendresse et de méfiance. Avant de partir, elle l'embrassa longuement et dit :

« Jusqu'à maintenant, je croyais ne pas pouvoir t'aimer plus que je ne l'ai fait. Mais cette nuit a changé quelque chose en moi. Je renverserais des mondes pour toi. Je ne te demande qu'une chose : ne me quitte pas. Sans toi, je ne pourrai pas vivre. Souviens-toi de mes paroles ! »

Elle partit, en claquant la porte derrière elle. Il s'habilla lentement. Puis il sortit et, une fois dans la rue, arrêta un passant :

« Dans quelle direction est l'océan ?

— Où voulez-vous aller ? À Staten Island ou à Coney Island ? »

Bunem ne savait pas quoi répondre, mais c'était

plus facile de dire Coney Island dont il avait déjà entendu parler, plutôt que Staten Island.

L'homme lui expliqua, très en détail : on pouvait s'y rendre par le métro ou par le ferry. Au bout d'un moment, Bunem se mit en route, suivant les instructions de l'étranger.

Glossaire

Av : mois du calendrier religieux juif. Le 9 Av ou « Tichah Beav », jour de jeûne, commémore la destruction du Premier Temple par les Babyloniens et du Second Temple par les Romains.

Bagel : petit pain rond avec un trou au milieu.

Bar-mitzvah : jeune garçon qui a atteint sa majorité religieuse (treize ans). Par extension, la fête religieuse puis familiale qui accompagne cet événement.

Cacher : ce qui est religieusement propre à être consommé.

Cacherout : ensemble des préceptes diététiques du judaïsme.

Challah : pain blanc tressé du shabbat et des jours de fête.

Chemini Atzeret : huitième jour, jour de « clôture », nom de la fête qui suit les sept jours de Souccoth.

Cholent : le ragoût du jour du shabbat préparé la veille.

Choulchan Arukh : littéralement, « la table dressée ». Code officiel de la loi juive rédigé par Rabbi Yossef Caro (1488-1575).

Din Torah : « jugement selon la Torah », terme utilisé pour une cause présentée devant des juges qui prennent leur décision selon la loi rabbinique.

Droshky : voiture tirée par un cheval dans la Pologne juive de jadis.

Elul : sixième mois du calendrier religieux juif.

Etrog : cédrat, l'une des quatre espèces de bouquet rituel de Souccoth.

Géhenne : l'enfer, l'endroit où les méchants subissent des tourments après leur mort pour expier leurs péchés.

Gentil : pour les anciens Hébreux, l'étranger. Par extension, a longtemps désigné le chrétien. Terme tombé en désuétude.

Golem : sorte d'automate à forme humaine que les saints rabbins auraient eu le pouvoir d'animer.

Guemara : commentaire de la Mishna, qui est le code de la Loi orale, l'ensemble formant le Talmud.

Haggada : « récit ». Rituel de la soirée pascale.

Hannukah : fête des Lumières, qui dure huit jours et commémore la réinauguration du Temple de Jérusalem, après la victoire, en 165 avant l'ère chrétienne, des Maccabées sur les troupes syriennes d'Antiochos Épiphane.

Haroset : mélange pilé de pommes, de noix, de vin et de cannelle, servi au dîner du premier soir de Pessah, le seder.

Hassidique, hassid (pluriel : *hassidim*), hassidisme : le mouvement hassidique se développa à partir de 1740 environ, en Pologne. Les hassidim accordaient au sentiment religieux une importance infiniment plus grande qu'à la connaissance et à la pratique de la Loi.

Hazzan : ministre officiant, plus particulièrement le chantre qui conduit le service à la synagogue.

Heder : école primaire en Pologne juive jadis.

Hoshanah Rabbah : le septième jour de la fête de Souccoth.

Kaddish : prière en langue araméenne récitée à la fin de passages importants de l'office religieux et également aux enterrements par les personnes en deuil.

Kol Nidre : prière récitée à la synagogue avant le coucher du soleil précédant l'office de Kippour.

Kreplach : sorte de ravioli.

L'chaïm ! : « À la vie ! » Équivalent de « À votre santé ».

Matzoth : pluriel de *matza*, pain azyme, c'est à dire sans levain.

Melamed : instituteur.

Mezouzah : étui que l'on fixe au montant droit de la porte et qui contient le texte du Shema, le plus connu du rituel juif, sur un petit rouleau de parchemin.

Midrash : commentaire homilétique de la Bible. Ce mot désigne à la fois un système d'interprétation de la Torah et un ouvrage consacré à cette interprétation.

Mishna : code de la Loi orale.

Paracha : une des cinquante-quatre sections du Pentateuque lues à la synagogue à l'office du matin du shabbat.

Pentateuque : première partie de la Bible, composée de cinq livres : la Genèse, l'Exode, le Lévitique, les Nombres, le Deutéronome.

Pessah : la Pâque juive.

Phylactères : boîtes cubiques munies de lanières que le fidèle se fixe sur la tête et le bras gauche, et qui contiennent quatre textes de la Torah.

Pourim : fête des Sorts (*pour* signifie « sort » en persan) qui rappelle l'histoire de la reine Esther intervenant auprès d'Assuérus pour sauver le peuple juif menacé d'extermination.

Rebbetzin : la femme du rabbin.

Rosh Hashanah : fête du nouvel an juif, littéralement la « tête de l'année ».

Shabbat : septième jour de la semaine, jour de repos, l'un des fondements du judaïsme.

Shavouot : pluriel de *shavoua*, « semaine ». Fête de Pentecôte.

Shlimazel : simple d'esprit.

Simchat Torah : fête de la « Réjouissance en la Torah », qui termine les fêtes de Souccoth.

Souccoth : pluriel de *soucca*, « cabane ». Fête qui dure sept jours pendant lesquels on échange son habitation contre une fragile cabane couverte uniquement de feuillage.

Talmud : code de la Loi orale, comprenant la Mishna

et la Guemara. Il comporte deux aspects, l'un législatif, la halakha, et l'autre édifiant, la haggada.

Talmud Torah : « étude de la Loi ». École où l'on assure des cours d'initiation à la connaissance de la Loi.

Tichri : septième mois du calendrier religieux juif.

Torah : la doctrine, la Loi. Au sens étroit, le Pentateuque. Au sens général, l'ensemble de la Loi juive.

Tosaphiste : commentateur de commentaires de maîtres anciens, principalement Rachi, sur le Talmud.

Tref : impur, qui n'est pas cacher.

Yeshiva : école talmudique.

Yom Kippour : jour du Grand Pardon, jour d'expiation uniquement consacré à la prière et à la pénitence.

Ce glossaire, à l'exception de quelques mots, avait été établi pour de précédents ouvrages d'Isaac Bashevis Singer, avec l'aide de M. le grand rabbin Gugenheim et de M. le grand rabbin Messas. Pour ce livre, nous remercions chaleureusement Jerome Charyn et Shlomo Malka. Nous tenons à saluer le souvenir de M. le grand rabbin Safran qui répondait à nos si nombreuses questions. Cette traduction est dédiée à Shlomo Du-Nour, dont les enseignements nous ont été si chers à Paris et à Jérusalem.

Marie-Pierre Bay
et Nicolas Castelnau-Bay

Du même auteur
aux éditions Stock :

Les Aventures d'un idéaliste et autres nouvelles inédites
Le Blasphémateur
La Couronne de plumes et autres nouvelles
Le Domaine
Ennemies
L'Esclave
La Famille Moskat
Le Fantôme
Le Magicien de Lublin
Le Manoir
La Mort de Mathusalem
Satan à Goray
Shosha

Le Livre de Poche s'engage pour l'environnement en réduisant l'empreinte carbone de ses livres. Celle de cet exemplaire est de :
300 g eq. CO_2
Rendez-vous sur www.livredepoche-durable.fr

PAPIER À BASE DE FIBRES CERTIFIÉES

Composition réalisée par Soft Office

Achevé d'imprimer en France par
CPI BUSSIÈRE (18200 Saint-Amand-Montrond)
en octobre 2020
N° d'impression : 2053501
Dépôt légal 1re publication : février 2020
Édition 02 - octobre 2020
LIBRAIRIE GÉNÉRALE FRANÇAISE
21, rue du Montparnasse – 75298 Paris Cedex 06

40/7863/1